张之文

川派中医药名家系列丛书

主编 ◎ 冯全生 吴文军

西南交通大学出版社
·成都·

图书在版编目（CIP）数据

川派中医药名家系列丛书. 张之文 / 冯全生，吴文军主编. 成都：西南交通大学出版社，2024.9.
 — ISBN 978-7-5774-0110-2

Ⅰ. K826.2；R249.7

中国国家版本馆 CIP 数据核字第 20245R76W9 号

Chuanpai Zhongyiyao Mingjia Xilie Congshu　Zhang Zhiwen
川派中医药名家系列丛书　　张之文

主编 / 冯全生　吴文军

策划编辑 / 黄淑文　李芳芳　张少华
责任编辑 / 黄淑文
助理编辑 / 王攀月
封面设计 / 原谋书装

西南交通大学出版社出版发行
（四川省成都市金牛区二环路北一段 111 号西南交通大学创新大厦 21 楼　610031）
营销部电话：028-87600564　028-87600533
网址：http://www.xnjdcbs.com
印刷：四川煤田地质制图印务有限责任公司

成品尺寸　170 mm×240 mm
印张　14　　插页　4
字数　213 千
版次　2024 年 9 月第 1 版　　印次　2024 年 9 月第 1 次

书号　ISBN 978-7-5774-0110-2
定价　64.00 元

图书如有印装质量问题　本社负责退换
版权所有　盗版必究　举报电话：028-87600562

张之文教授门诊1

张之文教授门诊2

张之文教授参加首届全国名中医表彰大会

张之文教授与第四批、第五批全国中医临床优秀人才部分拜师弟子合影

编委会

《川派中医药名家系列丛书》编委会

总 主 编：田兴军　　杨殿兴

副总主编：李道丕　　张　毅　　和中浚

总 编 委：尹　莉　　陈　莹

编写秘书：彭　鑫　　贺　飞　　邓　兰

《张之文》编委会

主　　编：冯全生　　吴文军

副 主 编：郭尹玲　　刘文平　　余　阳
　　　　　姜　岑　　穆　杰　　郭文利
　　　　　刘西洋　　李　霞

编　委：王天宝　　陈　竹　　王　栋
　　　　郑秀丽　　杨　恺　　席崇程
　　　　苏　悦　　李白雪　　刘悸斌
　　　　文　莉　　任　荔　　刘辰昊
　　　　刘雨樵　　宋虹菲　　刘海慧
　　　　王　鑫　　孟祥博　　栗林杰
　　　　闫　迪　　熊滨雁　　王睿之
　　　　刘腾文　　孙　丹　　丁　鑫
　　　　何　睿　　郑政龙　　陈　敏
　　　　岳美颖　　方锐洁　　王　东
　　　　汤良平　　岳仁宋　　杨　恺
　　　　夏庭伟　　唐聪颖　　温川飙
　　　　刘　超　　王浩中　　王宝家
主　审：张之文

总序——加强文化建设，唱响川派中医

四川，雄踞我国西南，古称巴蜀，成都平原自古就有天府之国的美誉，天府之土，沃野千里，物华天宝，人杰地灵。

四川号称"中医之乡、中药之库"，巴蜀自古出名医、产中药，据历史文献记载，从汉代至明清，见诸文献记载的四川医家有1000余人，川派中医药影响医坛2000多年，历久弥新；川产道地药材享誉国内外，业内素有"无川（药）不成方"的赞誉。

医派纷呈，源远流长

经过特殊的自然、社会、文化的长期浸润和积淀，四川历朝历代名医辈出，学术繁荣，医派纷呈，源远流长。

汉代以涪翁、程高、郭玉为代表的四川医家，奠定了古蜀针灸学派，郭玉为涪翁弟子，曾任汉代太医丞。涪翁为四川绵阳人，曾撰著《针经》，开巴蜀针灸先河，影响深远。1993年，在四川绵阳双包山汉墓出土了最早的汉代针灸经脉漆人；2013年，在成都老官山再次出土了汉代针灸漆人和920支医简，带有"心""肺"等线刻小字的人体经穴髹漆人像是我国考古史上首次发现，应是迄今我国发现的最早、最完整的经穴人体医学模型，其精美程度令人咋舌！又一次证明了针灸学派在巴蜀的渊源和影响。

四川山清水秀，名山大川遍布。道教的发祥地青城山、鹤鸣山就坐落在成都市。青城山、鹤鸣山是中国的道教名山，是中国道教的发源地之一，自东汉以来历经2000多年，不仅传授道家的思想，道医的学术思想也因此启蒙产生。道家注重炼丹和养生，历代蜀医多受其影响，一些道家也兼行医术，如晋代蜀医李常在、李八百，宋代皇甫坦，以及明代著名医家韩懋（号飞霞道人）等，可见丹道医学在四川影响深远。

川人好美食，以麻、辣、鲜、香为特色的川菜享誉国内外。川人性喜自在休闲，养生学派也因此产生。长寿之神——彭祖，号称活了800岁，相传他经历了尧舜夏商诸朝，据《华阳国志》载，"彭祖本生蜀""彭祖家其彭蒙"，由此推断，彭祖不但家在彭山，而且他晚年也落叶归根于此，死后葬于彭祖山。彭祖山坐落在眉山市彭山区，彭祖的长寿经验在于注意养生锻炼，他是我国气功的最早创始人，他的健身法被后人写成《彭祖引导法》；他善烹饪之术，创制的"雉羹之道"被誉为"天下第一羹"，屈原在《楚辞·天问》中写道："彭铿斟雉，帝何飨？受寿永多，夫何久长？"反映了彭祖在推动我国饮食养生方面所做出的贡献。五代、北宋初年，著名的道教学者陈希夷，是四川安岳人，著有《指玄篇》《胎息诀》《观空篇》《阴真君还丹歌注》等。他注重养生，强调内丹修炼法，将黄老的清静无为思想、道教修炼方术和儒家修养、佛教禅观汇归一流，被后世尊称为"睡仙""陈抟老祖"。现安岳县有保存完整的明代陈抟墓，有陈抟的《自赞铭》，这是全国独有的实物。

四川医家自古就重视中医脉学，成都老官山2012年冬出土的汉代医简中就有《逆顺五色脉臧验精神》一书，其余几部医简经整理定名为《脉书·上经》《脉书·下经》《刺数》《灸理》《治六十病和齐汤法》《疗马书》。学者经初步考证推断极有可能为扁鹊学派已经亡佚的经典书籍。扁鹊是脉学的倡导者，而此次出土的医书中脉学内容占有重要地位，一起出土的还有用于经脉教学的人体模型。唐代杜光庭著有脉学专著《玉函经》三卷，以后王鸿骥的《脉诀采真》、廖平的《脉学辑要评》、许宗正的《脉学启蒙》、张骥的《三世脉法》等，均为脉诊的发展做出了贡献。

昝殷，唐代四川成都人。昝氏精通医理，通晓药物学，擅长妇产科。唐大中年间，他将前人有关经、带、胎、产及产后诸证的经验效方及自己临证验方共378首，编成《经效产宝》三卷，是我国最早的妇产学科专著。加之北宋时期的著名妇产科专家杨子建（四川青神县人）编著的《十产论》等一批妇产科专论，奠定了巴蜀妇产学派的基石。

宋代，以四川成都人唐慎微为代表撰著的《经史证类备急本草》，集宋代本草之大成，促进了本草学派的发展。宋代是巴蜀本草学派的繁荣发展时期，陈承的《补注神农本草并图经》，孟昶、韩保昇的《蜀本草》等，丰富、发展了本草学说，明代李时珍的《本草纲目》正是在此基础上产生的。

宋代也是巴蜀医家学术发展最活跃的时期。四川成都人、著名医家史崧献出了家藏的《灵枢》，并进行校正、音释后，由朝廷刊印颁行，为中医学发展做出了不可估量的贡献，可以说，没有史崧的奉献就没有完整的《黄帝内经》。虞庶撰著的《难经注》、杨康侯的《难经续演》，为医经学派的发展奠定了基础。

史堪，四川眉山人，为宋代政和年间进士，官至郡守，是宋代士人而医的代表人物之一，与当时的名医许叔微齐名，其著作《史载之方》为宋代重要的名家方书之一。同为四川眉山人的宋代大文豪苏东坡，也有《苏沈内翰良方》（又名《苏沈良方》）传世，是宋人根据苏轼所撰《苏学士方》和沈括所撰《良方》合编而成的中医方书。加之明代韩懋的《韩氏医通》等方书，一起成为巴蜀医方学派的代表。

四川盛产中药，川产道地药材久负盛名，以回阳救逆、破阴除寒的附子为代表的川产道地药材，既为中医治病提供了优良的药材，也孕育了以附子温阳为大法的扶阳学派。清末四川邛崃人郑钦安提出了中医扶阳理论，他的《医理真传》《医法圆通》《伤寒恒论》为奠基之作，开创了以运用附、姜、桂为重点药物的温阳学派。

清代西学东渐，受西学影响，中西汇通学说开始萌芽，四川成都人唐宗海以敏锐的目光捕捉西学之长，融汇中西，撰著了《血证论》《医经精义》《本草问答》《金匮要略浅注补正》《伤寒论浅注补正》，后人汇为《中西汇通医书五种》，成为"中西汇通"的第一种著作，也是后来人们将主张中西医兼容思想的医家称为"中西医汇通派"的由来。

名医辈出，学术繁荣

新中国成立后，历经沧桑的中医药受到党和国家的高度重视，在教育、医疗、科研等方面齐头并进，一大批中医药大家焕发青春，在各自的领域里大显神通，中医药事业欣欣向荣。

四川中医教育的奠基人——李斯炽先生，在1936年创办的"中央国医馆四川分馆医学院"（简称"四川国医学院"）中，先后担任过副院长、院长，担当大任，艰难办学，为近现代中医药人才的培养立下了汗马功劳。该院为国家批准的办学机构，虽属民办但带有官方性质。四川国医学院也是成都中医学院（现成都中医药大学）的前身，当时汇集了一大批中医药的仁人志士，如内科专家李斯炽、伤寒专家邓绍先、中药专家凌一揆等，还有何伯勋、杨白鹿、易上达、王景虞、周禹锡、肖达因等一批蜀中名医，可谓群贤毕集，盛极一时。共招生13期，培养高等中医药人才1000余人，这些人后来大多数都成为新中国成立后的中医药领军人物，成了四川中医药发展的功臣。

1955年国家在北京成立了中医研究院，1956年在全国西、北、东、南各建立了一所中医学院，即成都、北京、上海、广州中医学院。成都中医学院第一任院长由周恩来总理亲自任命。李斯炽先生继担任四川国医学院院长之后又成为成都中医学院的第一任院长。成都中医学院成立后，在原国医学院的基础上，又汇集了一大批有造诣的专家学者，如内科专家彭履祥、冉品珍、彭宪章、傅灿冰、陆干甫，伤寒专家戴佛延，医经专家吴棹仙、李克光、郭仲夫，中药专家雷载权、徐楚江，妇科专家卓雨农、曾敬光、唐伯渊、王祚久、王渭川，温病专家宋鹭冰，外科专家文琢之，骨、外科专家罗禹田，眼科专家陈达夫、刘松元，方剂专家陈潮祖，医古文专家郑孝昌，儿科专家胡伯安、曾应台、肖正安、吴康衡，针灸专家余仲权、薛鉴明、李仲愚、蒲湘澄、关吉多、杨介宾，医史专家孔健民、李介民，中医发展战略专家侯占元等。真可谓人才济济，群星灿烂。

北京成立中医高等院校、科研院所后，为了充实首都中医药人才的力量，四川一大批中医名家进驻北京，为国家中医药的发展做出了巨大贡献，也展现了四川中医的风采！如蒲辅周、任应秋、王文鼎、王朴城、王伯岳、冉雪峰、杜自明、李重人、叶心清、龚志贤、方药中、沈仲圭等，各有专精，影响广泛，功勋卓著。

北京四大名医之首的萧龙友先生，为四川三台人，是中医界最早的学部委员（院士，1955年）、中央文史馆馆员（1951年），集医道、文史、书法、收藏等为一身，是中医界难得的全才！其厚重的人文功底、精湛的医术、精美的书法、高尚的品德，可谓"厚德载物"的典范。2010年9月9日，故宫博物院在北京为萧龙友先生诞辰140周年、逝世50周年，隆重举办了"萧龙友先生捐赠文物精品展"，以缅怀和表彰先生的收藏鉴赏水平和拳拳爱国情怀。萧龙友先生是一代举子、一代儒医，精通文史，书法绝伦，是中国近代史上中医界的泰斗、国学家、教育家、临床大家，是四川的骄傲，也是我辈的楷模！

▍追源溯流，振兴川派

时间飞转，掐指一算，我自1974年赤脚医生的"红医班"始，到1977年大学学习、留校任教、临床实践、跟师学习、中医管理，入中医医道已40年，真可谓弹指一挥间。俗曰：四十而不惑，在中医医道的学习、实践、历练、管理、推进中，我常常心怀感激，心存敬仰，常有激情冲动，其中最想做的一件事就是将这些中医药实践的伟大先驱者，用笔记录下来，为他们树碑立传、歌功颂德！缅怀中医先辈的丰功伟绩，分享他们的学术成果，继承不泥古，发扬不离宗，认祖归宗，又学有源头，师古不泥，薪火相传，使中医药源远流长，代代相传，永续发展。

今天，时机已经成熟，四川省中医药管理局组织专家学者，编著了大型中医专著《川派中医药源流与发展》，横跨2000年的历史，梳理中医药历史人物、著作，以四川籍（或主要在四川业医）有影响的历史医家和著作为线索，理清历史源流和传承脉络，突出地方中医药学术特点，认祖归宗，发扬传统，正本清源，继承创新，唱响川派中医药。其中，"医道溯源"是以"民国"前的川籍或在川行医的中医药历史人物为线索，介绍医家的医学成就和学术精华，作为各学科发展的学术源头。"医派医家"是以近现代著名医家为代表，重在学术流派的传承与发展，厘清流派源流，一脉相承，代代相传，源远流长。《川派中医药源流与发展》一书，填补了川派中医药发展整理的空白，集四川中医药文化历史和发展现状之大成，理清了川派学术源流，为后世川派的研究和发展奠定了坚实的基础。

我们在此基础上，还编著了"川派中医药名家系列丛书"，汇集了一大批近现代四川中医药名家，遴选他们的后人、学生等整理其临床经验、学术思想编辑成册。预计编著一百人，这是一批四川中医药的代表人物，也是难得的宝贵文化遗产，今天，经过大家的齐心努力终于得以付梓。在此，对为本系列书籍付出心血的各位作者、出版社编辑人员一并致谢！

由于历史久远，加之编撰者学识水平有限，书中罅、漏、舛、谬在所难免，敬望各位同仁、学者，提出宝贵意见，以便再版时修订提高。

        中华中医药学会   副会长
        四川省中医药学会 会长
        四川省中医药管理局 原局长
        成都中医药大学教授 博士导师

2015年春初稿
2022年春修定于蓉城雅兴轩

编写说明

本书是川派中医药名家系列著作中的一部，主要介绍张之文的学术思想和临床经验。张之文为成都中医药大学教授，第二、三届国医大师候选人，首届全国名中医，为温病学界泰斗，国务院政府特殊津贴专家，全国第二、三批老中医药专家学术经验继承导师，四川省名中医，四川省学术及技术带头人，荣获首届"四川省医疗卫生终身成就奖"，中华中医药学会中医药学术发展成就奖。其学验俱丰，在温病学/中医疫病学领域具有重要影响力。

本书受到国家重点研发计划资助（2018YFC1704104）和四川省中医药管理局"川派中医药系统研究"专项支持。全书编写过程受到张之文教授亲自指导，并得到多位硕、博士的协助，他们是陈敏、唐聪颖、张璐、熊滨艳、汪义明等，在此一并致谢！

书中未标注用法用量之医案，为常规用法，特此说明。同时书中难免有错漏之处，敬请广大读者批评指正。

编 者

2024 年 6 月

目 录

- 001　生平简介
- 003　一、传承瘟疫精华，开创现代瘟疫研究新格局
- 003　二、创新温病理论，开拓现代温病研究新思路
- 004　三、德润后贤，培育中医新人桃李满天下
- 007　临床经验
- 009　一、医　案
- 108　二、医　话
- 117　学术思想
- 119　一、奠定中医疫病学科基础
- 138　二、开拓温病学感染病新用
- 191　学术传承
- 199　论著提要
- 201　一、论　著
- 203　二、论　文
- 207　学术年谱
- 211　参考文献

生平简介

川派中医药名家系列丛书

张之文

张之文（1937—），男，四川大竹人。成都中医药大学教授，首届全国名中医，为全国著名温病学家、温病学界泰斗，国务院政府特殊津贴专家，全国第二、三批老中医药专家学术经验继承导师，四川省名中医，四川省学术及技术带头人，博士后合作导师，荣获首届"四川省医疗卫生终身成就奖"，中华中医药学会中医药学术发展成就奖。

一、传承瘟疫精华，开创现代瘟疫研究新格局

20世纪70年代，张之文在国内率先系统研究瘟疫理论，首先提出瘟疫学说的概念及核心理论框架，成果被纳入后来的国家规划教材《温病学》《瘟疫学》和《中医疫病学》等，被同行誉为"国内瘟疫研究第一人"。在全国首开瘟疫学课程，主编特色教材《瘟疫学新编》，创新性提出"瘟疫五分法"，系统构建疫病理论方药治疗体系。90年代，率先倡导建设中医感染病学科，联合同行主编国家重点图书《现代中医感染性疾病学》，获得中国工程院院士王永炎、国医大师张学文高度赞誉，认为其开国内中医感染病研究之先河，为当今瘟疫的中医药防治作出了奠基性、开拓性贡献。

作为四川省中医药防治专家组组长、首席专家，张之文先后参与抗击新型冠状病毒感染、严重急性呼吸综合征（SARS）、人感染猪链球菌、禽流感四川灾后防疫等新发突发传染病。在本次新冠病毒病防治中，指导制定全省中医药防治方案，2020年初疫情刚发生时立即组织拟订疑似"新型冠状病毒感染"轻症居家中医调理方案，出版《大众抗"疫"中医调护手册》，撰写的新冠防治建议书被中央办公厅信息综合室单篇采用，获得贺信表彰。

二、创新温病理论，开拓现代温病研究新思路

张之文为国内公认的温病学界泰斗，临床贯通温病、内经、伤寒、内科等诸家学术思想，积极倡导并应用温病学"急症急攻，勿拘结粪""主客交""络虚宜通补""三焦气化"等思想，取得良好的疗效。主张从四时温病研究

现代感染性疾病，提出辛温复辛凉解表、表里和解、苦辛通下等汗、吐、下法新思路，提高了感染性疾病疗效。70年代，牵头四川省科委重点课题温病卫气营血基础理论的研究，阐释了四时温病指导感染疾病治疗的科学内涵，为现代温病理论研究奠定了坚实基础。研发的"双解口服液""抗过敏胶囊"应用于临床，在解热、治疗过敏性疾病取得好的效果。其指导学术传承人陈建萍、郭明阳、冯全生等研发的"五藤二草汤""速效热痹饮""藤芪复方""芪甲柔肝方"等，临床应用于类风关、乳腺癌、肝硬化等，效果显著，获得四川省科技进步奖。通过产学研用结合，开拓了感染病中医研究的新天地。

在临床一线奋战60余年，张之文现仍每周出诊2次，年诊超过3 000人次。兼容贯通温病学派、伤寒学派、温疫学派等诸家学派学术思想，擅用经方、温病名方等治疗疑难重症。主张汲取温疫学说针对病因攻击祛邪的治疗方法以截断热病发展，临床用于治疗急重症，创新温病理论现代临床应用。其特色诊疗思想有：从"主客交"论治肝纤维化，从"三焦气化"论治慢阻肺，从"肺痹"论治咳嗽变异性哮喘，从"络脉"论治肺纤维化，从"奇经八脉"调治慢性阻塞性肺病，从"内痈"论治支气管扩张等，显著提高了此类临床难治性疾病的中医疗效。

三、德润后贤，培育中医新人桃李满天下

张之文作为国家人社部、卫生部、中医药管理局遴选的第二、三批全国老中医药专家学术经验继承导师，全国中医优秀临床人才培养工程专家组专家，全国老中医药专家学术经验继承工作优秀指导老师，建成国家中医药管理局张之文全国名老中医药专家传承工作室（2012年）、张之文全国名中医传承工作室（2018年）和巴蜀温病流派工作室（2019年）。先后培养"全国优秀中医临床人才"40余人，省学术和学科带头人100余人，传承博士后2名，有600余名优秀中医工作者进入工作室跟师学习。在其指导下，科室团队有2人晋升为博导，3人入选"全国优秀中医临床人才"，2人获四川省名中医，2人担任全国规划教材主编，2人先后担任中华中医药学会感染病分会副主任委员，4人任省多个学会主委、副主委，3人晋升为副教授；其工作室

指导硕博士研究生200余名。近5年接纳外单位临床进修学习人员上百人，举办张之文国家级、省级中医药继续教育项目10余次，参加培训班学员10 000余人。

近60年来，张之文教授培养了多层次大量优秀中医人才，分布于全国教学、科研和临床单位以及海外，其中省内代表性传承人分布于四川省高校、省级医院和地市州医院，均为学术学科带头人，如冯全生、郭明阳、刘渊、万英、刘贤武、申涛、向生霞、刘铭、唐文富、张颜、张志华、张天鹰、缪启祥、李传芬、杨金蓉、张天娥、王天宝、汤良平、温川飙等。有境外、海外传播中医药的师承弟子，如陈建萍（中国香港）、张耿豪（中国台湾）、克劳德（意大利）、程式（美国）、傅海纳（美国）、刘国辉（美国）、张浩生（美国）、阿里娜（苏黎世）、多维仕（瑞士）、舍维优（瑞士）、托马斯（瑞士）、檀上健作（日本）、申玄宗（韩国）、高以晴（英国）等。其中本校优秀代表，第三批全国学术经验继承人冯全生教授，出师被国家中医药管理局评为"优秀学术经验继承人"，获中华中医药学会"全国首届中医药传承高徒奖"，现已成为全国温病学领军人物，教育部教学指导委员会温病学课程联盟理事长，全国规划教材主编，中国中医药研究促进会温病分会会长。

张之文教授一生为师，桃李满天下；一生为医，同道称赞，患者称颂。张之文教授对中医药事业充满了赤诚和热爱，正如其所著诗曰：

皓首难穷国粹渊，沧茫浩淼渡无边；
人间怎了疮痍苦，业界堪知医道艰；
笃志漫劳薪火继，精诚奇引病躯痊；
绵绵神韵弥天宇，万里问津洋外传。

川派中医药名家系列丛书

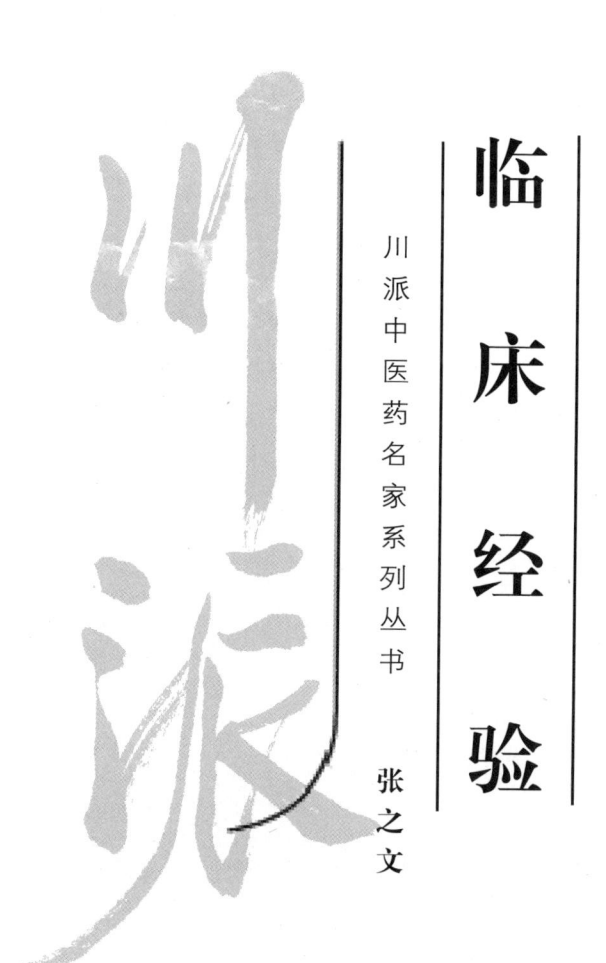

临床经验

张之文

一、医 案

（一）肺系病案

1. 感 冒

（1）风热案

单某，男，7岁。

初诊：2014年2月21日。咽喉痛1周，偶咳，恶心，干呕，体温38.1 ℃，汗出，舌红根部苔黄，口干欲饮。

诊断：感冒。

辨证：风热挟滞。

治法：辛凉解肌，兼清里热。

方剂：柴葛芩翘汤加减。

药物：竹叶柴胡 10 g　　粉葛 10 g　　黄芩 10 g　　连翘 10 g
　　　大青叶 10 g　　玄参 10 g　　桔梗 10 g　　苦杏仁 10 g
　　　生甘草 3 g　　桃仁 5 g

二诊：2014年2月24日。盗汗，舌尖红苔薄黄而少。予沙参麦冬汤调理善后。

药物：北沙参 10 g　　麦冬 10 g　　玄参 10 g　　桔梗 5 g
　　　石斛 10 g　　生地黄 5 g　　玉竹 5 g　　莲子 10 g
　　　淡竹叶 5 g　　生甘草 3 g　　炒稻芽 10 g

按语：本案为风热挟滞，阳明少阳合病，故以吴坤安柴葛芩翘方加味清透并举。邪热外散，肺热津伤，故以沙参麦冬汤调理善后。

（2）风热挟湿案

张某，女，25岁。

初诊：2016年7月1日。孕3月余，现症头痛，咽喉干痛，背心冷，恶风，夜卧则自觉发热汗出，不咳，鼻塞，喷嚏连连，纳差，便溏，舌尖红，苔黄中心稍厚，脉浮微数。

诊断：风热挟湿。

辨证：湿郁于里，邪袭肺卫。

治法：芳香辛散，宣气化湿。

方剂：三仁汤加减。

药物：生荆芥 10 g　　苦杏仁 10 g　　豆蔻 10 g　　薏苡仁 10 g

茯苓 15 g　　黄芩 10 g　　桔梗 10 g　　大青叶 10 g

小通草 10 g　　生甘草 3 g

按语：本案外感风热邪气，引动内湿，风湿互阻，卫气失畅，治宜芳香辛散，淡渗通利，使湿开热透，邪从汗与小便而泄。

（3）气虚感冒案

李某，女，82岁。

初诊：2014 年 9 月 24 日。咽痒，咽喉有痰，鼻流清涕，乏力，舌淡暗，苔白厚腻。

诊断：感冒。

辨证：气虚湿滞，外感风寒。

治法：益气解表，理肺化痰。

方剂：参苏饮加减。

药物：生晒参 10 g　　紫苏叶 12 g　　枳壳 12 g　　桔梗 10 g

法半夏 10 g　　茯苓 12 g　　补骨脂 12 g　　丹参 10 g

赤芍 10 g　　甘草 3 g　　防风 10 g

按语：本案患者耄耋之年，气虚挟痰之质，复感风寒，故以参苏饮益气祛风，健脾化湿。老年之质，佐补骨脂补肾纳气，祛邪而不伤正。

（4）风邪挟痰案

梁某，女，42 岁

初诊：2017 年 10 月 13 日。感冒 6 天。现咳嗽，少痰，色黄，夜甚，胸闷，身发湿疹，无鼻塞流涕，脉沉缓。

诊断：感冒。

辨证：风寒袭表，内有痰热。

治法：疏风清热，化痰止咳。

方剂：消风散加减。

药物：辛夷 15 g　　防风 15 g　　生荆芥 15 g　　炙麻黄绒 10 g
　　　苦杏仁 15 g　　枳壳 30 g　　法半夏 15 g　　酒黄芩 15 g
　　　金荞麦 20 g　　桔梗 20 g　　秦艽 10 g　　　生黄柏 10 g
　　　蛇床子 10 g　　前胡 20 g　　生甘草 3 g

二诊：2017 年 10 月 20 日。咳嗽减轻，无气紧，咽痒，痰少色微黄，皮肤痒，潮热，眠差易醒，口甜，面色淡，经期长，脉沉缓，舌淡红，苔薄黄而少。

药物：辛夷 15 g　　防风 15 g　　生荆芥 15 g　　炙麻黄绒 10 g
　　　苦杏仁 15 g　　枳壳 30 g　　法半夏 15 g　　酒黄芩 15 g
　　　金荞麦 20 g　　桔梗 20 g　　秦艽 10 g　　　生黄柏 10 g
　　　蛇床子 10 g　　前胡 20 g　　生甘草 3 g　　　白鲜皮 15 g

按语：患者湿阻于中，表受风邪，则生诸证，故以《外科正宗》消风散加减疏风止痒，加秦艽、黄柏清化湿热。痰热壅于肺中，故用枳桔陷胸汤理气清热化痰。

（5）营卫不和案

孟某，女，57 岁。

初诊：2013 年 10 月 26 日。感冒，流清涕，干咳，恶寒，关节痛，胸闷，脉弦细弱不数，舌胖大，苔白。

诊断：感冒。

辨证：外感风寒表虚证。

治法：解肌发表，调和营卫。

方剂：玉屏风散合桂枝汤加减。

药物：生黄芪 30 g　　炒白术 15 g　　防风 15 g　　桂枝 15 g
　　　生白芍 15 g　　大枣 12 g　　　生姜 3 片　　辛夷 15 g
　　　苦杏仁 15 g　　枳壳 20 g　　　甘草 3 g

二诊：2013 年 11 月 02 日。症减，背牵及腰痛，畏寒，时汗出，脉沉缓，舌淡胖大，苔白。再进益气解表散寒。

药物：桂枝 18 g　　干姜 15 g　　红枣 10 g　　白芍 15 g
　　　葛根 20 g　　川芎 15 g　　生黄芪 30 g　炙甘草 3 g

按语：《伤寒论》谓："太阳中风，阳浮而阴弱，阳浮者，热自发，阴弱者，汗自出。啬啬恶寒，淅淅恶风，翕翕发热，鼻鸣干呕者，桂枝汤主之。"本案外感风寒，营卫不和，腠理疏松，表卫不固，仲景桂枝汤为首选；二诊畏寒、自汗，卫阳不足，营阴不固，当以化气调阴阳，仍选桂枝汤，干姜易生姜，增强温经通络，调和营卫之力。

2. 喉痹

（1）湿热交阻咽干案

郑某，男，65岁。

初诊：2014年3月1日。下半夜鼻咽干甚，咽痒，白睛红赤，口苦，脉弦，舌红，苔中根黄腻。

诊断：喉痹。

辨证：肝热挟痰。

治法：清热化湿利咽。

方剂：枳桔二陈汤加减。

药物：菊花 15 g　　天麻 15 g　　夏枯草 15 g　　法半夏 15 g
　　　茯苓 20 g　　陈皮 15 g　　黄连 10 g　　　枳壳 20 g
　　　桔梗 15 g　　甘草 3 g　　 蝉蜕 10 g

二诊：2014年3月8日。服上方6剂，症大减，口干减，唇红，白睛红赤，遇风则流泪，咽中有少痰，左脉浮弦数，右脉弦滑数，舌尖红，苔根部微黄。前法再进。

药物：蝉蜕 10 g　　菊花 15 g　　天麻 15 g　　夏枯草 15 g
　　　牡丹皮 10 g　赤芍 15 g　　枳壳 20 g　　桔梗 15 g
　　　法半夏 15 g　茯苓 15 g　　陈皮 15 g　　玄参 10 g

三诊：2014年3月12日。咽干，口唇干，大缓解，觉喉中有痰，脉浮弦微数，舌红，苔白厚腻。拟养阴平肝、清化余热。

药物：菊花 15 g　　夏枯草 15 g　牡丹皮 10 g　赤芍 15 g
　　　石斛 12 g　　山药 15 g　　玄参 12 g　　桔梗 15 g
　　　茯苓 20 g　　甘草 3 g

按语：本案湿热郁遏气机，肝热循经上扰，湿热灼津，更助木火，先清热存阴,用轻灵药物菊花、夏枯草、蝉蜕清热平肝,二陈汤和胃化湿,祛湿而热无处潜藏,枳壳、桔梗升降气机,宣畅郁热,更助湿、热分离,如薛生白谓:"湿热两分,其病轻而缓"。湿热大减,遂予养阴清化余热,柔养阴液且不留邪。

（2）阴伤胆热案

范某,女,41岁。

初诊:2016年11月4日。咽喉不利,牵连左耳疼痛,小便频数、灼热,眠可,疲乏,舌红,苔薄黄,脉缓。

诊断:喉痹。

辨证:胆经郁热。

治法:和解少阳,养阴利咽。

方剂:小柴胡汤加减。

药物:竹叶柴胡 10 g　　黄芩 15 g　　黄连 9 g　　板蓝根 10 g
　　　桔梗 15 g　　　　西青果 15 g　玄参 10 g　　生甘草 3 g
　　　紫苏叶 15 g　　　川射干 10 g

二诊:2016年11月11日。诸症缓解,偶有少量痰,小便灼热,脉缓,舌淡苔薄。治宜理气化痰、清心利湿。

药物:远志 10 g　　　石菖蒲 10 g　　茯神木 15 g　　法半夏 15 g
　　　淡竹叶 15 g　　莲子 10 g　　　生甘草 3 g

三诊:2016年11月18日。偶有少量痰,偶有疲乏,脉细微数,舌红苔薄黄。拟化痰利咽,益气养阴。

药物:远志 10 g　　　茯神木 10 g　　淡竹叶 15 g　　莲子 10 g
　　　太子参 15 g　　山药 15 g　　　炒白扁豆 10 g　酸枣仁 10 g
　　　灵芝 10 g　　　百合 15 g　　　生地黄 10 g　　石斛 15 g

按语:本案为少阳胆经郁热、气机枢纽失调,治以和解少阳、宣通气机、宣散郁热。胆经气机不利,气郁津聚凝痰,以化痰开窍,轻宣郁热;热邪伤及津气,气阴不足,故在化痰基础上酌以益气养阴。

（3）风寒挟湿案

胡某,女,59岁。

初诊:2016年11月3日。咳嗽20余天,咽痒,鼻塞,清涕,纳差,舌红，苔薄黄满布，脉缓。

诊断：咳嗽、喉痹。

辨证：风寒外袭，痰湿内阻。

治法：散寒祛湿，止咳利咽。

方剂：杏苏散加减。

药物：辛夷 15 g　　防风 15 g　　紫苏叶 20 g　　枳壳 20 g
　　　桔梗 15 g　　玄参 15 g　　百合 20 g　　　西青果 12 g
　　　法半夏 15 g　茯苓 15 g　　陈皮 15 g　　　前胡 20 g
　　　甘草 3 g　　　杏仁 15 g

二诊：2016 年 11 月 10 日。咽痛，咽喉不利，咽异物感，舌红苔白腻，脉细缓。拟沙参麦冬汤加减。

药物：北沙参 15 g　南沙参 15 g　百合 20 g　　麦冬 12 g
　　　石斛 15 g　　玄参 15 g　　桔梗 12 g　　青黛 10 g
　　　西青果 12 g　枳壳 20 g　　炒麦芽 15 g　前胡 20 g
　　　甘草 3 g

三诊：2016 年 11 月 20 日。诸症均减，舌偏暗，苔薄黄，左脉沉缓，右脉缓。前法继进。

药物：南沙参 15 g　北沙参 15 g　百合 20 g　　麦冬 12 g
　　　玄参 15 g　　石斛 15 g　　山药 15 g　　紫苏梗 15 g
　　　桔梗 12 g　　青黛 10 g　　西青果 12 g　前胡 20 g
　　　甘草 3 g

按语：《医宗必读·咳嗽》谓："大抵治表者，药不宜静，静则留连不解，变生他病，故忌寒凉收敛……治内者，药不宜动，动则虚火不宁，燥痒愈甚，故忌辛香燥热。"患者绝经期妇女，阴虚体质，稍感风寒之邪侵扰，邪恋肤表，先予平和辛温之药紫苏叶、防风、辛夷宣散风邪，枳壳、桔梗宣利肺气，二陈汤和胃化痰湿，酌加玄参、百合润养肺津，防温药伤津太甚。表邪散，急以养阴宣畅肺气，透解郁热，故能收全功。

（4）肺脾两虚案

曾某，男，24 岁。

初诊：2021 年 12 月 16 日。长期咽喉异物感，喜清嗓子，晨起咯黄痰，咽痛，晨起有鼻涕，偶有鼻涕中带血丝，鼻咽交界处干，饮水多仍感口干，疲乏，寐差，阵发性心慌，汗多，动则加重，夜间无盗汗，无手足心发热，睡眠质量差，近一周食欲欠佳，无腹胀、胃胀，大便每日一解，不成形。舌边尖红，苔薄黄，欠润，脉滑微数。既往：肺结核病史，已按结核标准完成治疗，复查已钙化吸收。

诊断：喉痹。

辨证：肺脾两虚。

治法：养阴润肺，健脾化痰。

方剂：自拟方。

药物：北沙参 15 g　　生黄芪 15 g　　黄精 15 g　　山药 15 g
　　　茯苓 15 g　　麦冬 15 g　　浙贝母 10 g　　枳壳 20 g
　　　桔梗 12 g　　墨旱莲 20 g　　酸枣仁 30 g　　百合 15 g
　　　甘草 3 g　　石斛 10 g

6 剂，水煎服，饭后半小时温服。

二诊：2021 年 12 月 23 日。服药后睡眠明显好转，大便仍稍有不成形，咽痛明显好转，仍有咽喉异物感，晨起有痰，色白，咯痰后觉舒，平素少痰，上周六出现一次痰中带血。稍疲乏，纳差，舌淡红，苔薄黄，欠润，脉沉缓。

药物：人参 15 g　　生黄芪 15 g　　黄精 15 g　　山药 15 g
　　　茯苓 15 g　　浙贝母 10 g　　枳壳 20 g　　桔梗 12 g
　　　建曲 10 g　　扁豆 15 g　　薏苡仁 15 g　　砂仁 10 g
　　　甘草 3 g　　莲子肉 12 g

6 剂，水煎服，饭后半小时温服。

三诊：2021 年 12 月 30 日。服药后睡眠改善、食欲较前好转。现症见：晨起咽喉不适，自觉咽部有少量痰，白天偶咽痒则干咳，大便正常，舌苔基本正常，双脉缓。

药物：人参 15 g　　生黄芪 15 g　　黄精 15 g　　山药 15 g
　　　茯苓 15 g　　浙贝母 10 g　　枳壳 20 g　　桔梗 12 g
　　　建曲 10 g　　扁豆 15 g　　薏苡仁 15 g　　砂仁 10 g
　　　甘草 3 g　　莲子肉 12 g　　橘红 15 g

6 剂，水煎服，饭后半小时温服。

按语：肺喜润恶燥，肺阴亏虚，阴虚生内热，热可灼津为痰，痰阻气机，导致肺气升降失常，肺气郁闭，痰邪郁闭于肺，日久化热，故患者咯黄痰。肺开窍于鼻，肺郁痰热，故鼻干。流鼻涕带血丝，患者兼有中焦脾虚，痰饮停聚，故饮不解渴，大便不成形。治疗应当肺脾同调，养阴润肺，健脾化痰理气，张之文教授予以沙参麦冬汤加减。方中沙参、麦冬养阴清热，润肺化痰，浙贝母清热化痰，枳壳、桔梗开宣肺气，恢复肺的宣发功能，布散津液于上，养肺阴，疗鼻干，加山药、茯苓健脾化痰理气，脾胃升降正常，布散水谷精微上输于肺，补土生金，黄精既能养阴润肺，又能健脾益气，石斛滋阴清热，酸枣仁、百合养心安神助眠。二诊时，患者咯痰减少，睡眠、大便均有所好转。本脾胃虚弱，久用滋阴之品容易碍脾，去沙参、麦冬，加建曲健脾和胃，加扁豆、砂仁、薏苡仁、莲子肉组成参苓白术散，补脾胃，益肺气。三诊时，患者仍觉咽部有痰，此为脾虚不运，加橘红理气燥湿化痰。

3. 咳 嗽

（1）风温

宋某，男，31岁。

初诊：2014年2月21日。近日感冒，发烧至39℃。刻下：无发热，症见咳嗽，咽喉痛，无胸闷，气紧，脉浮微数，舌尖红，苔黄。

诊断：咳嗽。

辨证：风热犯肺，余邪未尽。

治法：疏风清热，宣肺止咳。

方剂：刘氏桔梗散加味。

药物：薄荷 10 g　　桔梗 20 g　　栀子 10 g　　黄芩 15 g
　　　连翘 15 g　　淡竹叶 15 g　　大青叶 15 g　　牛蒡子 15 g
　　　玄参 15 g　　川射干 15 g　　金荞麦 30 g　　枳壳 20 g
　　　前胡 20 g　　生甘草 3 g

二诊：2014年3月1日。咳嗽减轻，咽喉不痛，鼻窍通畅，舌尖苔黄厚。拟宣肺解表，清热化痰。

药物：炙麻黄绒 10 g　　枳壳 30 g　　苦杏仁 5 g　　瓜蒌皮 5 g
　　　法半夏 5 g　　黄芩 5 g　　金荞麦 30 g　　连翘 5 g

桔梗 20 g　　　前胡 20 g　　　甘草 3 g

三诊：2014 年 3 月 8 日。疲乏，咳嗽减轻，苔黄厚，头不晕。拟桔梗枳壳汤加减。

药物：枳壳 30 g　　　枳实 5 g　　　桔梗 20 g　　　法半夏 5 g
　　　瓜蒌皮 5 g　　　黄芩 5 g　　　黄连 10 g　　　金荞麦 30 g
　　　苦杏仁 5 g　　　前胡 20 g　　　甘草 3 g

按语： 刘完素《素问病机气宜保命集》载："上焦热无它证者，桔梗汤（散）。"何廉臣在讨论风热病邪郁阻气分时认为"兼风者透风于外，刘氏桔梗汤（散）、加味栀子豉汤二方最灵而妙。"张之文教授认为，刘氏桔梗散治疗上焦气分无形风热，有清透之功，而无苦寒闭门留寇之弊端。对于上焦气分热引起的发热、咳嗽、口疮、咽痛等均有较好的疗效，可在此方基础上酌加解热、宣肺、化痰、养阴、利咽等药物。

（2）外感风寒、内郁痰热咳嗽案

朱某，女，57 岁。

初诊：2014 年 9 月 10 日。咳嗽，脓黄痰，自诉反复感冒 20 余天，随后腹泻，如水样便，现腹泻稍减。7 余天前咳嗽，鼻塞，流脓黄涕，口臭，前额稍胀，大便 3 次/日。脉沉右滑寸盛，舌红胖大，苔白稍厚。

诊断：咳嗽。

辨证：外感风寒，内郁痰热。

治法：解表清热，化痰止咳。

方剂：苍耳子散合桔梗枳壳汤加减。

药物：辛夷 15 g　　　炒苍耳子 10 g　　　枳壳 20 g　　　法半夏 15 g
　　　黄芩 15 g　　　黄连 10 g　　　金荞麦 20 g　　　白芷 15 g
　　　桔梗 15 g　　　苦杏仁 15 g　　　前胡 15 g　　　甘草 3 g
　　　乌梅 10 g

二诊：2014 年 11 月 3 日。咳嗽大减，身痒，胃脘隐痛，大便频繁，3 次/日。脉缓，舌暗苔薄黄。表邪已去，拟先复脾胃升降，予半夏泻心汤加减。

药物：党参 15 g　　　法半夏 15 g　　　干姜 12 g　　　枳实 15 g
　　　黄芩 12 g　　　黄连 10 g　　　吴茱萸 10 g　　　海螵蛸 30 g
　　　苦杏仁 12 g　　　炙甘草 3 g　　　炒白术 12 g

按语：本案患者素有痰湿内聚，郁久化热，又新感风寒，邪伤肌表，内伤脾脏，外为咳嗽、内为腹泻，初期病邪多在肺卫，故予疏风宣肺清热。表邪去而寒热平调，复脾胃升降，予辛开苦降之半夏泻心汤对症治疗。

（3）风寒犯肺，痰湿内郁咳嗽案

杨某，女，21岁。

初诊：2014年5月15日。感冒4天，阵发性咳嗽，觉气上冲，少痰，早上咳剧，流清涕，时腹痛，面部痒，生痤疮，脉浮微数，舌尖红，苔白满布稍厚。

诊断：咳嗽。

辨证：风寒犯肺，痰湿内郁。

治法：疏风宣肺，化痰止咳。

方剂：三拗汤合杏苏散加味。

药物：辛夷15 g　　防风15 g　　炙麻绒10 g　　枳实20 g
　　　法半夏15 g　　茯苓15 g　　陈皮15 g　　苦杏仁15 g
　　　前胡20 g　　甘草3 g　　桔梗15 g

二诊：2014年5月22日。咳减，咽中异物感，阴天则鼻塞而咳，少气上冲，脉浮缓，舌红苔白满布。前法再进。

药物：辛夷15 g　　紫苏叶20 g　　枳壳20 g　　桔梗15 g
　　　法半夏15 g　　茯苓20 g　　陈皮15 g　　苦杏仁15 g
　　　玄参15 g　　青黛10 g　　甘草3 g

按语：结合病史，患者系肺气不利，气机失调，津聚成痰，痰湿内蕴；舌尖红，脉浮数，清涕，为新感邪气，故予三拗汤合杏苏散辛散开泄，燥湿化痰，肃肺止咳。

（4）痰热内蕴、肺失宣降咳嗽案

刘某，女性，54岁。

初诊：2014年11月21日。咳吐黄痰量多，胸闷，体胖，脉沉，舌红，苔白黄。

诊断：咳嗽。

辨证：痰热内蕴，肺失宣降。

治法：开宣肺气，苦泄痰热。

方剂：三拗汤合小陷胸汤加减。

药物：炙麻黄绒 5 g　　枳壳 30 g　　青皮 30 g　　桔梗 20 g
　　　法半夏 15 g　　黄芩 15 g　　瓜蒌皮 15 g　　金荞麦 30 g
　　　前胡 20 g　　麦冬 15 g　　酸枣仁 15 g　　苦杏仁 15 g
　　　生甘草 3 g

按语：叶天士指出"热痰聚脘，苦辛自能泄降""肺气不和，则上焦不肃，用微苦辛以宣通"。叶氏常以辛开苦降法达到清热祛湿化痰和宣肃上焦气机的目的。小陷胸汤作为辛开苦降代表方，具有清热化痰之效，正如吴坤安谓："痰热固结也，小陷胸法"。张之文教授常以此方为基础，灵活加减运用于临床。张之文教授认为，咳痰不爽，痛引胸胁，或频咳不已，咳痰色黄，舌苔黄浊或黄腻为使用小陷胸汤指针。若肺气闭郁，咳喘较重者，常与三拗汤合用，取麻黄、杏仁开达肺气而定咳喘；若肺热壅盛，常加黄芩、金荞麦增强清热化痰之力，张之文教授认为金荞麦一药虽有清热解毒之功，但其性平不伤脾胃，常用剂量为 15～30 g；若患者性情急躁，胁肋疼痛，头晕，血压升高，脉弦，则考虑乃木火刑金，肝火犯肺，常与泻白散合用，以清泄肝火，宁肺止嗽。肺为娇脏，为防止辛开苦泄劫夺肺胃津液，张之文教授常加入麦冬、沙参、芦根等甘凉之品。枳壳与桔梗为张之文教授治疗咳嗽常用药对，寒热虚实诸证均可使用。枳壳辛苦而凉，功能开泄肺中滞气，桔梗味辛，功能宣肺祛痰，二者联合使用有开通肺气郁滞之妙，枳壳与桔梗配伍，若比例为 4:3，则重在调节气机，若比例为 3:2，则重在排痰。

（5）饮邪犯肺咳嗽案

何某，男，34 岁。

初诊：2017 年 03 月 17 日。胸闷及咳嗽咯痰 6 月余。患者自诉生病前嗜食冷饮，天热时喜好洗冷水澡，吹空调。本次咳嗽后曾服清热化痰、健脾利湿等药物，症状时好时坏，但畏寒逐渐加重，渐致后背发冷。目前胸闷、咳嗽咯痰，量多质稀，畏寒肢冷，后背发凉，容易疲乏，眠差，纳欠佳，胃脘稍痞满，舌淡苔白，脉沉缓。

诊断：咳嗽。

辨证：中阳不足，痰饮上逆。

治法：温阳化饮，降逆止咳。

方剂：苓桂术甘汤加减。

药物：茯苓 30 g　　　桂枝 15 g　　　炒白术 15 g　　　甘草 3 g

白附片 15 g（先煎半小时）　　枳壳 30 g　　　桔梗 20 g

远志 10 g　　　石菖蒲 10 g　　　酸枣仁 30 g

7 剂，水煎服。

二诊：2017 年 04 月 07 日。胸闷减轻，咳嗽及咯痰次数减少，痰多依旧，痰质稀，咽喉似痰梗阻不利，余症未减，舌红苔少，脉沉缓。上方加干姜 15 g、矮地茶 30 g，继服 10 剂。

按语：患者平素嗜食冷冻饮料水果，吹空调不注意保暖，同时误服寒凉药物，渐致损耗人体阳气，中阳不足，脾失健运，寒湿内停。脾主中州，职司运化，为气机升降之枢纽，若脾阳不足，健运失职，则湿滞为痰为饮。痰饮随气升降，无处不到，停于胸胁，则见胸满；阻滞中焦，则痞满；上凌心肺，见咳嗽咯痰；痰质稀，舌淡苔白，脉沉缓皆为痰饮内停之症。畏寒肢冷，是气阳不足；心阳不足则后背发冷。脾为后天之本，主运化水谷精微，输布全身，今脾阳不足，脾失健运，水谷精微不得化生滋养四肢百骸，故见疲乏；心血不足，神失所养，则见眠差。《金匮要略》曰："病痰饮者，当以温药和之。"又曰："心下有痰饮，胸胁支满，目眩，苓桂术甘汤主之。""夫短气有微饮，当从小便去之，苓桂术甘汤主之；肾气丸亦主之。"张之文教授选用苓桂术甘汤原方，重加白附片温肾助阳、祛寒化湿，酸枣仁养肝安神，佐石菖蒲辛散以宣化痰湿，远志苦降以定上逆之痰饮，枳壳与桔梗药对出自《苏沈良方》枳壳汤，桔梗性味苦辛平，开宣肺气，祛痰排脓，枳壳性味辛苦微寒，破气消积，化痰除痞。酌加二药一升一降，宣散胸中气滞，利气化痰。甘草调和诸药。药后患者胸闷减轻、咳嗽、咯痰次数减少，痰饮量减少，但沉寒痼疾，非短时间可以祛除，原方不变加干姜增强温阳化湿，矮地茶性平微苦，化痰止咳，增强利湿之功。

4. 肺　胀

（1）肺气不宣、痰热中阻案

刘某某，女，73 岁。

初诊：2021 年 5 月 21 日。反复咳嗽 10 年余，复发 2 月余。10 年前已确诊为慢阻肺。现咳嗽 2 月余，咽干、咽痒即咳，咯白痰为主，伴流清涕，晨轻暮重，可闻及痰鸣音，胸闷，动则气喘、少许汗出，舌尖红，苔薄黄欠润，脉弦细数。长期吸入舒利迭治疗。有高血压病史。

诊断：肺胀。

辨证：肺气不宣，痰热中阻。

治法：开宣肺气，清热化痰。

方剂：麻杏石甘汤加味。

药物：蜜麻黄 5 g　　燀苦杏仁 12 g　　生石膏 15 g　　麸炒枳壳 20 g
　　　桔梗 12 g　　　瓜蒌皮 12 g　　金荞麦 20 g　　麦冬 15 g
　　　前胡 20 g　　　生甘草 3 g　　　生黄芩 15 g

6 剂，水煎服，饭后半小时温服。

二诊：2021 年 5 月 28 日。服上方明显好转，现咽干、胸闷已愈，咳嗽减少，偶咳嗽有痰，色白易咯出，动则气喘好转，眠差眠浅，纳可，大便不成形。舌质偏暗，苔薄微黄，脉浮微数。前法再进。

药物：麸炒枳壳 20 g　桔梗 12 g　　　法半夏 15 g　　茯苓 15 g
　　　化橘红 15 g　　金荞麦 20 g　　浙贝母 10 g　　制远志 10 g
　　　酸枣仁 30 g　　生甘草 3 g

6 剂，水煎服，饭后半小时温服。

三诊：2020 年 10 月 27 日。服前两诊药物后咳嗽已好转 70% 左右，现阵发性咳嗽，每天发作 7~8 次，因咽干有痰而咳，痰出则咳嗽渐停，痰白稍黏稠易咳出，未闻及哮鸣音，无胸闷气紧，不耐寒热，纳可，多梦，大便不成形 1 次/日，小便调。舌尖红，苔薄黄，脉弦细微数。

药物：蜜麻黄 6 g　　燀苦杏仁 12 g　　生石膏 15 g　　麸炒枳壳 20 g
　　　桔梗 12 g　　　瓜蒌皮 12 g　　金荞麦 25 g　　麦冬 15 g
　　　前胡 20 g　　　生甘草 3 g　　　生黄芩 15 g　　百合 15 g
　　　连翘 15 g

10 剂，水煎服，饭后半小时温服。

按语： 张之文教授将慢性阻塞性肺疾病的病位从三焦划分，咳、痰、喘三大主症分别对应上、中、下三焦；从脏腑而言，"咳在肺，痰在脾，喘在肾"。并且提出咳之病机关键在于上焦肺气闭郁失开，痰之病机根本在乎中焦脾气失于健运，喘之病机也关乎下焦肾气虚而不纳。本案患者以咳为主要表现，故病位主在上焦肺，肺气闭郁，治以开宣肺气为主，常用麻黄、枳壳、瓜蒌、桔梗等，同时以杏仁、枳实、前胡、旋覆花、枇杷叶等肃降肺气，升降相因，恢复肺之宣发肃降。患者咯白色痰伴大便不成形，同时伴中焦不运，予枳桔二陈汤加减，健脾宣肺化痰。酸枣仁、远志、百合等养心安神化痰药物随证加减。

（2）痰热郁肺、血热伤络案

张某，女，43岁。

初诊：2015年10月9日。晨起有咳嗽有血，白黄痰，量少7月余。咳嗽时头痛，颈部强，口苦，胸肋疼痛，怕冷，易感冒，疲倦，下肢酸软，眠差，脉缓偏沉，舌红，苔薄黄欠润。

诊断：肺胀。

辨证：痰热郁肺，血热伤络。

治法：祛痰宣肺，清肝凉血。

方剂：小柴胡汤化裁。

药物：竹叶柴胡10 g　党参15 g　法半夏15 g　枳壳15 g
枳实20 g　黄芩15 g　黄连9 g　远志10 g
酸枣仁15 g　岩白菜15 g　荆芥炭20 g　白芷10 g
浙贝母10 g　生甘草3 g

二诊：2015年10月16日。诸症缓解，晨起咳嗽好转，少量黄痰有血丝，胸肋疼痛，心累，背冷，下肢酸软，眠差，脉沉细，苔薄黄欠润。前法再进。

药物：竹叶柴胡10 g　党参15 g　法半夏15 g　黄芩15 g
枳壳30 g　桔梗15 g　黄连9 g　岩白菜20 g
三七粉10 g　前胡20 g　酸枣仁15 g　蜜甘草5 g
大枣10 g

三诊：2015年10月30日。症减，咳嗽，胸刺痛，背痛，两肋痛，左侧躯体偏冷，气紧，易惊醒，眼干，左脉沉，右脉缓，舌偏红，苔薄黄而少。前法续进。

药物：竹叶柴胡10 g　党参15 g　法半夏15 g　干姜15 g
枳壳30 g　黄芩15 g　金荞麦30 g　连翘15 g

浙贝母 10 g　　　白芷 10 g　　　皂角刺 5 g　　　桔梗 20 g
前胡 15 g　　　　生甘草 3 g

四诊：2015 年 10 月 23 日。因受凉咳嗽加重，背痛，疲倦，脉沉缓，苔薄黄稍欠润。拟和解少阳，清热化痰。

药物：南沙参 15 g　　竹叶柴胡 10 g　法半夏 15 g　　枳壳 30 g
　　　瓜蒌皮 15 g　　黄芩 15 g　　　金荞麦 30 g　　连翘 15 g
　　　浙贝母 10 g　　天花粉 5 g　　 白芷 15 g　　　三七粉 10 g
　　　岩白菜 20 g　　生甘草 3 g

五诊：2015 年 11 月 13 日。症减，晨起咳嗽有血丝，咽部烧灼感，胃部烧灼感，打嗝冒酸，善太息，脉中取微弦，苔薄黄欠润。前法续进。

药物：竹叶柴胡 10 g　法半夏 15 g　　黄芩 15 g　　　金荞麦 20 g
　　　知母 10 g　　　枳壳 25 g　　　桔梗 15 g　　　麦冬 10 g
　　　远志 10 g　　　酸枣仁 15 g　　天花粉 5 g　　 白芷 10 g
　　　白茅根 30 g　　侧柏炭 15 g　　生甘草 3 g

按语：该病人体质为木火体质，素体肝胆偏热，其咳嗽，痰中血丝，乃肝阳亢逆犯肺伤络动血，故主方以小柴胡汤加减，其中竹叶柴胡入肝胆，疏肝而善清肝胆之热，不至于升散太过动血。

5. 肺 痨

（1）气阴两虚案

唐某，女，77 岁，退休工人。

初诊：2014 年 6 月 4 日。结核病史，干咳，纳差，右胁部隐痛，疲倦，少寐，手脚心热，不欲饮，舌尖红，苔少根部稍重，脉细缓。

诊断：肺痨。

辨证：气阴两虚。

治法：益气养阴。

方剂：百合固金汤加减。

药物：南沙参 15 g　　百合 15 g　　　麦冬 15 g　　　玄参 15 g
　　　白芍 15 g　　　赤芍 12 g　　　枳壳 20 g　　　苦杏仁 15 g
　　　青皮 15 g　　　炒酸枣仁 20 g　五味子 10 g　　诃子 10 g

　　　　生甘草 3 g　　　　当归 10 g

6 剂，每日 1 剂，水煎服。

二诊：2014 年 9 月 25 日。反复咳嗽，小便黄，疲倦，眠差，舌红少苔有裂纹，脉缓。

　　药物：生晒参 10 g　　北沙参 15 g　　百合 15 g　　麦冬 15 g
　　　　　当归 10 g　　　白芍 12 g　　　山药 15 g　　莲子 10 g
　　　　　炒酸枣仁 15 g　 灵芝 15 g　　　赤芍 15 g　　生甘草 3 g

6 剂，每日 1 剂，水煎服。

三诊：2014 年 10 月 16 日。晨起咳嗽，口干，气紧，舌红，苔少裂欠润，脉细微数、左脉细缓。

　　药物：北沙参 15 g　　百合 15 g　　　麦冬 15 g　　当归 10 g
　　　　　浙贝母 10 g　　蝉蜕 10 g　　　莲子 10 g　　竹叶 10 g
　　　　　炒酸枣仁 10 g　前胡 10 g　　　苦杏仁 12 g　生甘草 3 g

上方服 6 剂后诸症减轻。

随访患者自行再服上方 15 剂，情况良好。

按语：百合固金汤见于《周慎斋遗书》，为治虚火灼肺之背心前胸肺募间热、咳嗽咽痛、咯血、恶寒等症而设。此案患者舌红少苔、干咳、五心热，肺阴亏虚之象已显；乏力纳差则兼气虚，故用百合固金汤化裁，以沙参、百合、麦冬滋养肺阴；玄参启下焦之阴液上乘于肺，以达金水相生之用；当归、赤芍、白芍养血兼以平肝清热；枳壳、杏仁、青皮理肺气兼可防滋阴药之腻滞；诃子收敛肺气，与诸药配伍又可利咽开音；用酸枣仁、五味子则可养阴安神。二诊疲倦乏力之气虚证明显，山药、莲子、甘草、灵芝清补中焦而不温燥，可补金之母。三诊阴虚仍在，气机不利则气紧，加蝉蜕、前胡、杏仁疏风行气；脉微数，稍加竹叶以清热而收功。

（2）瘰证少寐案

艾某，女，49 岁。

初诊：2014 年 6 月 13 日。口臭，舌红苔薄黄，中根部稍厚，脉缓。右下颌下淋巴结肿大，他院病理检查提示：坏死性淋巴结炎；胸部 CT 提示：右肺上叶后段支气管扩张。

诊断：瘰证。

辨证：脾虚湿阻。

治法：健脾行气化湿，软坚散结。

方剂：参苓白术散加减。

药物：	生晒参 10 g	茯苓 20 g	白术 15 g	山药 20 g
	白扁豆 10 g	莲子 10 g	陈皮 15 g	桔梗 10 g
	砂仁 10 g	薏苡仁 15 g	夏枯草 10 g	牡蛎 30 g
	浙贝母 10 g	桃仁 15 g	炙甘草 5 g	

6剂，每日1剂，水煎服。

二诊：2014年6月20日。抗痨治疗。饥饿感明显，右颌部冷性肿胀，舌红苔微黄稍厚。初诊原方加皂角刺 10 g。6剂，1日1剂，水煎服。

三诊：2014年6月27日。余症同前，舌红苔薄黄稍厚欠润，脉弦微数。初诊原方加皂角刺 10 g、石斛 15 g。6剂，1日1剂，水煎服。

四诊：2014年7月4日。性急，舌红苔白厚欠润，脉微弦。右侧结核菌素试验处已经愈合。左侧颌下淋巴结仍有少许血性渗出。

药物：	生晒参 15 g	生黄芪 30 g	当归 15 g	炒白术 15 g
	苍术 10 g	麦冬 15 g	天花粉 10 g	白芷 15 g
	浙贝母 10 g	夏枯草 15 g	桃仁 15 g	赤芍 15 g
	黄连 9 g	鸡血藤 20 g	炙甘草 5 g	

6剂，每日1剂，水煎服。

随访诸症好转，再服上方10剂后自行停药。

按语：此案患者脉缓，舌苔中根部偏厚，提示中焦气虚湿聚，加之平素情志郁怒，气机不利，痰血瘀滞则淋巴结肿大，属痰瘀互结，虚实夹杂。用参苓白术散健脾益气化湿以治本，用夏枯草、牡蛎、浙贝母化痰散结，桃仁活血行瘀，共奏益气补中、化痰行瘀之功。二诊淋巴结处肿胀，再加皂角刺以逐痰破结。三诊舌苔欠润，考虑痰瘀化热伤阴，加石斛养阴清热。四诊已有好转，继续以补中化湿，化痰行瘀收功。

（3）气阴两虚、痰热阻肺案

罗某，女，50岁。

初诊：2013年11月29日。胸痛，黄痰多，不咳，烦躁，口干，眠差，纳可，大便可，舌红胖大嫩红，脉缓偏沉。结核耐药史。

诊断：肺痨。
辨证：气阴两虚，痰热阻肺。
治法：益气养阴，宽胸化痰。
方剂：自拟方。

药物：生晒参 15 g　　炙黄芪 30 g　　枳壳 30 g　　青皮 20 g
　　　瓜蒌皮 15 g　　法半夏 15 g　　酒黄芩 15 g　　酒黄连 9 g
　　　麦冬 15 g　　　当归 10 g　　　生白芍 10 g　　百合 15 g
　　　山药 20 g　　　天冬 15 g　　　生甘草 3 g

6 剂，每日 1 剂，水煎服。

二诊：2014 年 1 月 9 日。晚上频多憋醒，吐灰黄痰，有痰鸣音，胸痛，疲倦，舌胖大边有齿痕而瘀暗，苔薄白而腻，脉缓偏沉。

药物：生晒参 15 g　　炙黄芪 50 g　　枳壳 30 g　　青皮 20 g
　　　瓜蒌皮 15 g　　岩白菜 30 g　　酒黄芩 15 g　　酒黄连 9 g
　　　法半夏 15 g　　山药 20 g　　　百合 20 g　　　前胡 20 g
　　　蜜百部 15 g　　苦杏仁 15 g　　炙甘草 5 g

上方再服 6 剂诸症皆减轻。

随访情况良好。

按语： 此案患者胸痛、黄痰多，为痰热滞于肺中；又有烦躁、口干、失眠，阴液亏虚之象已显。用参、芪、二冬、百合、当归气阴双补，是治本；用瓜蒌、半夏、芩连、枳壳、青皮，取小陷胸汤之意化裁，可理气涤痰、宽胸散结，为治标；标本兼治，共奏益气养阴、宽胸化痰之功。二诊咳痰增多，喉中痰鸣，酌加前胡、百部、杏仁降气化痰而获效。

6. 喘　证

（1）痰浊壅肺案

苟某，女，75 岁。

初诊：2014 年 11 月 6 日。气紧，动则喘息，咳嗽痰少，大便偏稀，纳差，疲倦，汗多，脉微数，舌暗红，苔微黄满布欠润。

诊断：喘证。
辨证：痰浊壅肺。

治法：泻肺化痰定喘。

方剂：枳桔二陈汤合葶苈大枣泻肺汤加减。

药物：葶苈子10 g　　枳实20 g　　青皮15 g　　桔梗15 g
　　　法半夏12 g　　干姜10 g　　瓜蒌皮10 g　　砂仁10 g
　　　陈皮12 g　　　茯苓12 g　　补骨脂30 g　　甘草3 g

二诊：2014年11月30日。喘大减，动则喘息，喉中痰多，易感冒，咳嗽，痰多不易咯出，色白而黏，脉弦数，舌红，苔黄厚满布。前法续进。

药物：葶苈子15 g　　枳壳20 g　　枳实15 g　　桔梗20 g
　　　法半夏15 g　　瓜蒌皮12 g　　黄芩15 g　　黄连10 g
　　　补骨脂30 g　　赤芍15 g　　桃仁10 g　　前胡15 g
　　　蛤蚧粉5 g　　　甘草3 g

三诊：2014年11月20日。自诉服上方3剂即咳喘大减，服6剂则症减明显，眠转佳，现喉中少有痰，口干甚，体瘦，手冷，畏寒，脉缓，舌红，苔薄黄欠润。拟健脾益气以善后。

药物：党参15 g　　炒白术12 g　　法半夏15 g　　茯苓15 g
　　　枳实15 g　　黄连5 g　　　吴茱萸10 g　　酸枣仁10 g
　　　补骨脂20 g　乌贼骨20 g　　紫苏子15 g　　炙甘草3 g

按语：喘证多由痰浊作祟，痰浊阻滞，升降失司，则发为喘。喘证日久，肺之水液代谢失常，聚生为痰。故喘与痰，相附相生，张之文教授治喘必重化痰除痰，常用枳桔二陈汤加减，易陈皮为青皮，增强行气宽胸之力，枳壳、枳实、桔梗合二陈之力，宣肺化痰效果最佳。《素问·经脉别论》云："饮入于胃，游溢精气，上输于脾，脾气散精，上归于肺，通调水道，下输膀胱，水精四布，五经并行"。肺脾共同构成人体水液代谢系统，肺为储痰之器，脾为生痰之源，故后期必需兼顾健脾益气，以消痰源，又含培土生金之意。

（2）痰热壅肺案

郭某，女，68岁。

初诊：2014年4月23日。夜间阵发性咳嗽，甚则作喘，胸痛，痰白带黄夹血丝，脉浮弦而紧，舌红，苔薄白中心微黄。

诊断：喘证。

辨证：痰热壅滞胸中。

治法：宣肺化痰平喘。

方剂：小陷胸汤加减。

药物：枳壳 30 g　青皮 20 g　全瓜蒌 15 g　法半夏 12 g
　　　黄芩 15 g　黄连 10 g　金荞麦 20 g　岩白菜 20 g
　　　苦杏仁 15 g　桔梗 15 g　甘草 3 g

二诊：2014 年 4 月 30 日。喘咳减，痰少，颜面浮肿，乏力，眠差。拟葶苈大枣泻肺汤合薤枳芎菖方加减。

药物：葶苈子 12 g　全瓜蒌 15 g　薤白 15 g　枳实 15 g
　　　石菖蒲 12 g　川芎 15 g　苦杏仁 15 g　金荞麦 20 g
　　　补骨脂 20 g　益母草 20 g　酸枣仁 15 g　红景天 12 g
　　　甘草 3 g

三诊：2014 年 10 月 26 日。胸闷，颜面浮肿，脉弦，舌暗红，苔微黄厚。拟加味保元汤合薤枳芎菖方。

药物：太子参 10 g　生黄芪 15 g　红景天 10 g　葶苈子 10 g
　　　枳实 15 g　薤白 12 g　丹参 15 g　降香 10 g
　　　益母草 15 g　车前子 20 g　泽泻 15 g　川芎 15 g
　　　甘草 3 g

按语：心肺同居上焦，喘嗽日久，必由肺而累及心胸。薛生白《湿热病篇》谓："阳明之表，胸中也，肌肉也"。患者痰热郁阻胸中，相对于太阳层次，病位更深一步，故以经方小陷胸汤清解胸中痰热，加用芩、连、金荞麦、岩白菜增强清热化痰之功效。二诊痰热渐清，痰浊气滞血瘀阻滞心胸，以薤枳芎菖方加减，除痰化瘀行气通滞，后以加味保元汤调补气血善后。

（3）心肺同病案

乔某，女，39 岁。

初诊：2013 年 10 月 25 日。气紧，吸气困难，善叹息，脘连腹胀，眠差，脉缓，疲倦，大便不爽，月经量少，舌红，苔黄稍厚满布。

诊断：喘证。

辨证：肺气不降，心神失养。

治法：降气平喘，养心安神。

方剂：苏子降气汤合补心丹加减。

药物：紫苏子 15 g　　法半夏 15 g　　当归 15 g　　姜厚朴 15 g
　　　陈皮 15 g　　　枳实 20 g　　　杏仁 15 g　　生地黄 15 g
　　　木香 10 g　　　远志 10 g　　　酸枣仁 30 g　甘草 3 g

二诊：2013 年 11 月 1 日。喘，气紧，不咳，上楼则累，烦躁，夜尿频，腰酸痛，脉缓，舌红，苔稍厚微黄。前法再进。

药物：南沙参 15 g　　生地黄 15 g　　丹参 15 g　　制远志 10 g
　　　五味子 10 g　　酸枣仁 30 g　　柏子仁 15 g　苦杏仁 15 g
　　　枳实 20 g　　　紫苏子 15 g　　桔梗 10 g　　甘草 3 g

三诊：2013 年 11 月 18 日。气仍紧，觉咳则舒服，烦躁，口不渴，畏寒甚，脉缓，舌暗红，苔薄黄。拟苏子降气汤加减。

药物：紫苏子 15 g　　法半夏 15 g　　当归 15 g　　陈皮 15 g
　　　沉香 5 g　　　　肉桂 10 g　　　肉苁蓉 15 g　补骨脂 20 g
　　　杏仁 15 g　　　姜厚朴 15 g　　酸枣仁 30 g　甘草 3 g

四诊：2013 年 12 月 11 日。气紧减，不甚累，畏寒，胸闷，便秘，脉沉细，舌暗红，苔白稍厚。再进开宣上痹、温补下元之法。

药物：枳壳 30 g　　　枳实 20 g　　　青皮 20 g　　苦杏仁 15 g
　　　北沙参 15 g　　麦冬 15 g　　　法半夏 15 g　炙远志 10 g
　　　茯苓 20 g　　　酸枣仁 30 g　　补骨脂 20 g　肉桂 10 g
　　　炙甘草 3 g

按语：本例患者喘咳日久，肺气不降，心神失养。心肺同居上焦，相互联系紧密。张之文教授以养心丹合苏子降气汤心肺同调、降气平喘、养心安神。该患者素体心脾气虚，故在降气平喘的基础上，始终顾及其体质因素，后逐渐由降气安神转为开上莫下，填补下元虚损。

（4）肺热伤津案

王某，男，75 岁。

初诊：2014 年 6 月 13 日。喘息，气紧，动则加重，痰少，脉弦偶有结代，舌暗红，苔中心灰白。

诊断：喘证。

辨证：肺气不降，津气损伤。

治法：泻肺平喘，益气养阴。

方剂：泻白散合生脉饮加减。

药物：天麻 10 g　　　葶苈子 10 g　　　桑白皮 15 g　　　地骨皮 15 g

　　　枳实 20 g　　　麦冬 15 g　　　　五味子 10 g　　　生晒参 10 g

　　　玉竹 10 g　　　牡丹皮 15 g　　　降香 10 g　　　　益母草 15 g

　　　补骨脂 20 g　　生甘草 3 g

二诊：2014 年 6 月 27 日。症减，右微弦，舌红苔白稍厚腻。

药物：天麻 10 g　　　葶苈子 10 g　　　桑白皮 15 g　　　地骨皮 15 g

　　　枳实 20 g　　　麦冬 15 g　　　　五味子 10 g　　　生黄芪 15 g

　　　玉竹 10 g　　　牡丹皮 15 g　　　降香 10 g　　　　益母草 20 g

　　　补骨脂 20 g　　生甘草 3 g

三诊：2014 年 7 月 14 日。症续减，自觉喉中痰多，脘中微闷，脉弦，舌胖淡暗，苔中稍白厚。

药物：天麻 10 g　　　葶苈子 10 g　　　桑白皮 15 g　　　地骨皮 15 g

　　　枳实 30 g　　　生黄芪 15 g　　　玉竹 10 g　　　　丹参 15 g

　　　益母草 20 g　　补骨脂 30 g　　　茯苓 15 g　　　　泽泻 10 g

　　　生甘草 3 g

按语：老年阴亏木旺之质，肺中蕴热，上下不得交通，故喘息，动则加重。张之文教授以泻白散"清肺热，保肺津"（王孟英语），合生脉散益气养阴，葶苈子泻肺平喘，佐天麻、补骨脂补肾平肝，切合病机，故首诊即病减。后在该方基础上加减善后。

（5）肺痹夹饮案

孙某，女，22 岁。

初诊：2014 年 5 月 16 日。咳嗽，喘息 2 年余，清鼻涕，吐白泡沫痰，晨起及晚上咳嗽，咳甚则呕吐，呕吐出黏液，大便秘结，脉沉细，舌红苔稍厚欠润。肺功能示：支气管轻度通气功能障碍。

诊断：喘证。

辨证：肺气郁痹，内夹水饮。

治法：宣肺降气，蠲饮平喘。

方剂：三拗汤合小青龙汤加减。

药物：辛夷 20 g　　　蜜麻黄绒 10 g　　桂枝 15 g　　　　细辛 6 g

干姜 10 g　　　　五味子 10 g　　　生白芍 15 g　　　枳壳 30 g
　　枳实 15 g　　　　苦杏仁 15 g　　　补骨脂 30 g　　　生地黄 15 g
　　生甘草 3 g

二诊：2014 年 5 月 23 日。症大减，疲乏，畏寒，喉中有异物感，舌红，苔中根部稍厚，脉细。拟健脾益气，化痰平喘，方用枳桔二陈汤合四君子汤加减。

　　药物：党参 15 g　　　蜜炙黄芪 20 g　　紫苏叶 20 g　　　炒白术 15 g
　　法半夏 15 g　　　陈皮 15 g　　　　茯苓 20 g　　　　枳壳 15 g
　　桔梗 15 g　　　　蜜甘草 5 g

按语：本例患者初期为肺痹夹饮。肺为水之上源，肺气不畅，则水液停聚而为饮，水饮清稀流动，内则进一步阻滞肺气，喘咳发作。外则发为清痰、清涕，甚则呕吐涎沫。故张之文教授治疗此患者初用小青龙汤解表逐饮。《伤寒论》云："伤寒表不解，心下有水气，干呕，发热而咳，或渴，或利，或噎，或小便不利，少腹满，或喘者，小青龙汤主之。"此例患者表证不显，故变麻黄为麻绒，蜜炙缓其解表发汗之力，增其宣肺平喘之功，加杏仁成三拗汤之势，伍入枳实、枳壳共奏开宣肺气之功，细辛、干姜、五味子为仲景治疗咳喘常用药对，温肺逐饮。全方配伍精当，思路清晰，故一发中的，二诊诸症大减，续以枳桔二陈汤合四君子汤理气健脾化痰而收全功。

7. 哮　病

（1）肺卫不固、肾虚不纳案

黄某，女，47 岁。

初诊：2017 年 3 月 24 日。反复咳嗽、气喘 1 年，气紧，清涕，两颧潮红，肢冷，舌尖红，苔薄，脉细缓偏沉。

诊断：哮病。

辨证：肺卫不固，肾虚不纳。

治法：补肺固表，温肾纳气。

方剂：玉屏风散合安肾汤加减。

　　药物：辛夷 20 g　　　防风 15 g　　　　生黄芪 15 g　　　麸炒白术 15 g

炙麻黄绒 10 g　　枳实 30 g　　紫苏子 15 g　　当归 10 g
小茴香 10 g　　盐补骨脂 30 g　　白附片 10 g　　甘草 3 g

二诊：2017 年 3 月 31 日。自诉服药胃脘舒畅，仍气紧，动则气喘，流清涕，肢冷，舌红，苔白满布，脉细缓。前法再进。

药物：辛夷 20 g　　防风 15 g　　炙麻黄绒 10 g　　枳实 30 g
紫苏子 15 g　　当归 10 g　　小茴香 10 g　　盐补骨脂 30 g
白附片 10 g　　肉桂 10 g　　紫苏叶 20 g　　甘草 3 g

三诊：2017 年 4 月 7 日。气紧、气喘减轻，自诉因感冒服西药（不详）后出现胃痛，咳嗽，夜间为主，胸闷，清涕，口咽干，两颧潮红，舌尖红，苔白满布欠润，脉缓。再进宣肺平喘，温肾纳气。

药物：辛夷 20 g　　防风 15 g　　炙麻黄绒 10 g　　枳实 30 g
紫苏子 15 g　　当归 10 g　　小茴香 10 g　　盐补骨脂 30 g
白附片 10 g　　肉桂 10 g　　麦冬 15 g　　甘草 3 g

四诊：2017 年 4 月 21 日。症状减轻，咳嗽，气紧，夜间为主，胸闷，呈阵发性，口咽干，两颧潮红，舌尖红苔黄厚，脉细缓偏沉。拟宣肺平喘，滋养肺阴。

药物：辛夷 20 g　　防风 15 g　　炙麻黄绒 10 g　　枳实 30 g
紫苏子 15 g　　麦冬 15 g　　桔梗 20 g　　法半夏 15 g
酒黄芩 15 g　　金荞麦 20 g　　玄参 10 g　　前胡 20 g
甘草 3 g

五诊：2017 年 5 月 5 日。症状减轻，气紧，夜间为主，胸闷，喉中哮鸣，呈阵发性，口咽干，两颧潮红，偶有咳痰，眠差，舌尖红，苔白稍厚较满布，脉沉细。拟安神定志丸加减。

药物：远志 10 g　　石菖蒲 10 g　　茯苓 20 g　　茯神木 15 g
法半夏 15 g　　枳壳 30 g　　枳实 15 g　　紫苏子 15 g
青皮 20 g　　陈皮 15 g　　酸枣仁 20 g　　前胡 20 g
生甘草 3 g

按语：本例患者属哮喘之虚证，乃卫外不固、肾阳不足。太阳结于命门，太阳之气周游遍身而卫外为固，命门火衰，则卫外温摄之力自然不足，故以卫外之玉屏风散与温里之安肾汤同用，肺肾同补表里同治。张之文教授喜用《温病条辨》之安肾汤加减以温肾纳气，后期喘咳减轻，自拟加味麦门冬汤养阴润肺，肃肺平喘。

（2）风寒犯肺案

彭某，男，56岁。

初诊：2016年9月30日。咳嗽，平素吸服信必可，气紧，晨起少量痰，受凉后出现哮鸣音，偶有清涕，大便不成形，舌淡苔薄，脉缓。

诊断：哮病。

辨证：风寒犯肺，肺气不宣。

治法：祛寒解表，宣肺止咳。

方剂：杏苏散加减。

药物：辛夷 20 g　　防风 15 g　　生荆芥 15 g　　炙麻黄绒 10 g
　　　枳壳 30 g　　紫苏叶 20 g　　苦杏仁 15 g　　法半夏 15 g
　　　陈皮 15 g　　前胡 20 g　　补骨脂 30 g　　生甘草 3 g
　　　茯苓 20 g

二诊：2016年11月4日。诸症好转，轻微气紧，偶有咳嗽，平素吸服信必可，偶有晨起少量痰，口苦，大便不成形，舌红苔少，脉弦微数。前法再进。

药物：辛夷 20 g　　防风 15 g　　生荆芥 15 g　　青皮 20 g
　　　枳壳 30 g　　紫苏叶 20 g　　苦杏仁 15 g　　法半夏 15 g
　　　陈皮 15 g　　前胡 20 g　　补骨脂 30 g　　生甘草 3 g
　　　百合 20 g

按语：《证治汇补·哮病》云："内有壅塞之气，外有非时之感，膈有胶固之痰，三者相合，闭拒气道，搏击有声，发为哮病。"本例患者为外感风寒引动伏邪发而为哮，内有痰浊作祟，外有风寒引动，故以杏苏散宣肺散寒、止咳平喘为主，同时以二陈汤加枳壳、前胡之类化痰，外散风寒，内清痰浊。二诊时表证已除，继续用杏苏散加减取其宣通肺气之意，恢复肺之宣降功能，同时清散余邪。

（3）表寒里饮案

岳某，女，32岁。

初诊：2014年3月8日。素有哮喘病，咽痒，自觉气上冲逆而咳，喉中痰阻，脉沉缓，舌红，苔稍厚微黄。

诊断：哮喘。

辨证：表寒里饮。

治法：温肺散寒，化痰逐饮。

方剂：射干麻黄汤加减。

药物：炙麻绒 10 g　　枳壳 20 g　　枳实 15 g　　苦杏仁 15 g
　　　瓜蒌皮 15 g　　法半夏 15 g　　射干 10 g　　款冬花 12 g
　　　紫菀 12 g　　黄芩 15 g　　前胡 20 g　　辛夷 15 g
　　　防风 15 g　　甘草 3 g

二诊：2014年3月27日。症减，现喉中有黏痰，咳嗽，眠差，咽不痒，畏寒，脉缓，舌红，苔薄黄。予枳桔二陈汤加减理气化痰止咳。

药物：辛夷 20 g　　防风 15 g　　紫苏叶 20 g　　枳壳 30 g
　　　青皮 20 g　　桔梗 20 g　　法半夏 15 g　　干姜 15 g
　　　金荞麦 30 g　　前胡 20 g　　酸枣仁 30 g　　甘草 3 g

三诊：2014年4月9日。咳嗽明显减轻，觉喉中有痰痰难咯，畏寒，眠可，大小便可，脉沉缓，舌淡胖大，苔薄白。前法再进。

药物：辛夷 15 g　　防风 15 g　　紫苏叶 15 g　　枳壳 30 g
　　　法半夏 15 g　　茯苓 20 g　　青皮 20 g　　干姜 15 g
　　　苦杏仁 15 g　　前胡 20 g　　桔梗 20 g　　炙甘草 3 g

按语：哮病之根在于痰。如《症因脉治·哮病》云："哮病之因，痰饮留伏，结成窠臼，潜伏于内，偶有七情之犯，饮食之伤，或外有时令之风寒束其肌表，则哮喘之症作矣。"朱丹溪云："哮病专主于痰。"张之文教授治痰以枳桔二陈汤为主，法半夏、陈皮（如欲增强行气之力则易为青皮）组合为化痰之常用药对，而枳壳（欲增强降气之力则易为枳实）、桔梗则为宣肺之常用药对。张之文教授常以此方为基，如痰与热结则加用泻白散，如肺气郁痹痰浊内阻则加用杏苏散、三拗汤、或瓜蒌薤白半夏汤，肺寒痰饮阻结则合以《金匮要略》之射干麻黄汤。

8. 肺 痹

特发性肺纤维化案：徐某，男，74岁。

初诊：2017年5月4日。咳嗽气紧反复发作3年，复发加重1周。刻症：咳嗽频繁，干咳痰少而黏，声音嘶哑，动则气喘气短，夜间咳嗽加重影响睡眠，下肢凹陷性水肿，夜尿频多，大便正常。脉浮弱，舌质紫暗底部络脉曲张，苔白厚。曾于当地医院诊断为特发性肺纤维化，多次住院治疗。

诊断：肺痹。

辨证：肺肾两虚，痰瘀阻络，阳虚水泛。

治法：补肺温肾，化痰祛瘀，利水消肿。

处方：保元汤加味。

药物：
生晒参12 g	生黄芪20 g	麦冬12 g	百合15 g
石斛20 g	枳实15 g	葶苈子10 g	白花蛇舌草15 g
鳖甲10 g	全瓜蒌10 g	补骨脂15 g	葫芦巴10 g
茯苓15 g	苍术15 g	赤芍15 g	五味子10 g
生甘草3 g	蛤蚧粉3 g（冲服）		

7剂，水煎服，饭后半小时温服。

二诊：2017年5月12日。患者诉夜间干咳次数减少，睡眠较前安稳，气短及下肢水肿均缓解。脉浮弦，舌质暗苔白润。宜燥湿利水，原方去百合、石斛，加白术15 g继服7剂。

三诊：2017年5月20日。胸闷气短明显减轻，干咳次数减少，脉弦弱，舌暗，苔薄白。上方去葶苈子、全瓜蒌，加熟地黄20 g、巴戟天10 g。嘱此方可服用1个月巩固调理，后随访病情稳定，水肿已退，诸症大减。

按语：患者为老年男性，肺肾两虚，肺气虚则卫外不足，宣肃失常，故喘咳。肺中津液匮乏则干咳，黏痰量少而不易咳出；胸中气机不利故胸闷；日久病及于肾，肾阳亏损而气化蒸腾水液失常，故水肿、夜尿频繁；肾气不足则肾主纳气功能失常，气不归元，表现为气短、气喘，活动后加重。舌紫、舌下络脉曲张为瘀血阻滞，苔白厚为痰湿内盛表现。张之文教授以人参、黄芪、麦冬、百合、石斛、五味子甘酸入肺，补肺气之虚；补骨脂、葫芦巴、蛤蚧补肾阳肾气之不足，且蛤蚧为血肉有情之品可纳气定喘。枳实、葶苈子、全瓜蒌可理肺化痰；鳖甲、赤芍合用以软坚散结、活血化瘀。白花蛇舌草可清热解毒，利尿消肿，活血止痛，与茯苓、苍术同用以祛湿利小便，有助于消除水肿；与鳖甲、赤芍合用可解毒化浊祛瘀，有利于延缓纤维化进程。二诊去阴柔滋腻之百合、石斛，加用白术，以利水湿之化。三诊去峻烈之葶苈子、寒凉之全瓜蒌，加调补肾中阴阳之品，以便长期服药治疗。本案处方根据患者虚实状态随证调整扶正与祛邪力度，切合病机，故易取效而稳定病情。

9. 肺络张

（1）少阳郁热，痰浊阻肺案

但某，女，49岁。

初诊：2014年11月12日。主诉：咳30年，有支气管扩张及糖尿病史，体胖，咳嗽咯黄痰，咯血2次，口苦，咽干，右胸部痛，左脉弦，舌红，苔稍厚黄欠润。

诊断：肺络张。

辨证：少阳郁热，痰浊阻肺。

治法：清热化痰，养阴宣肺。

方剂：小柴胡汤和小陷胸汤加减。

药物：柴胡 15 g　　法半夏 15 g　　黄芩 15 g　　黄连 10 g
　　　瓜蒌皮 15 g　　枳壳 20 g　　桔梗 15 g　　金荞麦 30 g
　　　浙贝母 10 g　　天花粉 10 g　　白芷 12 g　　皂角刺 10 g
　　　苦杏仁 15 g　　前胡 20 g　　甘草 3 g

6剂，水煎服，每日1剂。

二诊：上方服用6剂，右胸部痛减轻，咳嗽好转，时衄，咯黄痰，痰中带血，大便稀，脉缓，舌红，苔薄黄满布。前法出入。

药物：柴胡 12 g　　法半夏 15 g　　黄芩 15 g　　黄连 10 g
　　　瓜蒌皮 15 g　　枳壳 30 g　　桔梗 20 g　　金荞麦 30 g
　　　银花藤 15 g　　天花粉 10 g　　白芷 10 g　　浙贝母 10 g

岩白菜 30 g　　　前胡 20 g　　　甘草 3 g

6剂，水煎服，每日1剂。

上方再服6剂诸症均减。

按语：《伤寒论》载："太阳病，十日以去，脉浮细而嗜卧者，外已解也。设胸满胁痛者，与小柴胡汤。"张之文教授常以小柴胡汤清少阳之热，平复木火刑金之势。火煎肺液，液聚为痰，合小陷胸汤清清热化痰。痰火相煎，胶结难出，佐白芷、皂角刺、浙贝母化痰排脓。

（2）痰热灼肺案

汪某，女，24岁。

初诊：2013年3月8日。支气管扩张病史，咳嗽，喉中痰阻，痰色黄绿带鲜红血丝，胸闷带喘，脉滑数，舌淡红，苔黄腻。

诊断：咯血。

辨证：痰热灼肺。

治法：清化热痰，益气止血。

方剂：小陷胸汤加减。

药物：瓜蒌皮 10 g　　黄连 9 g　　　黄芩 15 g　　　金荞麦 20 g
　　　三七粉 10 g　　山药 20 g　　　生甘草 6 g　　　岩白菜 20 g
　　　茯苓 15 g　　　法半夏 15 g

6剂，水煎服，每日1剂。

二诊：现咽干，咽痒，咳嗽有痰，痰色白绿色，量少；咳血，量多；疲倦，二便调。舌淡红，苔薄白。肺气不足，于原方佐加益气之品。

药物：生晒参 15 g　　蜜黄芪 30 g　　麦冬 15 g　　　黄精 15 g
　　　山药 20 g　　　阿胶 9 g　　　当归 15 g　　　五味子 5 g
　　　侧柏叶炭 20 g　岩白菜 20 g　　三七粉 10 g　　黄芩 15 g
　　　蜜甘草 5 g　　　大枣 15 g

6剂，水煎服，每日1剂。

三诊：药后出血减少，偶有咳嗽，月经后期13天，面色淡白，纳差，大便可，舌淡红，苔薄白，脉细数而弱。前方加减。

药物：红参片 15 g　　蜜黄芪 30 g　　黄精 15 g　　　石斛 15 g

山药 20 g	大枣 10 g	当归 15 g	阿胶 9 g
三七粉 10 g	岩白菜 20 g	侧柏叶炭 15 g	砂仁 10 g
炙甘草 5 g	生麦芽 15 g		

7剂，水煎服，每日1剂。

四诊：现咯痰，痰色白量少，带血丝，口干，头晕，疲倦，活动后有胸闷，纳略差。舌淡红，苔薄白，脉细弱。

药物：
人参 15 g	黄芩 30 g	山药 20 g	石斛 15 g
麦冬 10 g	生麦芽 15 g	大枣 15 g	当归 15 g
阿胶 10 g	浙贝母 10 g	侧柏叶炭 15 g	荆芥炭 15 g
炙甘草 5 g			

6剂，水煎服，每日1剂。

五诊：咳嗽，痰黄量少无出血，脉细微数，精神尚可，舌深红，苔花剥。

药物：
生晒参 15 g	生黄芪 30 g	山药 15 g	石斛 15 g
麦冬 10 g	炒稻芽 15 g	砂仁 10 g	浙贝母 10 g
黄芩 15 g	金荞麦 15 g	岩白菜 15 g	三七粉 10 g
蜜甘草 5 g			

6剂，水煎服，每日1剂。

按语：初诊患者咳嗽，痰色黄绿带血丝，结合舌脉，诊断为痰热灼肺之肺络张。张之文教授清其痰热，佐以止血，后因出血量渐多，气血不足，而见疲倦、纳差、面色白，头晕、乏力，月经推后等症，张之文教授以益气养阴、佐以清热化痰为法调治。五诊诸症减轻，继按前法处方而收功。

（3）咯血案

程某，女，47岁。

初诊：2021年1月7日。反复咳嗽、咯血2年余。刻下：咳嗽，咯血痰，多呈乌红色，无胸痛、胸闷，晨起手僵，纳可，大便正常，舌质淡白，舌苔白厚，脉沉细无力。既往有肺结核病史。辅助检查：1.双肺结核灶，见硬结钙化，伴牵引性支气管扩张；2.代偿性气肿；3.胸膜粘连；4.脾大。

诊断：咯血。

辨证：气阴两虚。

治法：益气养阴，凉血止血。

处方：百合固金汤加味。

药物：北沙参20 g　　百合15 g　　麦冬15 g　　炒栀子10 g

　　　牡丹皮10 g　　青黛10 g（包）　三七粉10 g　　天花粉10 g

　　　白芷10 g　　　皂角刺5 g　　岩白菜15 g　　生甘草3 g

　　　墨旱莲30 g

6剂，水煎服，饭后半小时温服。

二诊：2021年1月21日。药后咳嗽明显减轻，晨起偶尔咳嗽，咽喉痰黏，无血痰。舌质淡红，苔薄白，脉缓。

药物：北沙参20 g　　百合15 g　　麦冬15 g　　炒栀子10 g

　　　牡丹皮10 g　　青黛10 g（包）　天花粉10 g　　白芷10 g

　　　岩白菜15 g　　生甘草3 g　　煨诃子10 g　　煅蛤壳15 g

　　　白蔹10 g

6剂，水煎服，饭后半小时温服。

按语：患者有多年肺部病史，耗气伤阴，宣发布散失职，津失疏布，凝聚成痰。痰热化火，灼伤肺络，络伤血溢则见咯血、咳血。因此治疗益气养阴，化痰止血。张之文教授选用沙参麦冬汤合百合固金汤加减化裁。患者晨起咳嗽明显，张之文教授认为这是肝经有热，木火刑金的表现，加青黛、栀子苦辛寒以清肝经之气热，牡丹皮清肝经之血热；三七，《玉楸药解》谓其可"和营止血，通脉行瘀，行瘀血而敛新血"；岩白菜，《四川中药志》言其味甘无毒，能治吐血、咳血；天花粉清热泻火生津；皂角刺排痰；墨旱莲养血止血益阴。诸药合用，标本兼治。故二诊时患者咯血消失，咳嗽减轻，去三七、墨旱莲，加诃子、煅蛤壳敛肺化痰下气。

10. 鼻　病

（1）鼻鼽案例一

刘某，女，55岁。

初诊：2016年9月23日。患者平素易感冒，现鼻痒，喷嚏，清涕，鼻塞，汗多恶风，骨节疼痛，胸闷痛，眠差早醒，口渴，大便稀约3~4次/天，脉缓偏沉，舌偏红，苔微黄。

诊断：鼻鼽。

辨证：肺脾两虚，卫表不固，风寒外袭。

治法：培土生金，疏风和营。

方剂：保元汤加减。

药物：细辛6 g　　辛夷20 g　　防风15 g　　生黄芪30 g
　　　麦冬15 g　　五味子10 g　党参15 g　　肉桂10 g
　　　白附片10 g　天南星10 g　远志10 g　　百合20 g
　　　酸枣仁30 g　牡蛎30 g　　灵芝10 g　　生甘草3 g

14剂，水煎服，每日1剂。

二诊：2016年10月14日。患服药后诸症明显缓解，轻微喷嚏，清涕、自汗减轻，睡眠好转，仍胸闷，恶风怕冷，现入睡困难，双膝腰部酸痛。继予原方加减。

药物：辛夷20 g　　防风15 g　　枳壳30 g　　五味子10 g
　　　肉桂10 g　　补骨脂30 g　白附片15 g　干姜15 g
　　　杜仲15 g　　续断15 g　　巴戟天15 g　酸枣仁30 g
　　　天南星10 g　牡蛎30 g　　蜜甘草5 g　　姜黄15 g

三诊：2016年11月18日。患者诉鼻痒，喷嚏，胸闷大减，双腰部骨节酸痛缓解，睡眠好转，现头晕，脉缓，舌偏暗红，苔白多津。前法出入。

药物：辛夷20 g　　防风15 g　　五味子10 g　桂枝15 g
　　　白附片15 g　干姜15 g　　杜仲15 g　　酸枣仁30 g
　　　天南星10 g　党参10 g　　麸炒白术15 g　生白芍15 g
　　　远志10 g　　怀牛膝15 g　蜜甘草3 g

按语： 张之文教授认为过敏性鼻炎多是本虚标实证，乃因肺、脾、肾三脏虚损，并受风寒之邪所袭，鼻窍失养所致。临床上若肺脾气虚，常加入玉屏风散，甚或保元汤，若兼肾阳虚，则加入白附片、补骨脂等味。此外，过敏性鼻炎患者的鼻痒、眼眶瘙痒等症状，具有突然发作、时做时止等特点，与"风善行而数变""风胜则痒"吻合，故治疗上也要重视祛风，风寒多用辛夷、防风、荆芥、麻黄、桂枝；风热常选刺蒺藜、蝉蜕等；若兼肝肾阴虚，阳亢化风，在祛外风的基础上，也要加入天麻、钩藤、僵蚕等药物以熄内风。本案患者平素易感冒，恶风自汗，大便频稀，腰膝酸痛，为肺脾肾三脏亏虚。脾气虚弱，水液运化失司，聚而成痰，痰浊阻滞肺络则胸闷、胸痛，留滞鼻窍则鼻窍窒塞；风邪侵袭，故鼻痒、喷嚏。故以保元汤补益肺脾，培土生金；细辛、辛夷、防风辛温以疏风通窍；麦冬、五味子酸甘以养阴生津，五味子酸敛还可敛肺止涕；白附片以增强温阳之力；天南星辛温燥湿化痰；远志、酸枣仁、牡蛎安神以调整睡眠。后因患者仍感腰膝酸痛，故在原方的基础上，加上补骨脂、杜仲、续断以增强补肝肾、强筋骨之力而症状缓解。

（2）鼻鼽案例二

罗某，女性，41岁。

初诊：2014年10月17日。症状：患者诉流清涕2年余，遇风冷则鼻部敏感（鼻子痒、打喷嚏和流鼻涕），脉细缓，舌红，苔薄黄。既往有肺结核病史。

诊断：鼻鼽。

辨证：气阴两虚。

治法：补气养阴，甘寒益肺。

方剂：生脉散加减。

药物：生晒参10 g　　生黄芪30 g　　黄精15 g　　麦冬15 g
　　　山药15 g　　　白扁豆15 g　　白及15 g　　蜜百部15 g
　　　茯苓15 g　　　玄参15 g

二诊：2014年11月14日。患者服药后自觉症状缓解明显，敏感性减轻，晨起流清涕减轻，遇刺激性物体则喷嚏减轻，现咽喉生痰，唇红，舌红，苔薄黄。继予原方加减。

药物：生晒参15 g　　生黄芪30 g　　黄精15 g　　麦冬15 g
　　　山药15 g　　　白扁豆15 g　　白及15 g　　蜜百部15 g
　　　浙贝母10 g　　莪术10 g　　　桃仁10 g　　茯苓15 g
　　　黄连9 g　　　　五味子10 g　　蜜甘草3 g

按语：患者素有肺结核病史，耗气伤阴，导致气阴两虚。《黄帝内经》曰："邪之所凑，其气必虚"。肺脾虚损，正气亏虚，易受外邪，侵袭鼻窍，遂致喷嚏、流清涕、鼻塞。治疗上，张之文教授重用黄芪，黄芪味甘微温，归肺、脾经，善于补气升阳固表，现代研究发现黄芪多糖能明显促进 IgE 抗体的生成；配伍生晒参助黄芪益气之力；黄精滋阴润肺，益气健脾；山药、茯苓、白扁豆补气健脾除湿；蜜百部、麦冬润肺生津，百部还有抗结核功效；白及收敛止血、消肿生肌，是张之文教授临床治疗肺结核的常用药，尤其对咳血和肺空洞治疗效果较明显，《重庆堂随笔》记载："白及最粘，大能补肺，可为上损善后之药"；玄参滋阴清热。诸药合用益气养阴以治本。二诊时，患者各种症状明显缓解，效不更方。患者诉咽喉生痰，唇红，张之文教授考虑痰热互结，热邪留恋不去，故加入浙贝母、莪术、桃仁增强化痰排脓之力，伍以黄连苦寒清热燥湿。

（3）鼻鼽案例三

孟某，女性，42岁。

初诊：2014 年 11 月 12 日。喷嚏，流清涕，鼻咽耳部痒，咯痰带黄，稍恶寒，胸部不甚闷，脉缓，舌红，苔薄黄。

诊断：鼻鼽。

辨证：风寒袭表，郁而化热。

治疗：清宣肺气，通利鼻窍。

方剂：杏苏散合小陷胸汤加减。

药物：辛夷 20 g　　蝉蜕 10 g　　荆芥 15 g　　防风 15 g
　　　枳壳 30 g　　桔梗 20 g　　法半夏 15 g　黄芩 15 g
　　　瓜蒌皮 15 g　苦杏仁 15 g　前胡 20 g　　甘草 3 g

二诊：2014 年 11 月 26 日。症状：患者服上方 4 剂后，喷嚏、流涕缓解，鼻耳部痒减轻，咯痰、恶寒、胸闷症状消失，现早晚清涕，咽耳痒，皮肤痒，舌红胖大，苔白。表证已解，肺热已清，风邪仍然留恋，予《金匮》防己黄芪汤化裁。

药物：辛夷 15 g　　荆芥 15 g　　防风 15 g　　紫苏叶 20 g
　　　黄芪 30 g　　炒白术 15 g　茯苓 20 g　　秦艽 15 g
　　　黄柏 10 g　　防己 10 g　　蛇床子 10 g　甘草 3 g

按语：患者外受风寒，侵袭卫表，故恶寒、流清涕、鼻咽耳部痒，寒凝日久化热，肺经郁热，肃降失职，火热上炎，鼻窍不利，邪热上犯鼻窍，故咯黄痰、胸闷、喷嚏频作。治疗上张之文教授清宣并治，选用杏苏散和小陷胸汤，杏苏散轻清宣散以解表，小陷胸汤辛开苦降清里热，两方合用表里双解。联合使用辛夷、蝉蜕、荆芥、防风疏风止痒通窍之品，增强疗效。二诊时，张之文教授考虑到过敏性鼻炎为本虚标实之证，现患者里热大减，舌胖大苔白，应从本论治，故以防己黄芪汤益气固表，健脾除湿；加入紫苏叶清利咽喉，蛇床子助辛夷、防风、荆芥祛风止痒之力。

（4）鼻渊案

李某，女，64岁。

初诊：2021年9月10日。头痛3月余。主要为前额痛，每日都痛，畏风寒，腰、双肩痛，口干口苦。眠差，睡2~3小时/晚，烦躁，疲倦，便溏，2~3次/天。右脉弦微数，舌偏红，苔薄黄欠润。辅助检查：2021年7月26日头颅MRI示：脑萎缩，空泡蝶鞍，双侧筛窦、上颌窦炎；腰椎MRI示：腰1~5锥体骨质增生，腰5/骶1椎间盘变性并突出（中央型）。

诊断：鼻渊。

辨证：肝胆郁热，上扰清窍，肺气不宣。

治法：通窍止痛，平肝息风。

药物：天麻12 g　　炒苍耳子10 g　　白芷15 g　　炒蔓荆子15 g
　　　黄芩15 g　　黄连10 g　　天花粉10 g　　石菖蒲15 g
　　　炒酸枣仁50 g　灵芝12 g　　合欢花30 g　　生甘草3 g
　　　生川芎15 g

6剂，水煎服，饭后半小时温服。

二诊：2021年10月1日。服上方后头痛明显缓解，近日头痛反复，巅顶为主，偶喷嚏，无鼻塞，胃脘痞满，左眼结膜充血，平素有膝关节和脚踝反复水肿，烦躁，口苦而黏，眠差，舌红，苔薄白，双脉弦。

药物：天麻12 g　　炒僵蚕12 g　　菊花15 g　　酒赤芍15 g
　　　炒苍耳子10 g　白芷15 g　　酒川芎20 g　　威灵仙10 g
　　　炒酸枣仁50 g　酒地龙12 g　　天花粉10 g　　盐知母10 g
　　　生甘草3 g

6剂，水煎服，饭后半小时温服。

三诊：2021 年 10 月 15 日。头痛减轻，隔天发作，太阳穴、颈项部为主，畏风，口苦口黏减轻，眠差，醒后难以复睡，咽喉痰阻，纳可，大便可。舌红，苔薄黄满布，脉弦。

药物：天麻 15 g　　僵蚕 12 g　　白芷 15 g　　蔓荆子 15 g
　　　茯神 15 g　　知母 12 g　　酸枣仁 50 g　川芎 20 g
　　　制远志 10 g　石菖蒲 15 g　菊花 15 g　　赤芍 15 g
　　　甘草 3 g　　　苦丁茶 12 g

6 剂，水煎服，饭后半小时温服。

按语：此案患者头痛日久，检查显示双侧筛窦、上颌窦炎，故以鼻渊治之，选用苍耳子散加减祛风通窍止痛，头痛重者加蔓荆子、白芷、苦丁茶。鼻为肺之窍，与肺同属太阴，为阳明表里。阳明热毒淫于经脉，故见鼻旁、前额或眉棱疼痛，张之文教授借鉴陆九芝等治温病的经验，将清解阳明之热葛根芩连汤引申为治疗鼻窦炎之主方。临床上，若患者兼有烦躁、口干口苦、脉弦数、舌红苔黄腻等肝热表现，加天麻、僵蚕、菊花、赤芍清降肝热，若失眠多梦合用酸枣仁汤，并佐石菖蒲、远志化痰宁心安神。

（二）心脑系病案

1. 不　寐

（1）痰热扰心案

肖某，男，50 岁。

初诊：2008 年 5 月 10 日。少寐、头晕月余，目赤，头眩，心烦，口苦，舌边尖红，苔中根部黄腻，脉滑。

诊断：少寐。

辨证：痰热扰心。

治法：清热化痰，和中安神。

方剂：黄连温胆汤加减。

方药：黄连 3 g　　半夏 15 g　　茯苓 20 g　　陈皮 15 g
　　　枳实 15 g　　竹茹 15 g　　制远志 15 g　石菖蒲 15 g

酸枣仁 50 g　　　制南星 10 g　　　甘草 3 g

　　二诊：2008 年 5 月 17 日。服上方后头目眩晕、目赤、口苦等症状缓解，睡眠改善，每晚可睡 4～5 小时。上方去制南星，继服 5 剂。

　　三诊：2008 年 5 月 24 日。患者诉睡眠质量明显改善，偶有头目眩晕，舌质红，苔薄白。痰湿已去，阴血虚象显露，予酸枣仁汤加减。

　　药物：酸枣仁 50 g　　川芎 25 g　　知母 15 g　　茯神 30 g
　　　　　　赤芍 18 g　　　菊花 20 g　　甘草 3 g

　　按语：《黄帝内经》将失眠称为"不得卧""目不瞑"，是由于邪气客于脏腑，卫阳不得入阴所引起。《景岳全书》将不寐的病机概括为正虚两端，"一由邪气之扰，一由营气不足耳"。本案患者饮食辛辣油腻，居住环境潮湿，酿生痰热，上扰心神，致使睡眠欠佳。方选黄连温胆汤加减清热化痰，加入制南星加强化痰之力，酸枣仁、制远志、石菖蒲化痰安神，全方共奏清热化痰，和中安神之功。二诊患者自述症状缓解，效不更方，原方去制南星，继服 5 剂。三诊患者阴虚之象显露，以酸枣仁汤加减养血安神、清热平肝善后。

　　（2）心脾阳虚不寐案

　　雷某，女，59 岁。

　　初诊：2008 年 4 月 26 日。少寐，疲倦，怕冷，胃脘胀满，餐后尤甚，大便稀溏，面色淡白，舌质淡，苔薄白，右脉缓，左脉沉。

　　诊断：少寐。

　　辨证：心脾阳虚，心神失养。

　　治法：温补阳气，宁心安神。

　　方剂：理中汤加减。

　　药物：党参 15 g　　炒白术 15 g　　干姜 10 g　　枳实 20 g
　　　　　　制远志 15 g　法半夏 18 g　　酸枣仁 50 g　砂仁 10 g
　　　　　　炙甘草 6 g

　　二诊：2008 年 5 月 10 日。少寐改善，疲倦、怕冷、大便稀溏均有所缓解，但仍觉胃脘胀满，舌质淡，苔薄白，脉沉缓。前法进退。

　　药物：党参 15 g　　炒白术 15 g　　干姜 10 g　　法半夏 15 g
　　　　　　茯苓 20 g　　陈皮 15 g　　　枳壳 15 g　　神曲 15 g

厚朴 12 g

按语：《证治要诀·虚损门》曰："年高人阳衰不寐。"本案患者年事较高，饮食起居失调，致使心脾阳虚，心神失养而不寐。脾运失职则胃脘胀满、餐后尤甚、大便稀溏，怕冷、疲倦是阳虚的常见全身表现。方选理中汤温补脾阳，健运中焦，以资气血阴阳之生化。枳实、半夏、砂仁行气燥湿，制远志、酸枣仁宁心安神，全方标本兼顾，消补并施。二诊患者自述睡眠改善明显，疲倦、怕冷、大便稀溏均有所缓解，但仍觉胃脘胀满，方选理中汤合六君子汤加减。理中汤温补阳气，六君子汤健脾补气，行气燥湿。患者胃脘胀满较甚，加入枳壳、厚朴行气消胀，神曲消食。患者以本方调理月余，睡眠、饮食均有明显的改善。

（3）肝郁化火案

屈某，女，53岁。

初诊：近期因家事烦扰导致睡眠欠佳，不易入睡，多梦，心情烦躁，眼睛干涩，手足心发热，头晕，舌红少苔，脉弦微数。

诊断：少寐。

辨证：肝郁化火，上扰心神。

治法：疏肝泻火，宁心安神。

方剂：丹栀逍遥散加减。

药物：牡丹皮 15 g　　炒栀子 10 g　　柴胡 15 g　　赤芍 20 g
　　　当归 12 g　　　炒白术 12 g　　茯神 20 g　　酸枣仁 50 g
　　　制远志 15 g　　黄柏 15 g　　　知母 15 g　　菊花 25 g
　　　甘草 3 g

二诊：服上方后诸症均减，续以前法善后。

药物：牡丹皮 15 g　　炒栀子 10 g　　柴胡 15 g　　炒白术 15 g
　　　茯苓 15 g　　　茯神 20 g　　　当归 15 g　　白芍 15 g
　　　酸枣仁 50 g　　制远志 15 g　　柏子仁 15 g　五味子 10 g
　　　知母 15 g　　　黄柏 12 g　　　牡蛎 30 g　　甘草 3 g

按语：本案患者因家事烦扰导致肝气郁结，郁久化火，母病传子，致使心火亢盛，扰及心神，出现入睡困难、多梦等症状。肝热上扰清窍则头晕，热盛伤津则眼睛干涩、手足心发热，舌质红少苔、脉弦微数是肝郁化火伤津表现。方选丹栀逍遥散加减，逍遥散疏肝解郁，健脾养血，加入牡丹皮、栀子、菊花清解肝热，茯神、酸枣仁、制远志宁心安神，知母、黄柏清热养阴。复诊患者述诸症均有缓解，效不更方，仍以丹栀逍遥散加减治疗。在上方基础上，加入柏子仁、五味子、牡蛎等加强安神效果。患者后因其他原因来就诊，自述睡眠已经好转，其他不适症状均已经消失。

（4）心肾阴虚夹痰案

张某，男，26岁，公司职员。

初诊：2014年04月25日。主诉：失眠3月余，加重1周。自诉易惊醒，梦多，近一个星期感前额轻度发热，眼眵明显，眼干涩，双手掌心热（热汗较多），右肋区隐痛不适，小便黄，大便稍黏滞，便不净。5天前，打篮球后洗冷水澡，随后出现双下肢沉重疲软，行走1公里后明显感下肢无力，但能依然行走。患者工作繁忙，业务压力大，经常加班，睡眠时间不足，有时1日不足5小时，既往有小三阳病史。右脉细数，左脉细数偏沉，舌红，苔白满布。

诊断：不寐。

辨证：心肾阴亏，神志不安。

治法：滋补心肾，养阴安神。

方剂：天王补心丹加减。

药物：太子参15 g　　丹参15 g　　麦冬15 g　　远志10 g
　　　石菖蒲15 g　　酸枣仁30 g　砂仁10 g　　炒白术15 g
　　　肉苁蓉15 g　　淫羊藿20 g　怀牛膝15 g　生甘草3 g

14剂，水煎服。

二诊：2014年5月9日。诉上症减，双下肢沉重疲软感减轻，双手掌心热，眼眵及眼干涩依旧，胃脘感轻度胀闷，纳食欠佳，久站腰部稍酸重不适。脉细数，舌红，苔白满布。

辨证：心肾阴亏，痰浊中阻。

治法：养阴安神，健脾化湿。

方剂：天王补心丹合二妙散加减。

药物：生晒参15 g　　茯苓15 g　　远志10 g　　石菖蒲10 g

砂仁 10 g　　　　　生黄柏 5 g　　　　　苍术 10 g　　　　　酸枣仁 30 g
生甘草 3 g

7剂，水煎服。

三诊：2014年5月23日。诉眠差、眼眵多干涩及肝区不适感好转，胃脘仍不适，大便后血色鲜红欲滴，脉细稍数，舌红，苔黄白稍厚满布。前法加淡渗利湿，上方加莲子10 g、淡竹叶15 g、川木通10 g。7剂，水煎服。

四诊：2014年6月6日。诉胃脘不适感好转，睡眠欠佳，现傍晚十点后感右侧胁肋及少腹隐痛不适，大便依旧有鲜血，量少，下肢沉重疲软感较前明显好转，现行走1公里后感觉活动正常。脉缓稍数，舌红，苔灰腻。肝胃不和，痰浊中阻，予柴平汤加减。

药物：竹叶柴胡 15 g　　党参 15 g　　法半夏 15 g　　黄芩 15 g
炒白术 15 g　　苍术 15 g　　砂仁 10 g　　茯苓 20 g
远志 10 g　　酸枣仁 30 g　　灵芝 15 g　　薏苡仁 15 g
生甘草 3 g

7剂，水煎服。

五诊：2014年6月20日。诉诸症均减轻，睡眠可，右侧胁肋及少腹隐痛感好转，自觉容易烦躁，眼稍干涩，早晨依旧有少许眼眵，纳欠佳。右脉缓稍数，舌红，苔厚腻微黄。再进疏肝和胃，燥湿泄浊。上方加厚朴15 g，继服7剂。

按语：本案患者忧愁思虑及工作太过，休息不足，暗耗阴血，使心肾两亏，阴津亏耗，虚火内扰所致。阴津亏耗，心失所养，故失眠；阴虚生内热，虚火内扰，则前额发热，眼眵明显，双手掌心热；阴虚日久，津液亏耗，脏燥乃成，见脉细，舌质红；燥火灼津炼液，聚湿成痰，故见小便黄，大便不尽感，苔白满布；舌红少苔，脉细数是阴虚内热之征。张之文教授考虑患者阴虚明显，燥火上炎，虽痰湿化热已成，但未见热重致舌苔黄腻，故先拟养阴清热，化痰安神。患者津液亏耗，心火不能下降于肾，肾阴不能上乘润心，心肾不交则水火不济，予天王补心丹加减调养心肾。方中太子参、丹参为君药养阴润燥；配麦冬清养肺胃；酸枣仁、生甘草养肝阴安神；石菖蒲、远志化痰；砂仁、炒白术健脾化湿。患者双下肢疲软故酌加肉苁蓉、淫羊藿、怀牛膝强腰膝，润而不燥。二诊患者诉症减，但热邪仍在，胃脘感轻度胀闷，纳食欠佳，苔白满布依旧，予天王补心丹合二妙散加减，方中苍术、黄柏增强燥化湿热功效，改太子参为生晒参补元气、助清化。三诊见大便便血，热灼血脉，湿热仍在，湿热黏滞并非轻易化解，故继予二诊方增加莲子、淡竹叶、川木通清化利湿泻热，不予止血恐留热存邪。四诊湿热症状减轻，苔灰腻，余邪未清，肝络失和，稍隐痛不适，以柴平汤加减疏肝清热，和解燥湿，增强清解湿热之功，药后见湿热症大减。五诊继予柴平汤加减以善后。

（5）肝胆湿热案

高某，男，42岁。

初诊：2017年10月20日。眠差2月。入睡困难，醒后头昏、疲倦，腹胀，大便干，小便黄。查见面色潮红，眼睛充血。舌红，苔微黄厚满布，脉中取弦。

诊断：不寐。

辨证：肝胆湿热。

治法：清肝利胆，宁心安神。

方剂：龙胆泻肝汤加减。

药物：龙胆草 10 g　　柴胡 10 g　　夏枯草 20 g　　生地黄 15 g
　　　泽泻 15 g　　　益母草 30 g　　车前草 30 g　　槐角 15 g
　　　生黄柏 10 g　　远志 10 g　　　酸枣仁 30 g　　灵芝 10 g
　　　生甘草 3 g　　　菊花 15 g　　　赤芍 15 g

7剂，水煎取汁 500 ml，分3次服，每日1剂。

二诊：2017年11月10日。入睡困难、醒后头昏疲倦均较前有所缓解。仍以前法出入。

药物：龙胆草 10 g　　柴胡 10 g　　夏枯草 20 g　　生地黄 15 g
　　　泽泻 20 g　　　益母草 30 g　　车前草 30 g　　槐角 20 g
　　　生黄柏 10 g　　生甘草 3 g　　菊花 15 g　　　赤芍 15 g
　　　决明子 30 g　　酒川芎 20 g

5剂，水煎取汁 500 mL，分3次服，每日1剂。

按语：《景岳全书·不寐》记载："神安则寐，神不安则不寐，其所以不安者,一由邪气之扰"。心主血藏神,肝藏血舍魂。湿热之邪蕴于肝胆,肝不能藏魂,母病及子,心神被扰,故见不寐。龙胆泻肝汤具有清利肝经湿热之功效。方中龙胆草苦寒,清利肝经湿热,为君药;以柴胡、夏枯草入肝经,疏肝清热泻火为臣;泽泻、益母草、车前草、黄柏渗湿泄热,导热下行;实火损伤阴血,生地养血滋阴;远志、酸枣仁宁心安神;甘草调和诸药为使药。全方合用,湿热之邪去,而心神得安,睡眠可复。

(6) 肝郁血瘀案

张某某,女,60岁。

初诊:2021年4月8日。不寐3年余。患者3年前行脑激素分泌性垂体瘤术后出现不寐,多梦,频醒。刻下:反复头痛,善叹息,呼气则舒,疲倦,口腔溃疡,口干欲饮,纳可,大便干结,舌质偏黯,苔中厚腻偏黄,左脉缓,右脉结代。既往有高血压、甲状腺结节、贫血病史,目前血压控制尚可。

诊断:不寐。

辨证:肝郁血瘀。

治疗:疏肝理气,活血祛瘀,养血安魂。

方剂:血府逐瘀汤加减。

药物:柴胡 12 g　　炒枳实 20 g　　赤芍 15 g　　当归 15 g
　　　川芎 15 g　　桃仁 12 g　　　红花 10 g　　丹参 12 g
　　　葛根 15 g　　白芷 15 g　　　川牛膝 15 g　炒酸枣仁 30 g
　　　制远志 10 g　石菖蒲 15 g　　生甘草 3 g

6剂,每日1剂,三餐饭后半小时温服及晚九点左右加服1次,并进行心理疏导,嘱畅情志。

二诊:2021年4月15日。服前方后改善不明显,诸症仍在。上方去远志、葛根,加琥珀 15 g、郁金 15 g。6剂,煎服法同前。

三诊:2021年4月30日。睡眠稍好转,夜醒频率较前减少,头痛缓解,疼痛范围缩小至后枕部。上方易赤芍为白芍,加生黄芪 50 g。6剂,煎服法同前。

四诊:2021年5月14日。睡眠好转,时有醒后再次入睡困难。上方去琥珀,加茯苓 25 g。6剂,煎服法同前。

五诊：2021年5月27日。面色淡，睡眠持续好转，梦少，诉头痛程度减轻，头痛间隔时间延长，疲乏，纳可，二便调，舌偏红，苔薄黄，根部稍厚，脉缓。上方去郁金、茯苓，加浙贝母10 g、山楂15 g。6剂，煎服法同前。

六诊：2021年6月18日。睡眠基本正常，余无异常。上方生白芍改为赤芍，加生姜10 g、大枣10 g。6剂，煎服法同前。

按语：患者老年女性，长期失眠，性情抑郁。朱丹溪云："一有怫郁，诸病生焉。"肝失疏泄，气机郁滞，气机久郁则血液及津液输布失常。气郁、血瘀、痰凝、热结等相互错杂，阻滞营卫运行的通道，魂居不安，阳不入阴，加重不寐。方用四逆散理气，以助肝之用；桃红四物汤、丹参养血活血化瘀调肝之体；配以葛根引气上升，牛膝导血下行，一升一降，恢复气机之正常疏泄，使阴阳可相交；再视具体情况可加以琥珀等镇静安神、引阳入阴等，散中有收、补中有行，滋肝之体、遂肝之用，体用调和，阴阳相交，则寐而能安。药物治疗之外，张之文教授注重服药时间和心理疏导，嘱亥时加服一次，助阳入阴，故效如桴鼓。

（7）心肾不交案

王某某，男，42岁。

初诊：2021年7月2日。不寐5年余，疲倦，右侧胸闷且夜间加重，自觉有痰多不易咯出，盗汗明显，汗出湿衣，心慌，口干口苦，烦躁易怒，夜尿2~3次，舌深红，苔薄黄而少，左脉细缓，右脉缓。

诊断：不寐。

辨证：心肾不交。

治法：滋阴补肾，清心安神。

方剂：黄连阿胶汤加减。

药物：生黄连10 g　　生黄芩15 g　　生白芍15 g　　阿胶珠10 g（烊化）
　　　炒酸枣仁50 g　盐知母12 g　　生黄柏10 g　　生地12 g
　　　灵芝15 g　　　合欢花30 g　　生甘草3 g　　　煅牡蛎30 g（先煎）

6剂，水煎服，饭后半小时温服。

二诊：2021年7月9日。服上方2天后即感胸闷消失，6剂服完后感睡眠、盗汗明显改善，心慌、烦躁稍改善，轻微口干、口苦，痰量减少，咯出痰为黄色，晨起少量鼻衄。

药物：生黄连 10 g　　生黄芩 15 g　　生白芍 15 g　　阿胶珠 10 g（烊化）
　　　炒酸枣仁 50 g　盐知母 12 g　　生黄柏 10 g　　生地 12 g
　　　灵芝 15 g　　　合欢花 30 g　　生甘草 3 g　　煅牡蛎 30 g（先煎）
　　　天竺黄 10 g　　女贞子 15 g　　墨旱莲 15 g

6 剂，水煎服，饭后半小时温服。

按语：患者体型偏瘦，属阴虚体质。肾水亏虚，不能上济于心，心火独亢于上则不寐、烦躁；口干、心慌、盗汗、舌红少苔，脉细均为阴虚火旺之象。本证心火独亢，肾水亏虚，治应泻心火、滋肾阴、交通心肾，选用黄连阿胶汤加减。黄连、黄芩、黄柏苦寒清热，张之文教授认为此方中黄芩从黄连清心火，使心气下交于肾，正所谓"阳有余，以苦除之"；芍药、阿胶、生地甘滋肾阴，使肾水上济于心，正所谓"阴不足，以甘补之"；酸枣仁养心补肝，宁心安神，敛汗，生津；知母滋阴清热；牡蛎敛阴、潜阳、止汗、化痰；灵芝补气安神；合欢花养血解郁安神，诸药合用，心肾交合，水升火降，共奏滋阴补肾，清心安神，心肾交通之功，则心烦自除，夜寐自安。二诊患者诸症均明显好转，肾虚鼻衄加二至丸，咯黄痰加天竺黄对症涤热痰，且能镇心安神。后随访病情稳定。

（8）气阴两虚、肝不藏魂案

郑某某，女，76 岁。

初诊：2020 年 6 月 5 日。情绪低落、失眠多年。心绪烦杂常常整夜无法入睡。头昏，时有短气，疲倦，大便干燥。无畏寒、畏风。舌质偏红，苔薄黄多津，脉沉缓。

诊断：不寐。

辨证：气阴两虚，肝不藏魂。

治法：益气养阴，调肝安神。

方剂：生脉饮合酸枣仁汤加减。

药物：生晒参 10 g　　炙黄芪 20 g　　麦冬 15 g　　五味子 10 g
　　　知母 12 g　　　桔梗 12 g　　　川芎 15 g　　制远志 12 g

石菖蒲 12 g　　　酸枣仁 30 g（碎），灵芝 10 g　　甘草 3 g
　　丹参 15 g

12剂，水煎服，饭后半小时温服。

二诊：2020年6月18日。服药后，头昏次数减少而时有昏沉上午较重。偶见气急，失眠稍有好转，每晚可睡3~4个小时，但是白天仍常有疲倦，大便稍干，每日1次。前方加酸枣仁至50 g、茯神20 g以增强安神之功，续服12剂。

三诊：2020年7月9日。头闷与气急明显缓解，睡眠好转，睡眠时间可达5~6个小时，白天仍稍有疲倦，大便略干。病已向愈，加柏子仁以养心安神，润燥通便，调理3月余而愈。

按语：本案患者年事已高，气阴不足，故有疲倦，短气，大便干等症，用生脉散加减，以益气生津通行营卫。患者情绪不佳多年，肝主疏泄，情志郁结化热，故舌红，苔薄黄，热扰心神。肝体阴而用阳，肝之阴血不足，为体不足而用太过，故合用酸枣仁汤补肝体以收肝经浮热收摄肝魂，另佐石菖蒲、灵芝、远志以益气血、安心神。有形之精血难以速生，老年患者细加调理3月余而收功。

（9）脾肾阳虚案

段某某，女，65岁。

初诊：2019年10月8日。失眠伴头痛6年。枕部头痛，平日23点睡觉，需1个小时左右才能入睡，1-3点醒，4点才能再次入睡。兼有反复发作神经性皮炎，一周发作3~4次，入夜奇痒难耐，近1年偶尔晚上干咳，无口干，畏寒，疲乏，纳可，二便可，脉缓尺沉。外院MRI检查：额叶点状缺血灶。心电图：心律不齐。

诊断：头痛、不寐。

辨证：脾肾阳虚证。

治法：扶正温阳，补中安神。

方剂：保元汤合安肾汤加减。

药物：人参 10 g　　炙黄芪 10 g　　鹿角胶（烊化）10 g　　桂枝 15 g
　　　葫芦巴 15 g　　川芎 15 g　　菟丝子 10 g　　　　　韭菜籽 10 g

五味子 10 g　　　干姜 10 g　　　炒酸枣仁 30 g　　　远志 10 g

炙甘草 5 g

6 剂，水煎服，饭后半小时温服。

二诊：2019 年 10 月 22 日。服药后畏寒好转，头痛缓解（一周 2 次发作），疲乏缓解，睡眠改善明显，入睡时间缩短到半个小时左右，夜里 3 点仍要醒 1 次，醒后基本可以快速入睡，服药期间神经性皮炎发作 2 次左右。仍稍有疲乏，大便溏而不爽，日行 3～4 次。舌胖大质暗，苔薄欠润，脉缓尺沉。前方显效，稍作变动。黄芪改 20 g 增强补气升阳之功，酸枣仁改 35 g 以增强安神之力，另加白芷 10 g，菖蒲 10 g，续服 6 剂。

三诊：2019 年 10 月 30 日。诸症好转，基本可以快速入睡，本周睡眠醒 3 次左右，本周神经性皮炎发作 1 次。前方既效，守方不变，再进 12 剂而愈。

按语：临床上肾虚导致的失眠并不鲜见。肾为先天之本，是维持自身阴阳动态平衡，保证正常睡眠的根本。本案患者恶寒、疲倦、脉沉缓，神经性皮炎反复发作，一派阳虚寒湿之象。以保元汤与安肾汤合方，加葫芦巴温补肾阳，菟丝子平补肾气，以川芎代白芍之酸敛，通血气，使补而不滞，重用酸枣仁、远志以安神，达到标本兼治的效果。在药物治疗之外，还需加强心理方面的调摄，放松心情，培养良好的作息及饮食规律，乐观面对生活及工作中遇到的困难，恬淡从容，豁达潇洒。如此方能安然入梦、高枕无忧。

2. 眩　晕

（1）痰热蕴结案

李某，女，57 岁。

初诊：2016 年 9 月 23 日。患者自述头晕月余，性格急躁，情绪低落，眠差，两颧潮红，口苦，腹微胀，舌暗红，苔黄腻，脉滑。

诊断：眩晕。

辨证：痰热蕴结证。

治法：清热化痰，宁心安神。

方剂：黄连温胆汤合安神定志丸加减。

药物：黄连 9 g　　　竹茹 15 g　　　枳实 30 g　　　半夏 15 g
　　　　茯苓 20 g　　　远志 10 g　　　石菖蒲 10 g　　酸枣仁 30 g
　　　　牡蛎 30 g　　　生甘草 3 g

二诊：2016 年 10 月 21 日。头晕、疲乏好转，眠差有所缓解，偶有微腹胀，口苦，大便不畅，舌色不匀，苔薄黄。上方去酸枣仁，继进。

按语：张仲景用泽泻汤治疗"心下有支饮"的眩晕；《丹溪心法·头眩》中强调"无痰不作眩"；《医学正传》谓："大抵人肥白而作眩者，治宜清痰降火为先，而兼补气之药。"本案患者饮食失调，损伤脾胃，痰湿内生，阻滞中焦，清阳不升，头窍失养，发为眩晕；痰郁日久化火，扰乱心神，则心烦眠差，郁火上炎，则口苦、颧红；痰热阻滞中焦，气机受阻则腹胀；舌苔黄腻，脉滑为痰热蕴结的舌脉表现。方选黄连温胆汤合安神定志丸加减，黄连清热燥湿，竹茹清热化痰，半夏燥湿化痰，茯苓渗湿，枳实行气燥湿，全方共奏清热化痰行气之效，配入远志、石菖蒲、酸枣仁、牡蛎等宁心安神。二诊时诸症缓解，效不更方，续予以上方善后。

（2）肝风挟痰案

黄某，男，48 岁。

初诊：2021 年 12 月 30 日。眩晕 2 月。血压不稳定（舒张压 90～100 mmHg，收缩压 130～140 mmHg），自觉血压升高时左侧头部眩晕，胸闷，大便稀一日两次，舌淡红，苔薄白多津，双脉弦滑，尺脉沉。2021 年 7 月行胆囊切除手术。

诊断：眩晕。

辨证：肝风挟痰。

治法：平肝化痰息风。

药物：天麻 15 g　　　僵蚕 10 g　　　法半夏 12 g　　茯苓 25 g
　　　　盐泽泻 20 g　　槐角 20 g　　　决明子 30 g　　杜仲 20 g
　　　　川芎 15 g　　　益母草 30 g　　瓜蒌皮 15 g　　薤白 15 g
　　　　丹参 15 g　　　檀香 10 g　　　砂仁 10 g（后下）

6 剂，水煎服，饭后半小时温服。

二诊：2022年1月6日。服药后症状明显好转。予前方出入化裁。

药物：天麻15 g　　僵蚕10 g　　法半夏12 g　　茯苓30 g
　　　泽泻20 g　　槐角30 g　　决明子30 g　　杜仲20 g
　　　川芎15 g　　益母草30 g　　瓜蒌皮15 g　　薤白15 g
　　　生丹参15 g　　檀香10 g　　砂仁10 g（后下）　　生姜12 g

6剂，水煎服，饭后半小时温服。

三诊：服药后血压下降至120～140/80～90 mmHg，现未服西药降压药，左侧头部眩晕减轻，偶胸闷，平素下肢偏凉。

药物：天麻15 g　　僵蚕10 g　　法半夏15 g　　茯苓35 g
　　　泽泻30 g　　槐角30 g　　决明子30 g　　杜仲20 g
　　　川芎15 g　　益母草50 g　　瓜蒌皮15 g　　薤白15 g
　　　生丹参15 g　　檀香10 g　　砂仁10 g（后下）　　生姜12 g
　　　川牛膝15 g

6剂，水煎服，饭后半小时温服。

按语：血压升高引起头目昏眩等不适症状，称为高血压性眩晕，属于中医眩晕的范畴。朱丹溪在《丹溪心法》中提出"无痰不作眩"。患者体形偏胖，舌苔满布多津，大便稀，属于痰湿体质。痰湿阻于中焦，清阳不升，则头目眩晕。中焦痰阻，则清阳被阴邪所遏，气机不能宣展，出现胸前区不适、胸闷等症状。治疗以半夏白术天麻汤合瓜蒌薤白白酒汤加减化裁。张之文教授用天麻、僵蚕平降肝之逆气，槐角、决明子清肝，杜仲补肝肾之阴，半夏、茯苓、泽泻化痰祛湿，瓜蒌、薤白宽胸理气。

3. 心　悸

（1）风痰内郁、心胆两虚案

梁某，男，37岁。

初诊：2017年11月30日。症见：阵发性心悸，唇干如揭，少寐，大便稀，脉弦数，舌暗，苔薄黄满布。

诊断：心悸。

辨证：风痰内郁，心胆两虚。

治法：息风化痰，养心安神。

方剂：温胆汤加减。

药物：天麻 15 g　　僵蚕 10 g　　法半夏 15 g　　茯苓 30 g
　　　陈皮 15 g　　枳壳 30 g　　制远志 10 g　　石菖蒲 12 g
　　　酸枣仁 50 g　龙骨 30 g　　丹参 15 g　　　降香 10 g
　　　甘草 3 g

二诊：2013 年 12 月 14 日。服前方 7 剂后，心慌大减，睡眠改善，脉浮弦。仍以前法进退。

药物：天麻 15 g　　僵蚕 10 g　　黄连 10 g　　法半夏 15 g
　　　茯苓 25 g　　陈皮 15 g　　枳实 15 g　　制远志 10 g
　　　石菖蒲 10 g　酸枣仁 30 g　龙骨 30 g　　生牡蛎 30 g
　　　甘草 3 g

按语：案中皆以温胆汤加天麻、僵蚕为主方加减，盖胆为阳木，其性清净，天麻、僵蚕皆能息风，而天麻又有重镇之性，僵蚕长于风痰。二诊中患者脉象由数转浮，舌苔由黄转白，其热象已减，反加清热之黄连，何也？《本草纲目》言黄连"泻肝火，去心窍恶血，止惊悸"，但因其能泄心，故心虚之人不可乱用，盖心悸、失眠皆为心气虚之征，初诊虽有热象，但实为虚热，心胆气虚为主，此时若用黄连，则心胆气益虚；二诊寐稍可，心悸减，虽无热象，实心气已增，加之远志、菖蒲、降香皆为温性之品，心胆皆易生火，故加泻心之黄连，以防变生。

（2）心肾不交案

罗某，女，62 岁。

初诊：2012 年 7 月 7 日。心悸频发，少寐，舌红，苔薄黄，分布不匀，脉浮数。

诊断：心悸。

辨证：心肾不交。

治法：燮理阴阳，交通心肾。

方剂：桂枝加龙骨牡蛎汤加减。

药物：桂枝 20 g　　赤芍 15 g　　生姜 3 片　　红枣 10 g

龙骨 30 g　　　　牡蛎 30 g　　　　酸枣仁 30 g　　　　香附 15 g
炙甘草 3 g

二诊：2012 年 8 月 27 日。心悸大减，少寐，疲乏，舌质暗红，苔薄黄，脉浮细数。证属阴血不足，热扰心神，予天王补心丹加减。

药物：北沙参 15 g　　生地 10 g　　丹参 15 g　　降香 10 g
益母草 15 g　　龙骨 30 g　　牡蛎 30 g　　珍珠母 30 g
酸枣仁 30 g　　柏子仁 20 g　　五味子 10 g　　甘草 3 g

按语：经云"人无胃气曰逆，逆者死"。案中初诊舌苔厚薄不匀是关键，舌苔乃胃气所化，舌苔厚薄不均即阴阳失衡，虽不成死证，但病害已生。脾胃居中焦，为气机升降之枢机，心居上焦，肾居下焦，升降不行，则心肾不交，故以桂枝加龙骨牡蛎汤燮理阴阳，交通心肾。方中以赤芍易白芍，乃赤芍能凉血之故。二诊舌苔满布，胃气已和，水火初济，以阴血为主，故更方为补心丹加减以养心之阴血。

（3）心胆气虚、脾阳不足案

黄某，女，40 岁。

初诊：2016 年 5 月 6 日。心悸，胸闷，少寐多梦，疲乏，形寒肢冷，腹胀，舌淡红，苔薄白滑，脉沉细。

诊断：心悸。

辨证：心胆气虚，脾阳不足。

治法：温中健脾，镇心安神。

方剂：附子理中丸合安神定志丸加减。

药物：党参 15 g　　炒白术 15 g　　干姜 15 g　　白附片 10 g
粉葛 15 g　　川芎 15 g　　远志 10 g　　石菖蒲 10 g
酸枣仁 50 g　　龙骨 30 g　　牡蛎 30 g　　蜜甘草 5 g

二诊：2016 年 5 月 17 日。服前方心悸、胸闷、少寐多梦、疲乏悉减，畏寒，咽喉异物感。予振奋心阳、化气利水。

药物：党参 15 g　　白附片 10 g　　桂枝 15 g　　炒白术 15 g
干姜 10 g　　茯苓 15 g　　生白芍 15 g　　酸枣仁 35 g
延胡索 10 g　　蜜甘草 5 g

按语：患者发病于立夏，初诊由形寒肢冷、腹胀而知脾阳不足，脾为先天之本，一身之气均有脾胃化生，脾阳不足则化生无力，所以重在温中健脾，佐以安神定志；立夏乃二之气，少阴君火主时，脾阳虚则心阳无所生，阳虚则阴病，故水气为病，故治温阳化水。

（4）风痰扰心案

王某，女，78岁。

初诊：2016年10月13日。发作性心慌，微咳，眼不适，足部水肿，舌胖，苔白腻，脉浮弦。既往糖尿病史，高血压病史。

诊断：心悸。

辨证：风痰扰心。

治法：息风化痰，健脾祛湿。

方剂：半夏白术天麻汤加减。

药物：法半夏 12 g　炒白术 12 g　苍术 12 g　泽泻 15 g
　　　茯苓 15 g　　天麻 15 g　　牡蛎 20 g　益母草 15 g
　　　车前子 15 g　苦杏仁 12 g　厚朴 12 g　甘草 3 g

6剂，水煎服。

二诊：2016年10月20日。心慌已减，下肢微肿，胸闷，胃脘胀，耳鸣。辨证为痰饮壅盛，胸阳痹阻，拟通阳散结，祛痰宽胸。

药物：法半夏 12 g　炒白术 12 g　苍术 12 g　泽泻 15 g
　　　茯苓 20 g　　干姜 10 g　　天麻 15 g　益母草 15 g
　　　车前子 15 g　川芎 12 g　　丹参 12 g　石菖蒲 10 g
　　　郁金 12 g　　薤白 12 g　　全瓜蒌 12 g　生甘草 3 g

6剂，水煎服。

按语：《医学心悟》载："痰厥头痛者，胸膈多痰，动则眩晕，半夏白术天麻汤主之。"脾虚失运，聚湿生痰，痰阻气滞，升降失司，故有心慌、咳嗽，痰浊内阻，水液无法运行，故下肢肿。诚如李杲在《脾胃论》中说："足太阴痰厥头痛，非半夏不能疗；眼黑头眩，风虚内作，非天麻不能除"，加之白术、茯苓既消已生之痰，以断生痰之源。全方标本兼顾，以化痰息风为主，以健脾祛湿为辅，风痰并治。服药一周，病者痰湿稍去，但仍困阻胸阳，合瓜蒌薤白半夏汤通阳泄浊，振奋胸阳，气机通畅，痰浊可去，则诸症自愈。

4. 胸　痹

（1）气结胸膺，郁而化热案

贾某，男，55岁。

初诊：2014年5月30日。胸部微痛，时有胸闷、咳嗽、喉中痰多，脉弦微数，舌红，苔薄黄满布。

诊断：胸痹。

辨证：气结胸膺，郁而化热。

治法：理气导滞。

方剂：桔梗枳壳汤加减。

药物：枳壳 30 g　　　桔梗 15 g　　　瓜蒌皮 15 g　　　法半夏 15 g
　　　黄芩 15 g　　　金荞麦 30 g　　　赤芍 15 g　　　桃仁 15 g
　　　苦杏仁 15 g　　　生甘草 3 g

二诊：2014年6月6日。服前方后胸痛得减，现右胸隐痛，少痰，舌红，苔薄黄。乃郁气有余，故予原方。3剂而愈。

按语：桔梗枳壳汤出自《世医得效方》，善治"热气痞满，胸膈两胁按之则痛"之症。本案患者胸闷胸痛、咳嗽痰多、舌红苔黄，乃痰热结聚胸中之象，桔梗枳壳汤甚为合拍。方中枳壳、桔梗辛凉微苦，一升一降，以散胸中郁滞之气；法半夏、瓜蒌皮、黄芩乃取仲景小陷胸汤意化裁，以清热涤痰；金荞麦清热化痰，为张之文教授治肺常用之药，张之文教授认为此药性虽寒凉，但寒性不著，临床上可大剂量放胆用之，无寒凉伤中之弊；再加赤芍、桃仁活血化瘀，开痹通络；杏仁肃降肺气。俾胸中气机通、痰热除、气血和，则病解矣。

（2）痰郁胸阳案

卡某，女，57岁。

初诊：2015年4月9日。左胸痛，甚则牵及左肩背，唇暗红，心慌，大便干，脉弦带数，舌红胖大，苔薄黄满布。

诊断：胸痹。

辨证：痰郁胸阳。
治法：理气化痰通阳。
方剂：薤枳芎菖方化裁。
药物：薤白 15 g　　　枳实 30 g　　　川芎 20 g　　　石菖蒲 12 g
　　　干地龙 15 g　　丹参 15 g　　　降香 10 g　　　槐角 15 g
　　　酸枣仁 15 g　　甘草 3 g

服 5 剂而愈。

按语：本案患者左胸疼痛，牵及左肩背，是由于痰湿痹阻胸中，不通则痛。大便干、脉弦、舌红、舌苔薄黄满布为郁而化热的表现，故遵王孟英治疗痰湿郁痹胸膈经验，用薤枳芎菖方化裁。加丹参、地龙、降香加强理气活血作用；槐角清肝平肝；酸枣仁养肝安神，合前药共奏清热平肝、化痰通阳之功。

（3）寒痰痹阻案

胡某，女，75 岁。

初诊：2012 年 10 月 22 日。胸闷，少寐，畏寒，苔白，脉弦。冠心病，肺气肿病史。

辨证：寒痰闭阻心阳。
诊断：胸痹、不寐。
治法：温通心阳，祛痰宽胸。
方剂：瓜蒌薤白半夏汤加味。
药物：薤白 15 g　　　枳壳 15 g　　　法半夏 15 g　　茯苓 15 g
　　　陈皮 15 g　　　川芎 15 g　　　炙远志 10 g　　石菖蒲 10 g
　　　酸枣仁 15 g　　黄连 5 g　　　　瓜蒌皮 15 g　　益母草 15 g
　　　甘草 3 g

二诊：2013 年 3 月 18 日。少寐，舌淡，苔厚微黄，脉弦迟。拟前方进退。

药物：川芎 15 g　　　法半夏 15 g　　瓜蒌皮 15 g　　降香 10 g
　　　石菖蒲 10 g　　酸枣仁 15 g　　益母草 15 g　　远志 10 g
　　　薤白 10 g　　　枳实 15 g　　　白豆蔻 10 g　　生甘草 3 g

按语：失眠多由阴虚阳盛，阴不潜阳。本案患者乃痰浊闭阻，阴盛而阳无路可入，故治不在滋阴，而在化痰，使阳能入阴则寐自安，胸自舒；方用瓜蒌薤白半夏汤以温化寒痰，乃遵"病痰饮者，当以温药和之"之旨。

（4）痰瘀结胸、化热扰心案

黄某，女，57岁。

初诊：2013年9月21日。呼气胸痛，少寐，寸脉弦，舌红，苔黄白干中厚。

诊断：胸痹。

辨证：痰瘀结胸，化热扰心。

治法：清热祛痰，化瘀通络。

方剂：瓜蒌薤白半夏汤加味。

药物：全瓜蒌15 g　　薤白15 g　　法半夏15 g　　桂枝12 g
橘络10 g　　桃仁15 g　　赤芍15 g　　炒土鳖虫10 g
制天南星12 g　　酸枣仁30 g　　甘草3 g

二诊：2013年10月19日。胸部压迫感，心烦，眠差，偶咳，口苦，胃脘嘈杂，脉弦细数，舌红，苔黄燥。痰热扰胸，拟黄连温胆汤加减。

药物：枳壳20 g　　瓜蒌皮15 g　　薤白15 g　　川芎15 g
石菖蒲10 g　　炙远志10 g　　酸枣仁30 g　　黄连10 g
茯苓20 g　　竹茹15 g　　陈皮15 g　　砂仁10 g
甘草3 g

三诊：2013年10月26日。发作性胸部不适，口苦，烦躁，脉浮弦而数，舌红，苔中黄厚。拟前法进退。

药物：天麻15 g　　白僵蚕10 g　　枳壳20 g　　炒栀子10 g
淡豆豉10 g　　黄连10 g　　法半夏15 g　　生姜3片
竹茹12 g　　远志10 g　　石菖蒲12 g　　酸枣仁50 g
陈皮15 g　　甘草3 g

四诊：2013年11月2日。胸部压迫感，出气不畅，口干欲饮，疲倦，口苦，烦减，懊恼，大便可，脉弦数，舌暗红，苔心黄而欠润。拟上方去法半夏、生姜、竹茹、远志、石菖蒲，加莲子10 g、百合15 g、生地10 g、黄柏10 g，继服。

五诊：2013年11月30日。阵发性胸痛，胸部压迫感，出气困难，呃逆，体瘦，卯时胸脘痞满，脉弦微数，舌暗红，苔薄黄。拟清热化痰，宽胸降逆，小陷胸汤加味。

药物：全瓜蒌 12 g　　法半夏 15 g　　生姜 3 g　　枳实 15 g
　　　黄芩 15 g　　　黄连 10 g　　　吴茱萸 12 g　　桃仁 10 g
　　　浙贝母 10 g　　甘草 3 g

电话回访，末剂 5 剂而痛减，10 剂而眠安，前后 20 余剂而诸证悉除。

按语：案中患者初诊为少寐，再诊为郁证，予化痰养心之品，症状虽有缓解，但迁延不愈，末次来诊诉有呃逆、卯时胸脘痞满，卯时乃大肠主时，大肠者传导之官，又为手阳明之经，阳明主降，传导失司则和降不行，气逆而为胀为呃，究其根本乃痰热结胸。盖肺与大肠相表里，痰热结胸，肺失宣降，肺主表，表气不通，则里气亦不通，热郁于内，心肺共居上焦，故结胸之痰热最易扰心，故见少寐、心烦；娇脏受热，则呼吸不利、胸痛、胸部压迫感，故治之宜清热化痰为主，宽胸降逆为辅。或曰："黄连温胆汤亦可清热化痰，何用而效不及陷胸？"张之文教授答曰："分经论治乃中医之本也。"

（5）痰浊阻络案

罗某，女，65岁。

初诊：2021年3月19日。反复胸痛3年，伴心悸、气短，动则气喘，服"速效救心丸"缓解，伴头巅顶疼痛，拍打可缓解，上肢麻、胀感，四肢多关节疼痛，膝关节冷痛，汗多，上半身为甚，口干口苦，纳谷不香，腹胀，寐差，多梦易醒，夜尿频，情绪急躁，时冷时热。舌尖红，舌质偏胖，苔薄黄，左脉沉缓，右脉缓。有高血压、高血脂、糖尿病病史。

诊断：胸痹。

辨证：痰浊阻络证。

治法：化痰通阳，行气活血。

方剂：瓜蒌薤白半夏汤加减。

药物：麸炒枳壳 20 g　　瓜蒌皮 15 g　　薤白 15 g　　石菖蒲 15 g
　　　生川芎 15 g　　　生丹参 15 g　　法半夏 12 g　　茯苓 20 g
　　　生陈皮 15 g　　　制远志 10 g　　炒酸枣仁 50 g　生黄连 10 g

　　　　生甘草 3 g　　　　制天南星 10 g　　豨莶草 20 g　　炒僵蚕 10 g

6 剂，水煎服，饭后半小时温服。

二诊：2021 年 4 月 1 日。服前方后胸痛、憋气、口干口苦、手麻症状好转，背痛，手晨僵、肿胀，阵发性心悸，膝关节冷，仍口淡无味，寐稍好转，夜尿频大便稀溏。舌质红，苔薄微黄满布，右脉浮缓，左脉缓偏沉。

　　药物：麸炒枳壳 20 g　　瓜蒌皮 15 g　　薤白 15 g　　石菖蒲 15 g
　　　　　生川芎 15 g　　　生丹参 15 g　　法半夏 12 g　　茯苓 20 g
　　　　　生陈皮 15 g　　　制远志 10 g　　炒酸枣仁 50 g　生黄连 10 g
　　　　　生甘草 3 g　　　　薏苡仁 30 g　　汉防己 10 g

6 剂，水煎服，饭后半小时温服。

三诊：2021 年 4 月 22 日。服前方后胸痛明显缓解，仍动则气喘，手僵痛，膝关节冷痛，汗多，寐差，舌质红，苔薄微黄，右脉微弦，左脉沉缓。

　　药物：麸炒枳壳 20 g　　薤白 15 g　　瓜蒌皮 15 g　　石菖蒲 15 g
　　　　　生川芎 15 g　　　生丹参 15 g　　法半夏 12 g　　制远志 10 g
　　　　　炒酸枣仁 50 g　　生黄连 10 g　　炒僵蚕 10 g　　天麻 12 g
　　　　　茯神木 20 g　　　生甘草 3 g

6 剂，水煎服，饭后半小时温服。

按语：患者痰湿体质，风痰阻络故见诸症，阻于心胸，故见胸痛、心悸；阻于头窍，故见头痛；阻于四肢经络，故肢痛、麻木；阻于中焦故纳差、口淡、腹胀、便溏等，以瓜蒌薤白半夏汤加减治之。瓜蒌清热化痰，宽胸散结；半夏辛散消痞，化痰散结；茯苓、陈皮健脾除湿，杜生痰之源；薤白辛温通阳、豁痰下气、理气宽胸；枳壳助理气宣肺。诸药配伍相辅相成，痰化痞消，胸阳得散。远志、石菖蒲、酸枣仁化痰开窍，养心安神；对于石菖蒲，张之文教授推崇王学权在《重庆堂随笔·卷下》中对于此药的认识，称其能"舒心气，畅心神，怡心情，益心志，妙药也"，临床多用，疗效确切；制天南星、黄连燥湿化痰；丹参、川芎活血化瘀；豨莶草、僵蚕祛风通络。诸药合用，化痰宽胸，行气活血，通阳散结，养心安神。二诊时症状好转，辨证不变，故治法不易，去燥湿化痰祛顽痰之天南星，酌加薏苡仁淡渗利湿，汉防己利水消肿、祛湿止痛缓解晨僵、肿胀。三诊患者胸痛已明显患者，寐差，续以瓜蒌薤白半夏汤加减化痰通阳，加张之文教授常用药对天麻、僵蚕平肝、化痰，参《伤寒瘟疫条辨》言僵蚕可"散逆浊结滞之痰"，茯神木平肝安神，诸法并用，安神助眠。

5. 脑　鸣

（1）风痰上扰案

李某，女，61岁。

初诊：2016年9月22日。脑鸣半年，白天较轻夜晚加重，皮肤瘙痒，舌偏暗红，苔薄黄，脉浮大弦长。

诊断：脑鸣。

辨证：风痰上扰。

治法：息风化痰，镇肝潜阳。

方剂：半夏白术天麻汤加减。

药物：天麻15 g　　　僵蚕10 g　　　法半夏15 g　　　炒白术15 g
　　　茯苓20 g　　　泽泻15 g　　　山楂15 g　　　　川芎15 g
　　　磁石15 g　　　龙骨30 g　　　牡蛎30 g　　　　酸枣仁10 g
　　　甘草3 g　　　　决明子15 g　　蝉蜕10 g

7剂，水煎服。

二诊：2016年9月29日。服前方3剂后诸症悉减，脑鸣缓解，自觉右侧头部牵引感，咽痒。拟上方进退。

药物：天麻20 g　　　僵蚕10 g　　　法半夏15 g　　　炒白术15 g
　　　茯苓20 g　　　泽泻15 g　　　石菖蒲12 g　　　郁金15 g
　　　磁石15 g　　　龙骨30 g　　　牡蛎30 g　　　　酸枣仁20 g
　　　决明子15 g　　川芎15 g　　　甘草3 g。

按语：脑鸣与耳鸣不同，耳鸣多责之于肾，而脑鸣则多责之于肝。盖头位人之颠，为诸阳之会，而脑居头中，高巅之上唯风可达。肝主风，肝阳常亢而阴常不足。厥阴经亦达头脑，肝风内动，挟痰循经入脑，而成脑鸣，"诸风掉眩，皆属于肝"之谓也。法当息风化痰，镇肝潜阳，故于半夏白术天麻汤中加重龙骨、牡蛎之属。复诊时诸症悉减，舌色由深转浅，脉由大转常，乃风息之征，故以菖蒲、郁金易山楂、蝉蜕。

（2）肝肾亏虚、风痰入络案

孙某，男，67 岁。

初诊：2016 年 10 月 13 日。腹胀，脑鸣，眠差，疲乏，腿僵发硬，舌绛红，苔少微黄，脉弦。

诊断：脑鸣。

辨证：肝肾亏虚，风痰入络。

治法：滋补肝肾，息风化痰。

方剂：耳聋左慈丸加减。

药物：天麻 12 g　　菊花 12 g　　决明子 15 g　　熟地 10 g
　　　山茱萸 15 g　　山药 15 g　　牡丹皮 10 g　　怀牛膝 15 g
　　　郁金 12 g　　石菖蒲 10 g　　磁石 15 g　　酸枣仁 35 g
　　　甘草 5 g

二诊：2016 年 10 月 20 日。服前方后腹胀、脑鸣消失，现太阳穴及眼胀，上睑沉重，咯大量白黏痰，舌胖大多津，脉缓。水痰内阻。虚风上扰，拟健脾化痰、平肝息风，半夏白术天麻汤加减。

药物：天麻 15 g　　法半夏 12 g　　苍术 12 g　　炒白术 12 g
　　　茯苓 15 g　　泽泻 12 g　　川芎 12 g　　怀牛膝 12 g
　　　薏苡仁 15 g　　汉防己 6 g　　磁石 15 g　　酸枣仁 20 g
　　　甘草 3 g　　槟榔 10 g　　枳实 15 g

服 4 剂而胀减，20 余而痰消。

按语：案中患者虽无偏瘫、语言謇涩等症，究其病机乃中风先兆，故当以中风治之。初诊滋阴息风并重；滋阴必致生湿，水湿聚而成痰，随风上袭，故继用半夏白术天麻汤健脾化痰、平肝息风。

（三）脾胃系病案

1. 痞　满

（1）肝郁脾虚案

曾某，女，77 岁。

初诊：2016 年 06 月 17 日。就诊前 1 周因受凉后出现咳嗽，经服用解表药物后咳嗽消失，但觉胸脘痞闷，口苦口干，眼赤，鼻干，胃中嘈杂，疲乏，偶有泛酸，纳眠可，脉浮缓，舌红，苔薄黄欠润。

诊断：痞满。

辨证：肝郁脾虚证。

治法：疏肝理气，健脾和胃。

方剂：小柴胡汤合逍遥散加减。

药物：柴胡 15 g　　法半夏 12 g　　生姜 3 g　　党参 15 g
　　　枳壳 15 g　　白芍 12 g　　　甘草 3 g　　黄芩 10 g
　　　太子参 15 g　蜜炙黄芪 15 g

6 剂，水煎服，每日 1 剂。

二诊：上方服用 6 剂，胸脘胀满有所改善，脐周胀痛，左侧少腹偶有疼痛，疲乏，稍口干。再进疏肝理气消痞。

药物：竹叶柴胡 10 g　枳实 20 g　　青皮 15 g　　生白芍 15 g
　　　川芎 10 g　　　香附 10 g　　法半夏 10 g　竹茹 15 g
　　　菊花 10 g　　　麦冬 10 g　　生甘草 3 g

6 剂，水煎服，每日 1 剂。

三诊：上方服后脘腹胀满基本消失，偶有打嗝，偶有腿疼，眠差。拟益气健脾、养阴柔肝以善后。

药物：太子参 15 g　蜜炙黄芪 15 g　麦冬 15 g　　生地黄 10 g
　　　枳壳 15 g　　丹参 10 g　　　百合 15 g　　酸枣仁 20 g
　　　枸杞子 15 g　菊花 15 g　　　赤芍 10 g　　生甘草 3 g

6 剂，水煎服，每日 1 剂。

上方再服 6 剂诸症皆减轻，随访未再发作。

按语：《伤寒论》云："太阳病，十日以去，脉浮细而嗜卧者，外已解也。设胸满胁痛者，与小柴胡汤。"此患者发病前有外感病史，且年老正气偏虚，经治疗后外感症状缓解，但觉胸脘胀满，口干口苦，胃中嘈杂等不适，正合此条文病机，张之文教授选用小柴胡汤加减疏肝理气和胃，且患者外感后正气尚未完全恢复，佐以太子参、黄芪之品扶助正气，以祛邪外出。二诊时患者但仍有脐周胀痛，实乃气机不畅所致，故去掉太子参、黄芪等扶正之品，加强理气宽中,气机通畅,中焦枢机得利,木土同治,最终诸症得减。三诊时患者主要以兼夹腿疼、眠差,考虑患者年老肝肾不足,心肾失养,故以补益肝肾不足,养阴安神为主,佐以扶助正气调理而愈。

（2）脾胃气虚案

韩某,女,65岁。

初诊：2017年3月7日。诉疲乏,偶有头痛头晕,胸闷,胃脘胀满,进食后加重,眠差多梦,腹痛即泻,大便黏滞,无畏寒,舌色不匀偏暗有齿痕,苔薄白,脉缓。既往有高血压病、高脂血症、慢性肠炎等基础疾病。

诊断：痞满。

辨证：脾胃气虚证。

治法：补益脾胃,温阳化浊。

方剂：砂半理中汤加减。

药物：砂仁 10 g　　法半夏 15 g　　党参 15 g　　生晒参 10 g
　　　炙黄芪 30 g　　炒白术 15 g　　干姜 15 g　　肉桂 10 g
　　　酸枣仁 30 g　　灵芝 10 g　　　丹参 10 g　　枳实 10 g
　　　炙甘草 3 g

7剂,水煎服,每日1剂。

二诊：2017年3月14日。胃脘胀痛稍减,伴烧灼感,疲乏,背心痛,偶有头晕头痛,眠差较前有所改善。拟前法进退。

药物：生晒参 10 g　　蜜炙黄芪 20 g　　麸炒白术 15 g　　茯苓 20 g
　　　枳壳 30 g　　　薤白 15 g　　　　瓜蒌皮 10 g　　　法半夏 15 g
　　　桂枝 10 g　　　酒川芎 15 g　　　蜜甘草 5 g

7剂,水煎服,每日1剂。

按语：患者有慢性肠炎病史,长期大便稀溏,脾胃亏虚,气血生化乏源,则形成一派脾胃虚弱之象,如脘腹胀满、大便黏滞、腹痛等,该患者首诊虚象明显,投以砂半理中汤加减补益脾气,温阳理气。《临证指南医案·脾胃》谓："太阴湿土,得阳始运；阳明阳土,得阴自安,以脾喜刚燥,胃喜柔润也。"张之文教授治疗脾胃病多遵循叶天士之法,主以脾胃分治,但脾胃阴阳属性不同,故而治疗亦有不同。本例患者脾胃皆虚,故而治疗上需同时补益脾胃,并辅以温阳行气化湿，气机得以舒畅，水湿才能运化，故方中加用干姜、砂仁、肉桂等温阳之品，脾阳得振，气机得畅，腹痛、脘胀症状自减。二诊时患者胃脘仍有胀痛，感背心疼痛，张之文教授认为枢机仍未运行通畅，故加用瓜蒌薤白半夏汤，此方有行气解郁，通阳散结，祛痰宽胸的功效，胸阳得振，转动枢机，故而全身气机通达，脾胃升降得常。

（3）痰热内郁案

黄某，男，38岁。

初诊：2013年06月22日。诉胃脘胀，灼热，呃逆，肠鸣，大便不爽，眼眵多，牙龈痛，体瘦，眠差，脉弦缓，舌红，苔中黄厚腻。

诊断：痞满。

辨证：痰热内郁。

治法：清热燥湿化痰，理气和胃。

方剂：黄连温胆汤加减。

药物：法半夏15 g	生姜3片	茯苓15 g	陈皮15 g
砂仁10 g	竹茹12 g	黄连10 g	远志10 g
酸枣仁30 g	枳实20 g	甘草3 g	

6剂，水煎服，每日1剂。

二诊：2013年07月1日。服上方后感腹胀减，脘闷胀，背僵，抑郁，焦急，静则不适。拟越鞠丸加减。

药物：炙香附15 g	苍术15 g	炒白术15 g	枳实15 g
炒栀子10 g	川芎15 g	炒酸枣仁30 g	炙远志10 g
石菖蒲10 g	甘草3 g		

6剂，水煎服，每日1剂。

按语：此案患者长期饮食不节，导致痰湿内生、郁而化热，进而出现脾胃功能失常，气机升降失司。方中黄连苦寒清泄邪热，半夏、茯苓、陈皮、枳实健脾行气，酸枣仁、远志宁心安神，共奏清热燥湿化痰、理气和胃之功。二诊时患者腹胀症状改善，但以焦急、抑郁为主要表现，故改投越鞠丸加减理气解郁，服用6剂后效佳。后患者因工作原因未再复诊，电话咨询患者服药后症状明显改善，但偶有饮酒后感胃脘胀满、大便不爽，嘱其清淡规律饮食，可予以山药、薏苡仁、莲子、茯苓、生姜等食疗，诸症得愈。

（4）肝胃不和，痰湿阻滞案

杨某，女，77岁。

初诊：2013年09月19日。胃脘胀满有腹皮紧绷感，气短，反酸烧心，腹泻，口苦，有痰，舌红，苔白滑，脉弦细。

诊断：痞满。

辨证：肝胃不和，痰湿阻滞。

治法：疏肝理气，和胃健脾，燥湿化痰。

方剂：小柴胡汤合瓜蒌薤白半夏汤加减。

药物：柴胡 12 g　　法半夏 12 g　　黄芩 10 g　　生姜 3 片
　　　枳壳 15 g　　香附 15 g　　　薤白 12 g　　瓜蒌皮 12 g
　　　吴茱萸 10 g　乌贼骨 20 g　　炒酸枣仁 15 g　川芎 10 g
　　　甘草 3 g

3剂，水煎服，每日1剂。

二诊：2013年09月23日。腹泻好转，胸闷，气紧，不咳，喉中有痰，失眠，时恶心，动则汗出，左脉偏沉，舌暗，苔厚腻满布。

药物：黄连 10 g　　枳壳 15 g　　法半夏 12 g　　茯苓 12 g
　　　陈皮 12 g　　竹茹 12 g　　炙远志 10 g　　酸枣仁 15 g
　　　丹参 12 g　　生姜 3 片　　砂仁 10 g　　　甘草 3 g

7剂，水煎服，每日1剂。

三诊：2013年10月12日。觉咽中有痰，有痰鸣声，痰少黄黏痰，肺中压迫感，心中烧，时咳，胃不适，脉缓左沉结代，舌暗红，苔白腻满布。仍以前法。

药物：黄连 10 g　　枳壳 15 g　　桔梗 12 g　　法半夏 12 g
　　　茯苓 15 g　　陈皮 15 g　　酸枣仁 20 g　苦杏仁 12 g
　　　金荞麦 15 g　瓜蒌皮 12 g　甘草 3 g

7剂，水煎服，每日1剂。

四诊：2013年10月19日。觉胸中有痰，胃脘不适，堵闷，畏寒，右胁不适，腹胀，脉沉，舌暗红，苔白润满布。

药物：枳壳 15 g　　　桔梗 12 g　　　法半夏 15 g　　　茯苓 15 g
　　　干姜 10 g　　　砂仁 10 g　　　炒白术 12 g　　　桂枝 10 g
　　　吴茱萸 10 g　　黄连 5 g　　　　甘草 3 g

6剂，水煎服，每日1剂。

五诊：2013年10月26日。觉痰少，胃脘烧灼感，反酸，觉胸中气不接续，头晕沉，脉缓，舌暗红，苔白满布。

药物：法半夏 12 g　　生姜 3 片　　　枳实 15 g　　　苦杏仁 12 g
　　　黄芩 12 g　　　黄连 10 g　　　吴茱萸 10 g　　海螵蛸 10 g
　　　桔梗 12 g　　　甘草 3 g

6剂，水煎服，每日1剂。

六诊：2013年11月02日。右胁酸胀，胃脘烧，反酸，胃脘胀，脉缓，舌暗红，苔白滑腻。

药物：砂仁 10 g　　　制香附 10 g　　法半夏 12 g　　生姜 3 片
　　　杏仁 12 g　　　枳壳 15 g　　　黄连 10 g　　　吴茱萸 10 g
　　　海螵蛸 30 g　　甘草 3 g

5剂，水煎服，每日1剂。

按语：张之文教授认为久痞多虚实夹杂、寒热并见，治宜温清并用、辛开苦降。临症时多效仿仲景之泻心汤。同时张之文教授认为肝主枢机，在气机条畅过程中起着至关重要的作用，常在处方中联用小柴胡汤基本方。仲景《伤寒论》中提及结胸证与痞证，如"若心下满而硬痛者，此为结胸也，大陷胸汤主之。但满而不痛者，此为痞，柴胡不中与也，宜半夏泻心汤"，故本案首诊时投以小柴胡汤合瓜蒌薤白半夏汤，调理气机，宽胸理气，佐以吴茱萸、乌贼骨制酸温胃。二诊时患者腹泻好转，但仍感胸闷、气紧，张之文教授谈到此时可改用仲景泻心汤与之，寒热并用、辛开苦降，温清并用，其中温补辛开可以运脾健脾，苦降清泄可解郁除热，方中辛热药物多于苦寒之品，辛热药与苦寒药通用，一阴一阳，辛散向上，泄热之品沉降，重浊向下，清热而不郁寒，散寒而不忧热，二者相互制约，平衡阴阳，斡旋气机，开结消痞。三诊时患者主要诉痰多，故改投二陈汤燥湿化痰，并加用金荞麦、瓜蒌皮、杏仁等宣肺化痰。四诊时张之文教授在前方基础上加用左金丸，黄连配伍吴茱萸,二药合用,黄连少而吴茱萸多,辛开苦降,则可泻肝经瘀热,使热从下达。临证之际,寒热错杂之症颇为多见,但寒热的比重却是千变万化,故用药的分量也应随之增减,热盛者,多用黄连,少佐吴茱萸;寒甚者则反之;若寒热等同,则二药各半为宜。故而再诊时调整两药比例。

(5) 气滞痰热案

杨某,女,77岁。

初诊:2013年10月12日。自诉心下痞满胀闷4余月,食欲减退。现症见:精神稍差,咽中有痰,有痰鸣声,痰少黄黏状,胸前压迫感,心中烧灼感,时咳,胃脘满不适,纳呆眠差,二便可,舌暗红,苔白腻满布,脉缓左沉结代。

诊断:痞满。

辨证:气滞痰热。

治法:清热化痰,理气消痞。

方剂:黄连温胆汤加减。

药物:黄连 10 g　　桔梗 12 g　　枳壳 15 g　　法半夏 12 g
　　　茯苓 15 g　　陈皮 15 g　　杏仁 15 g　　酸枣仁 20 g
　　　金荞麦 15 g　瓜蒌皮 12 g　甘草 3 g

5剂,每日1剂,水煎服。

二诊:诸症稍减,现自觉胸中有痰,胃脘痞满不适,堵闷感,畏寒,右胁不适,腹胀,纳呆眠可,二便可,舌暗红,苔白润,脉沉缓。拟枳桔二陈合苓桂术甘合左金丸加减。

药物:枳壳 15 g　　桔梗 12 g　　法半夏 15 g　　茯苓 15 g
　　　干姜 10 g　　砂仁 10 g　　白术 12 g　　桂枝 10 g
　　　吴茱萸 10 g　黄连 5 g　　甘草 3 g

5剂,每日1剂,水煎服。

三诊:痞满胀闷不适减轻,右胁感觉正常,畏寒消失,痰减少,现胃脘烧灼感,反酸,觉胸中气不接续,头晕沉,纳稍改善,眠可,二部调,舌暗红,苔白满布,脉缓。前法进退。

药物:枳实 15 g　　生姜 3 片　　法半夏 12 g　　杏仁 12 g

　　　　黄芩 12 g　　　　黄连 10 g　　　　吴茱萸 10 g　　　　海螵蛸 10 g
　　　　桔梗 12 g　　　　甘草 3 g

5 剂，每日 1 剂，水煎服。

四诊：自诉右胁酸胀不适，胃脘胀，胃脘烧灼感，反酸，纳稍差，眠可，二便可，舌暗红，苔白滑腻，脉缓。

　　药物：砂仁 10 g　　　　香附 10 g　　　　法半夏 12 g　　　　生姜 3 片
　　　　　杏仁 12 g　　　　枳壳 15 g　　　　黄连 10 g　　　　　吴茱萸 10 g
　　　　　海螵蛸 30 g　　　甘草 3 g

5 剂，每日 1 剂，水煎服。

按语：《证治汇补·痞满》谓："大抵心下痞闷，必是脾胃受亏，浊气挟痰，不能运化为患。初宜舒郁化痰降火，二陈、越鞠、芩连之类……有痰治痰，有火治火，郁则兼化。若妄用克伐，祸不旋踵。又痞同湿治，惟宜上下分消其气，如果有内实之证，庶可疏导。"此案患者肝胃不和，痰热内生，致脾胃升降失司，气机壅塞而痞满。痰热上扰，故咽中有痰；肝胃不和致反酸，胸前有压迫感，心中烧灼感，时咳。以黄连温胆汤清热化痰，理气消痞。其中桔梗、杏仁开宣肺气化痰。后根据病机转化，或合苓桂术甘汤温化水饮，或合左金丸调和肝胃，或合越鞠丸加强理气解郁等。总之，肝胃和、痰热消，则脾胃升降复、痞满去。值得注意的是，此患者首诊咳嗽乃胃酸反流导致，切不可见咽中有痰且咳嗽以咽炎治之。

2. 胃 痛

（1）肝胃郁热胃痛案

凌某，女，61 岁。

初诊：2018 年 04 月 27 日。平素性情急躁，常与家属及邻居吵架拌嘴。现中上腹疼痛，偶反酸烧心，便秘，脉沉，舌淡红胖大，苔薄黄。

诊断：胃痛。

辨证：肝胃郁热。

治法：清肝解郁，和胃止痛。

方剂：柴胡疏肝散合左金丸加减。

　　药物：柴胡 10 g　　　　党参 15 g　　　　法半夏 15 g　　　　干姜 10 g

酒黄连 9 g　　　　炒吴茱萸 10 g　　大枣 5 g　　　　蜜甘草 5 g

　　海螵蛸 30 g

7 剂，水煎服，每日 1 剂。

二诊：2018 年 05 月 11 日。中上腹疼痛基本缓解，食辛辣后胃部隐痛，便秘，脉沉，舌淡红胖大，苔薄白。予上方减大枣、炙甘草，加莪术 10 g、赤芍 15 g、醋龟甲 10 g、生甘草 3 g。

7 剂，水煎服，每日 1 剂。

三诊：2018 年 09 月 21 日。二诊后服用上方 7 剂，未再出现腹痛，现咽部异物感，眠差，口臭，偶胁痛，脉沉，舌胖大，苔微黄腻多津。

　　药物：党参 15 g　　醋柴胡 10 g　　法半夏 15 g　　炒枳实 15 g

　　　　酒黄芩 15 g　　远志 10 g　　　酸枣仁 30 g　　炒火麻仁 30 g

　　　　苦杏仁 15 g　　厚朴 15 g　　　生白芍 10 g　　生甘草 3 g

7 剂，水煎服，每日 1 剂。

按语：张之文教授认为疏肝理气是胃痛治疗的常用方法。肝之疏泄功能正常，气机顺达则通，胃自安和。本案患者性情急躁易怒，导致肝气不疏，故以柴胡疏肝散加减疏肝解郁，佐以左金丸清泄肝热，和胃止痛为主。患者服用该方 7 剂后诸症明显减轻，再服 7 剂后诸症消失。患者再次就诊时感咽喉异物，结合患者平素性情急躁，易致肝气郁结，故而投以小柴胡汤合半夏厚朴汤加减疏肝解郁、理气化痰以调体治病。

（2）脾胃亏虚，痰阻气滞案

朱某，男，49 岁。

初诊：2013 年 11 月 02 日。胃脘痛，恶心，呕吐，嗳气，打呃，肢软，大便稀，口服藿香正气水觉症减，脉缓偏沉，舌红、边有齿痕，苔白滑腻。胃镜示：慢性浅表性胃炎。

　　诊断：胃痛。

　　辨证：脾胃亏虚，痰阻气滞。

　　治法：健脾益气，行气化痰。

　　方剂：香砂六君子汤加减。

　　药物：砂仁 10 g　　法半夏 15 g　　党参 15 g　　炒白术 15 g

茯苓 15 g　　　　干姜 15 g　　　　枳壳 15 g　　　　厚朴 15 g
　　炙甘草 3 g

7剂，水煎服，每日1剂。

二诊：2013年11月10日。胸部不适，咯白痰，下肢皮肤干燥，胃脘隐痛，时头晕，纳差，皮肤痒，背痛僵。予越鞠丸加味。

　　药物：制香附 15 g　　苍术 15 g　　　川芎 20 g　　　神曲 12 g
　　制远志 10 g　　　石菖蒲 15 g　　炒酸枣仁 15 g　砂仁 10 g
　　甘草 3 g

7剂，水煎服，每日1剂。

三诊：2013年11月20日。胃脘隐痛，呃逆，大便每日3～4次，夜晚下身汗出，白睛红赤，皮肤干，眠一般，纳差。予丹参饮加减。

　　药物：丹参 15 g　　　砂仁 10 g　　　降香 10 g　　　干姜 15 g
　　炒白术 15 g　　　枳实 20 g　　　炙远志 10 g　　炒酸枣仁 30 g
　　甘草 3 g

7剂，水煎服，每日1剂。

四诊：2014年1月1日。服上方20剂，胃脘疼痛消失，晚上双下肢出汗，大便稀每日3次，纳差。

　　药物：柴胡 12 g　　　白芍 15 g　　　党参 15 g　　　炒白术 15 g
　　山药 20 g　　　　茯苓 20 g　　　法半夏 15 g　　陈皮 15 g
　　薏苡仁 15 g　　　炙甘草 5 g

7剂，水煎服，每日1剂。

按语：《冯氏锦囊秘录》谓："脾胃虚则百病生，调理中州，其首务也。"人体脾胃功能旺盛，正气存内，邪不可干，本案患者证属脾胃亏虚证，张之文教授投以香砂六君子汤补益脾胃，行气化痰，香砂六君子汤伍半夏、陈皮、木香、砂仁，功在益气和胃，行气化痰。二诊、三诊时患者胃脘疼痛明显缓解，但新增夜间下身汗出，故改以醒脾和胃、活血理气之法。叶天士《临证指南医案》指出"夫痛则不通，通字须究气血阴阳，便是看诊要旨矣"，通则不痛，气血和也。痛则不通，气血瘀滞也。胃乃多血多气之腑，"胃痛日久，治在血分"，治疗可遵循叶天士"瘀血积于胃络，宜辛通瘀滞法"治疗原则，选用丹参饮治疗。四诊时患者胃脘疼痛消失，但仍有大便稀，含有不消化食物，为脾虚湿滞之象，予参苓白术散善后。

（3）肝郁气滞案

王某，女，62岁。

初诊：2016年06月03日。胃脘痛，腹胀，自觉腹中气串通，矢气则舒，纳可，大便黏滞，肛门灼痛，舌淡，苔稍厚微黄，脉细缓。

诊断：胃痛。

辨证：肝郁气滞。

治法：疏肝理气，和胃止痛。

方剂：四逆散加减。

药物：竹叶柴胡10 g　　枳壳15 g　　生白芍15 g　　川芎10 g
　　　青皮10 g　　　　黄连9 g　　　川木香10 g　　远志10 g
　　　石菖蒲10 g　　　酸枣仁15 g　　生甘草3 g　　　厚朴10 g

7剂，水煎服，每日1剂。

二诊：2016年6月17日。上方服用14剂，胃脘痛明显减轻，口中黏腻，舌尖痛，自觉热气从大腿内侧上冲，纳可，大便可，肛门灼痛减轻，舌边暗红，苔薄微黄，脉细缓。上方减黄连，酸枣仁改20 g，加黄柏10 g、秦艽10 g、苍术10 g。7剂，水煎服，每日1剂。

三诊：2016年6月24日。胃脘痛明显减轻，舌尖痛减轻，自觉热气从大腿内侧上冲，右手臂痛，项强，口淡无味，小便黄，大便可，舌偏暗红，苔薄微黄，脉细缓。拟越鞠丸加减。

药物：香附15 g　　　苍术15 g　　　栀子10 g　　　川芎20 g
　　　建曲10 g　　　远志10 g　　　石菖蒲10 g　　酸枣仁35 g
　　　乌药10 g　　　生白芍15 g　　生甘草3 g

7剂，水煎服，每日1剂。

按语：《素问·六元正纪大论》曰："木郁之发，民病胃脘当心而痛"。肝郁气滞是胃痛的常见证型，疏肝理气是胃病治疗的常用方法。叶天士在《临证指南医案》中论述肝与胃的关系时提出"肝为起病之源，胃为传病之所"。王肯堂《医统正脉全书·胃痛》篇亦提到"气郁者，疏肝健脾为主，理其气而痛自止"。前案患者大便黏滞，肛门灼痛，舌淡苔稍厚微黄，从中可见兼夹有湿热之证，故在方中加用香连丸燥湿清热、理气止痛。二诊时患者疼痛明显减轻，但湿热之象仍然明显，故在前方基础上将黄连改为黄柏、苍术清热燥湿，亦有二妙散之意，同时加用秦艽清热化湿。三诊时改越鞠丸加减，在整个治疗尤以理气化痰为主，在此基础上随症加减。

（4）脾胃虚寒案

何某，女，65岁。

初诊：2016年10月13日。胃胀痛，大便稀，约2~3次/天，怕冷恶寒，食入腹胀，疲乏，眠差易醒，头晕，舌红，苔薄白，脉缓，左尺更沉。

诊断：胃痛。

辨证：脾胃虚寒。

治法：温阳健脾，和胃止痛。

方剂：理中汤合四君子汤加减。

药物：党参 15 g　　炒白术 12 g　　茯苓 15 g　　干姜 12 g
　　　制附片 12 g　　砂仁 10 g　　厚朴 12 g　　炙甘草 3 g
　　　酸枣仁 15 g

7剂，水煎服，每日1剂。

二诊：2016年10月20日。胃胀痛减轻，上眼睑发肿，畏寒怕冷，肢冷，纳差，食入腹胀，舌红，苔薄白，脉缓。

药物：党参 15 g　　炒白术 12 g　　茯苓 15 g　　山药 15 g
　　　石斛 15 g　　干姜 15 g　　制附片 15 g　　砂仁 10 g
　　　厚朴 12 g　　酸枣仁 20 g　　炙甘草 3 g　　建曲 10 g

7剂，水煎服，每日1剂。

按语：《素问·举痛论》有云"寒气客于肠胃之间，膜原之下，血不能散，小络急引，故痛"。腹痛以寒邪致病最为多见，当分外感寒邪与内生虚寒。本案患者年老正气亏虚，脉象沉缓为虚象，故为脾胃虚寒之证。胃为六腑之一，主受纳和腐熟水谷，其性以降为顺，通则不痛，但通法亦有多种。清代高世栻《医学真传·心腹痛》篇中提到"夫通者不痛，理也。但通之法，各有不同。调气以和血，调血以和气，通也；下逆者使之上行，中结者使之旁达，亦通也；虚者助之使通，寒者温之使通，无非通之之法也"。如本案以脾胃虚寒为主，则当以寒者温之使通，故投以理中汤合四君子汤加减补益脾胃，温阳止痛。

3. 口舌病

（1）上焦热盛口疮案

冯某，男，65岁。

初诊：2014年3月13日。自诉舌麻，舌尖痛，晚上口咽干甚。现症见：精神可，两颧红赤，纳可，眠一般，二便可，舌尖红，苔薄腻，左寸浮细数，余脉滑数。

诊断：口疮。

辨证：上焦热证。

治法：清凉透热。

处方：刘氏桔梗散加味。

药物：生地 10 g　　连翘 15 g　　桔梗 10 g　　黄芩 15 g

栀子 10 g　　竹叶 15 g　　麦冬 15 g　　石斛 15 g

青黛 10 g　　甘草 3 g

5剂，每日1剂，水煎服。

二诊：服上方觉好转，舌痛减轻，晚上口干、舌烧灼感均好转，盗汗，纳可，眠一般，二便可。追问病史，诉既往甲状病史20余年。舌尖红，苔白微腻，脉弦。拟用滋阴清热利湿善后，方用甘露饮加减。

药物：生地 10 g　　熟地 10 g　　天冬 15 g　　麦冬 15 g

茵陈 10 g　　黄芩 15 g　　炙枇杷叶 15 g　　石斛 15 g

莲子 10 g　　竹叶 15 g　　酸枣仁 30 g　　甘草 3 g

5剂，每日1剂，水煎服。

按语：初诊脉症皆为上焦热象，故以刘氏桔梗散清凉透热。药后诸症减轻，阴虚湿热之象开始显露，予甘露饮加减。甘露饮出自《太平惠民和剂局方》，原方由枇杷叶、干熟地黄、天门冬、枳壳、山茵陈、生干地黄、麦门冬、石斛、甘草（炙）、黄芩组成。原书载其主治"丈夫、妇人、小儿胃中客热，牙宣口气，齿龈肿烂，时出脓血，目睑垂重，常欲合闭，或频饥烦，不欲饮食，及赤目肿痛，不任凉药，口舌生疮，咽喉肿痛，疮疹已发、未发，皆可服之。又疗脾胃受湿，瘀热在里，或醉饱房劳，湿热相搏，致生疸病，身面皆黄，肢体微肿，胸满气短，大便不调，小便黄涩，或时身热，并皆治之。"分析原方，主要功效为清热养阴，行气利湿，是治疗阴虚湿热的第一方。本案患者二诊热象已减，阴虚湿热显露，故投之辄效。

（2）阴虚夹湿案

刘某，男，10岁。

初诊：2014年6月13日。反复口腔溃疡，口中异味，爱出汗。现症见：唇内黏膜及口腔内黏膜散在溃疡，面赤，汗出，小便黄，大便干结，舌红，苔中黄厚，脉数。

诊断：口疮。

辨证：阴虚夹湿。

治法：滋阴清热化湿。

处方：甘露饮加味。

药物：生地 5 g　　　熟地 5 g　　　麦冬 10 g　　　天冬 10 g
　　　青黛 10 g　　　黄芩 10 g　　　枇杷叶 10 g　　石斛 10 g
　　　茵陈 10 g　　　枳壳 10 g　　　生甘草 3 g

5剂，每日1剂，水煎服。

二诊：口疮消失，大便微稀。舌红，苔薄黄，脉数。上方减青黛、茵陈，加山药 10 g、乌梅 10 g。5剂，每日1剂，水煎服。

按语： 甘露饮可治疗胃中阴虚湿热相搏之牙宣口气、齿龈肿烂、衄血吐血、咽喉肿痛、胸满气短、大便不调、小便黄涩等症，总之以胃中阴虚，湿热蕴结，阳热怫郁上越为病机。方以二地、二冬、石斛之甘寒养胃阴、清胃热，兼补肾水则可壮水之主，治阴虚之本；再用茵陈、黄芩泻火祛湿，去湿热之标；再用枳壳、枇杷叶肃降肺气，如缪仲淳治血以"降气不宜降火"之论是也。此案患者胃阴不足，湿热内蕴之象颇为明显，方证对应，张之文教授取甘露饮滋阴清热化湿，加青黛清热凉血泻火，可治疗局部溃疡。二诊收效明显，湿热已退大半，大便微稀，减青黛、茵陈之寒凉，加山药、乌梅以健脾止泻，体现了张之文教授师"补中焦如衡之平"（吴鞠通语）的平调脾胃思想。

（四）肝胆系病案

1. 胁　痛

（1）阴虚肝郁案

成某，男，33岁。

初诊：2014年3月1日。右胁胀痛不适2月。近2月，患者无明显诱因出现右胁胀痛，全身乏力，纳可，大便时结，舌红苔白，舌苔前半截干，脉弦细微数。乙肝病史10年。

诊断：胁痛。

辨证：肝肾阴虚，肝络失养。

治法：补益肝肾，柔肝止痛。

方剂：一贯煎化裁。

药物：柴胡10 g　　北沙参15 g　　生地10 g　　当归15 g
　　　麦冬15 g　　枸杞15 g　　　女贞子15 g　白芍15 g
　　　叶下珠15 g　甘草3 g

7剂，水煎取汁500 mL，分3次服，每日1剂。

二诊：2014年3月26日。服上方诸症缓解。近1周再次出现活动后右胁稍隐痛不适，口干，入睡困难。舌嫩红，苔少乏津，脉细数。仍拟上方化裁。

药物：柴胡10 g　　北沙参15 g　　生地10 g　　当归12 g
　　　麦冬15 g　　枸杞15 g　　　女贞子15 g　酸枣仁30 g
　　　白芍15 g　　甘草3 g

5剂，水煎取汁500 mL，分3次服，每日1剂。

按语：肝藏血，主疏泄，体阴而用阳，喜条达而恶抑郁。肝肾阴血亏虚，肝体失养，则疏泄失常，肝气郁滞，不通则痛，故见胁痛；肝阴虚，不能濡养肢体经络，故全身不适；阴虚津液不能上承，故舌红、少津，见舌苔前半截干；阴血亏虚，血脉不充，故脉细微数。肝肾阴血亏虚而肝气不舒，治宜滋阴养血、柔肝舒郁。方中用生地黄滋阴养血、补益肝肾为君，内寓滋水涵木之意。当归、枸杞养血滋阴柔肝；北沙参、麦冬滋养肺胃，养阴生津，意在佐金平木，扶土制木，四药共为臣药。张之文教授认为川楝子味苦寒易伤阴血，故改川楝子为柴胡、白芍，增强柔肝缓急止痛之效。诸药合用，使肝体得养，肝气得舒，则胁胀痛可解。

（2）阴伤热郁案

李某，女，47岁。

初诊：2014年3月19日。右胁胀痛不适，少寐，左舌麻，舌体胖大，苔白黄，小便黄，大便可，脉弦细而数。

诊断：胁痛。

辨证：阴伤热郁。

治法：清泄少阳，柔肝通络。

方剂：小柴胡汤加减。

药物：柴胡15 g　　　法半夏15 g　　　黄芩15 g　　　生姜3 g
　　　制远志10 g　　　石菖蒲12 g　　　酸枣仁15 g　　　泽泻15 g
　　　生山楂15 g　　　甘草3 g

7剂，每日1剂。

二诊：2014年4月2日。右胁疼痛已经缓解，仅觉晚上右胁胀满不适，仍入睡困难，涕中带血。上方减生姜，加青皮15 g、麦冬15 g、白茅根30 g、橘络10 g、石菖蒲改15 g。继服，7剂，日一剂。

2014年4月10日。因外感就诊，胁肋胀症状已经消除。

按语：患者胁肋胀痛，脉弦细而数，乃少阳胆火郁滞；少寐，舌麻，脉细乃心阴不足。故首诊张之文教授以小柴胡汤清泄少阳，酸枣仁、石菖蒲、远志养血安神。"肝性喜凉散"，取效后减生姜之燥，佐青皮、麦冬、白茅根、橘红养阴柔肝通络以善后。

（3）瘀血阻络案

谭某，女，78岁。

初诊：2018年4月20日。反复胁痛6年，复发加重1周。自诉右上腹疼痛不适，表现为胀痛、刺痛，伴胸闷，腰酸痛，口干，睡眠差，二便调，舌暗红，舌下脉络瘀张，苔少微黄，脉弦。

诊断：胁痛。

辨证：瘀血阻络。

治法：活血化瘀，行气止痛。

方剂：血府逐瘀汤加减。

药物：柴胡 10 g　　麸炒枳实 15 g　　赤芍 15 g　　燀桃仁 10 g
　　　红花 10 g　　当归 10 g　　　　生地黄 10 g　　丹参 10 g
　　　川牛膝 10 g　　醋延胡索 10 g　　炒僵蚕 10 g　　乌梅 10 g
　　　炒酸枣仁 20 g　　北沙参 15 g　　生甘草 3 g

7 剂，水煎取汁 500 mL，分 3 次服，每日 1 剂。

二诊：2018 年 5 月 18 日。右上腹胀痛明显缓解，目前仅起床时体位变动大时出现上腹胀痛，随后自行缓解，眠差，口干苦。症已大减，拟疏肝理气、养心安神以善后。

药用：柴胡 10 g　　麸炒枳壳 20 g　　麸炒青皮 15 g　　佛手 15 g
　　　乌药 10 g　　酒川芎 15 g　　　醋延胡索 15 g　　制远志 10 g
　　　石菖蒲 10 g　　炒酸枣仁 30 g　　莪术 10 g

4 剂，水煎取汁 500 mL，分 3 次服，每日 1 剂。

按语：胁痛初病在气，由肝郁气滞、气机不畅所致。气为血之帅，气行则血行，气滞则血瘀。患者反复胁痛 6 年，初为胀痛，病久及血，出现刺痛。初诊患者胀痛与刺痛兼见，舌暗红，舌下脉络瘀张，脉弦，使用血府逐瘀汤加减活血化瘀、行气止痛。方中桃仁破血行滞而润燥，红花活血祛瘀以止痛，共为君药。赤芍、丹参活血祛瘀；牛膝活血通经，祛瘀止痛，引血下行，共为臣药。生地、当归养血益阴，活血清郁热；柴胡、枳实、赤芍、延胡索，疏肝解郁、升达清阳、柔肝止痛；乌梅、北沙参防活血行气药损伤肝阴；酸枣仁养心安神，以上均为佐药。甘草调和诸药。合而用之，使血活瘀化气行，则诸症可愈。二诊时，患者瘀血已去，刺痛已减，故使用柴胡疏肝散为主方，疏肝理气、养心安神而收功。

(五) 肾系病案

1. 淋 证

(1) 湿热蕴结热淋案

洪某，女，50岁。

初诊：2017年4月21日。近5天来尿频尿急，伴有尿道灼热、小腹隐痛。平素眠差易醒，口淡无味，口渴喜饮，右胁不舒，胃脘痞闷，大便长期不成形。舌红，苔黄厚腻欠润，脉缓。

诊断：热淋。

辨证：湿热阻滞中下焦，肠腑之气不行，膀胱气化不利。

治法：清热除湿。

方剂：黄连温胆汤加减。

药物：黄连 10 g　法半夏 15 g　茯苓 20 g　陈皮 15 g
　　　枳实 20 g　竹茹 15 g　蒲公英 30 g　小蓟 20 g
　　　瞿麦 15 g　远志 10 g　酸枣仁 30 g　厚朴 15 g
　　　甘草 3 g

二诊：2017年4月28日。服上方6剂后，尿频尿急症状及尿道灼热感减轻，小腹隐痛症状未再发，睡眠好转，大便较前成形。自诉长期外阴瘙痒，上方见效后请求加治本症。拟增强祛风燥湿止痒之力。

药物：防风 15 g　蛇床子 10 g　黄连 9 g　法半夏 15 g
　　　茯苓 15 g　陈皮 15 g　竹茹 15 g　枳实 20 g
　　　蒲公英 30 g　瞿麦 15 g　小蓟 15 g　白茅根 30 g
　　　酸枣仁 20 g　生甘草 3 g

三诊：2017年5月5日。服上方5剂后，外阴瘙痒症状减轻，头晕及腰酸症状均缓解，大便较成形，小便稍黄，尿频尿急症状基本消失，睡眠大为改善，自诉服药后纳差。舌红，苔根部稍厚黄腻，脉缓。仍以清热利湿，健脾和胃。

药物：黄连 9 g　法半夏 15 g　茯苓 15 g　陈皮 15 g
　　　竹茹 15 g　枳实 20 g　蒲公英 30 g　瞿麦 15 g

小蓟 15 g　　　　白茅根 30 g　　　酸枣仁 20 g　　　生甘草 3 g
　　砂仁 10 g　　　　建曲 10 g

四诊：2017 年 5 月 12 日。服上方 5 剂后，诸症几无。

药物：黄连 9 g　　　　法半夏 15 g　　　茯苓 15 g　　　　陈皮 15 g
　　竹茹 15 g　　　　枳实 20 g　　　　蒲公英 30 g　　　瞿麦 15 g
　　小蓟 15 g　　　　白茅根 30 g　　　酸枣仁 20 g　　　生甘草 3 g
　　酒黄芩 15 g　　　琥珀 10 g

2017 年 6 月随访，患者诉服上方 5 剂后，诸症消除，已可正常生活。

按语：《金匮要略·五脏风寒积聚病》云："热在下焦者，则尿血，亦令淋秘不通"，认为淋证的基本病因病机为"热在下焦"。本例为湿热蕴结下焦导致的热淋，张之文教授常用黄连温胆汤加清热利尿之品治之。黄连温胆汤出自清代《六因条辨》，用于治疗痰热阻滞、湿热蕴结导致的神志病证。本例患者除见尿频尿急等热淋症状之外，还可见失眠、夜睡不安等神志症状，病因病机均指向湿热为患。故用黄连温胆汤加清热利尿之品如蒲公英、小蓟、瞿麦等，加安神之品如远志、炒枣仁等切中病情，收到较好疗效。治疗过程中，以黄连温胆汤为底方，随所不适而加用相应药品，如外阴瘙痒加用防风、蛇床子，纳差加用砂仁、建曲，体现了张之文教授临床中守方不变与加减灵活权变的原则。

（2）阴虚火旺、湿热留恋劳淋案

龚某，女，49 岁。

初诊：2016 年 6 月 17 日。近半年来尿频尿急反复发作，此次因过度操劳复发 3 天余，自觉尿道灼热无疼痛，口苦，身潮热，心烦，睡眠不安，纳少腹胀。脉弦细稍数，舌红，苔根部稍厚。

诊断：劳淋。

辨证：阴虚夹湿。

治法：滋阴清热，利尿除湿。

方剂：知柏地黄丸加减。

药物：知母 10 g　　　　生黄柏 10 g　　　熟地黄 5 g　　　　山茱萸 15 g
　　山药 15 g　　　　牡丹皮 10 g　　　蒲公英 30 g　　　小蓟 15 g

砂仁 10 g　　　　远志 10 g　　　　酸枣仁 30 g　　　瞿麦 20 g
　　生甘草 3 g

二诊：2016 年 6 月 24 日。服 5 剂后尿频尿急症状减轻，无尿痛及尿道灼热感，疲倦，口苦，纳少腹胀。脉弦，舌尖红，苔中厚。仍拟上法进退。

药物：生晒参 10 g　　炙黄芪 15 g　　熟地黄 10 g　　山茱萸 15 g
　　　山药 15 g　　　牡丹皮 10 g　　栀子 10 g　　　生黄柏 10 g
　　　蒲公英 30 g　　小蓟 20 g　　　白茅根 30 g　　砂仁 10 g
　　　瞿麦 20 g　　　益母草 15 g　　生甘草 3 g

三诊：2016 年 7 月 1 日。服上方诸症均减，仍倦怠乏力，脉弦细，舌质红，苔稍厚，将上方炙黄芪改 20 g，加茯苓 15 g，继服 5 剂以资巩固。

一个月后随访，患者服药后已愈，小便频数症状未再反复发作。

按语：淋证久不痊愈，湿热损及脾肾，脾虚则清阳不升，肾虚则下元不固，若遇劳即发则为劳淋。本例淋证久延不愈，此次发作已出现湿热伤阴、虚热内扰之证，结合舌脉，张之文教授选用知柏地黄丸为底方以滋阴清热，加用蒲公英、小蓟、瞿麦等以清热利尿；伍远志、酸枣仁养心安神；纳少腹胀，湿浊阻滞，佐加砂仁行气调中、和胃醒脾。二诊阴虚内热之象已不显著，脾胃气虚而湿热犹在，故加用生晒参、黄芪等以益气健脾，以栀子代知母加大清热利湿力度，加用益母草、白茅根以育阴清热利水。三诊诸症大为好转，故仍守原方以资巩固。

2. 阳　痿

（1）阴虚湿热案

赵某，男，25 岁。

初诊：2013 年 10 月 18 日。自诉近 1 月来性欲减退，行房时举而不坚。遗精，5 天 1 次。疲倦乏力，手脚心热，小便黄，大便稀，面生痤疮，失眠多梦，记忆力减退，喜叹息，情志抑郁，口中黏腻，纳差。脉沉滑数，舌红，苔黄根厚中裂。

诊断：阳痿。

辨证：阴虚夹湿，心肾不交。

治法：滋阴清热除湿，交通心肾。

方剂：自拟方。

药物：太子参 15 g　　生地黄 10 g　　丹参 15 g　　远志 10 g
　　　石菖蒲 10 g　　酸枣仁 15 g　　巴戟天 15 g　　肉苁蓉 15 g
　　　淫羊藿 20 g　　莲子心 10 g　　盐黄柏 10 g　　生甘草 3 g
　　　苍术 15 g　　　茯苓 15 g　　　泽泻 20 g　　　知母 15 g

二诊：2013 年 10 月 25 日。上方服 7 剂，性欲较前增加，服药期间已不遗精，乏力好转，睡眠及记忆力改善，情绪改善，觉阴囊松弛感，手足心发热，纳可，尿黄，大便已成形。脉弦细，舌红，苔薄黄。

辨证：阴虚火旺，湿热夹杂。

治法：滋阴清热利湿。

方剂：天王补心丹加减。

药物：南沙参 15 g　　生地黄 10 g　　丹参 15 g　　麦冬 15 g
　　　制远志 10 g　　五味子 10 g　　桔梗 10 g　　柏子仁 15 g
　　　酸枣仁 15 g　　莲子心 10 g　　淫羊藿 20 g　　盐黄柏 15 g
　　　肉苁蓉 15 g　　巴戟天 10 g　　茯苓 15 g　　泽泻 20 g

三诊：2013 年 11 月 1 日。服药 5 剂后感觉效果明显，夫妻生活较前理想，其他症状都已大为改善。继服上方 7 剂，随访病已痊愈。

按语：《类证治裁·阳痿》谓："亦有湿热下注，宗筋弛纵而致阳痿者。"阳痿单纯属湿热证者较少，临床往往兼见他证。本例属湿热下注兼阴虚证者，故以滋阴液、利湿热为法。但应注意滋阴易助湿，祛湿易伤阴，故组方应考虑选用于阴虚、湿热两者皆宜之药。如生地滋阴液而不易助湿，茯苓、泽泻除湿利小便而不易伤阴，两者相辅相成而易奏功。初诊患者呈心肾不交而兼夹湿热之象，故张之文教授选用丹参、酸枣仁、远志、石菖蒲、莲子心等补养心神；生地、巴戟天、肉苁蓉、淫羊藿等调补肾中阴阳；苍术、茯苓、泽泻、黄柏、知母等清热燥湿利小便。巴戟天、肉苁蓉、淫羊藿皆有兴阳振痿之功，临证时可根据辨证情况酌加方内。二诊时患者属阴虚夹湿热之证，考虑患者原有心神不安症状，故张之文教授选方天王补心丹以滋阴养血、补心安神，同时加用兴阳、祛湿之药。阴液得以滋养，心神得以补养，湿热得以祛除，阳道得振，方药得效，故继服 7 剂而诸症自痊。

（2）脾肾阳虚案

杨某，男，45岁。

初诊：2014年4月30日。阳事不举2月余，伴腰痛，周身乏力，身酸痛，胸脘痞闷。太阳穴微胀痛，情志抑郁，精神萎靡，体稍胖，眠可，指尖有针刺感。早晨难醒，纳差，小便正常，大便不成形。脉沉细无力，舌暗红，苔白稍厚。

诊断：阳痿。

辨证：脾肾阳虚，命门火衰。

治法：温补脾肾，壮阳兴痿。

方剂：安肾汤加减。

药物：炙黄芪50 g　　桂枝18 g　　鹿角片15 g　　制附片10 g
　　　葫芦巴10 g　　淫羊藿30 g　　小茴香10 g　　韭菜子15 g
　　　炙甘草3 g　　　生地10 g

二诊：2014年5月7日。上方服7剂，性功能较前有所恢复，腰已不酸，精神好转，纳食增加，脘痞好转，失眠多梦，胸闷心悸，口苦，大便较成形。脉弦细，舌红偏胖大多津。前法再进。

药物：生晒参15 g　　炙黄芪30 g　　桂枝15 g　　葫芦巴10 g
　　　制远志10 g　　石菖蒲15 g　　小茴香10 g　　菟丝子10 g
　　　淫羊藿30 g　　炙甘草3 g　　鹿角片15 g

三诊：2014年5月14日。上方继服7剂，性功能已基本恢复。睡眠好转，胸闷心悸症状减轻，四肢酸痛乏力。二诊方加苍术15 g、薏苡仁20 g、茯苓20 g，继服7剂。

按语：《景岳全书·阳痿》篇曰："（阳痿）火衰者十居七八，火盛者仅有之耳。"真阳不足、命门火衰导致的阳痿为临床常见，治疗应抓住病机，虚者宜补，无火者宜温。正如《内经》所云："形不足者，温之以气。"选药宜用血肉有情温润之品，不可过用温热刚燥之剂，以防伤及真阴。对于阳气虚衰者，张景岳云："阳虚者，宜补而兼缓，桂、附、干姜之属是也。"本例患者为中年人，阳气渐虚，后天脾阳不足则纳差、脘痞、大便质稀，先天肾阳不足则阳事不举、腰痛、乏力。首诊张之文教授以大量黄芪补气健脾，伍以桂枝、制附子等以温脾阳；下焦肾阳不足则选用葫芦巴、淫羊藿、小茴香、制附子等温肾补火；选用血肉有情之品鹿角片以补肾填精，使生化有源；加用生地以防温燥之弊，又可滋阴补血，使阴阳调和。二诊患者夜寐不安，胸闷心悸，故加用生晒参、石菖蒲、制远志以养心气，心神安定则有助于心肾相交。三诊患者诸症大减，唯苔厚腻脉弦，为痰饮内蓄，故加苍术、茯苓、薏苡仁以燥湿健脾利水。阳痿一证，老年多虚证而青年人多实证，但不可一概而论，应明辨病机，以证为准绳遣方用药，才能取得较好疗效。

（六）其他病案

1. 气血津液病案

（1）郁证案

杨某，女，40岁。

初诊：2017年5月5日。近1月来喜悲伤欲哭，忧虑，焦虑面容，疲乏，手足汗多，月经不调，畏寒怕冷，不寐，大便不成形，舌质暗红，苔薄微黄，脉缓。

诊断：郁证。

辨证：脾肾阳虚，心神失养。

治法：温补脾肾，养心安神。

方剂：安肾汤加减。

药物：鹿角 10 g　　　葫芦巴 10 g　　　大菟丝子 10 g　　　韭菜子 10 g
　　　远志 10 g　　　石菖蒲 10 g　　　酸枣仁 35 g　　　灵芝 10 g
　　　蜜炙黄芪 15 g　　生甘草 3 g

6剂，水煎服。

二诊：2017年5月12日。喜悲伤欲哭、忧虑症状明显好转，疲乏感消失，睡眠较前改善，手足汗多，畏寒怕冷，自觉左手皮肤偶有瘙痒，经期提前。上方加小茴香 10 g、秦艽 10 g、生黄柏 10 g、百合 20 g。6剂，水煎服。

三诊：2017年5月19日。与焦虑相关症状基本消失，唯手足汗多，畏寒怕冷，大便先干后稀。效不更方，前法出入。

药物：鹿角 10 g　　　葫芦巴 10 g　　　菟丝子 10 g　　　远志 10 g
　　　石菖蒲 10 g　　酸枣仁 35 g　　　灵芝 10 g　　　蜜炙黄芪 15 g

| 生甘草 3 g | 小茴香 10 g | 秦艽 10 g | 生黄柏 10 g |
| 百合 20 g | 干姜 10 g | 薏苡仁 15 g | |

6剂，水煎服。

按语：中医认为焦虑症多与心、肝二脏相关，而多忽视其与肾脏的关联。焦虑症病人临床主要表现为紧张不安、惊慌恐惧，与"肾藏志，应惊恐"的理论相对应。《灵枢·经脉》："肾足少阴之脉……气不足则善恐"，调整肾之阴阳平衡，以达"阴平阳秘"是治疗焦虑症的关键。本案患者疲乏、畏寒怕冷、大便不成形，乃脾肾阳虚之证，《素问·生气通天论》云："阳气者，精则养神，柔则养筋"，以安肾汤加减，温补脾肾，远志、石菖蒲、酸枣仁开窍定志，养心安神，后方均以此方为基础加减治疗，疗效显著。

（2）瘰疬案

马某，女，48岁。

初诊：2016年3月3日。淋巴结核，潮热口干，右侧咽充血，神疲乏力，纳食较差，眠可，大便溏，小便调，舌红苔腻，脉沉取力弱。

诊断：瘰疬。

辨证：气虚痰凝。

治法：益气化痰，消瘰止痛。

方剂：消瘰丸加味。

药物：
党参 15 g	炒白术 15 g	砂仁 10 g	浙贝母 10 g
牡蛎 30 g	炒土鳖 10 g	夏枯草 15 g	玄参 15 g
莪术 10 g	赤芍 15 g	僵蚕 10 g	炒没药 10 g
甘草 3 g	柴胡 10 g		

二诊：2016年5月19日。右侧锁骨淋巴结减小，右侧颈酸痛，神疲乏力，纳食好转，眠差，大便溏。仍以前法进退。

药物：
党参 15 g	炒白术 15 g	陈皮 15 g	浙贝母 10 g
牡蛎 20 g	夏枯草 15 g	玄参 15 g	制鳖甲 10 g
炒土鳖虫 10 g	莪术 10 g	没药 10 g	丹参 15 g
甘草 3 g	酸枣仁 15 g		

三诊：2016年6月30日。淋巴结核，咽喉痛，神疲乏力，时有头晕，纳食尚可，眠可，大便稀溏，小便调。拟益气养血，化痰消瘰止痛。

药物：党参 15 g　　黄芪 20 g　　炒白术 15 g　　陈皮 15 g
　　　茯苓 20 g　　当归 12 g　　白芍 12 g　　制鳖甲 10 g
　　　炒土鳖 10 g　　浙贝母 10 g　　玄参 15 g　　牡蛎 30 g
　　　莪术 10 g　　鸡血藤 15 g　　炙甘草 3 g

按语：《灵枢·寒热篇》曰："寒热瘰疬在于颈腋者，皆何气使生？""此皆鼠瘘寒热之毒气也，留于脉而不去者也。"《素问·生气通天论》曰："陷脉为瘘，留连肉腠"。此案患者症退后神疲乏力，气虚痰凝，故张之文教授以益气化痰、消瘰止痛为主法，后佐以养血健脾，则脾胃充健、化源得力，气血自充，以达消瘰之功。

（3）肝阴不足、气机郁滞悬饮案

杨某，女，24 岁。

初诊：2014 年 5 月 23 日。右肺肺炎 1 月余。患者 1 月前因感冒，胸闷、气短、乏力、咳嗽、微恶寒，遂就诊当地医院辅查 DR 及血常规等相关检查诊断为"急性肺炎"，予抗感染等药物治疗 7 天后，胸闷、咳嗽、微恶寒症明显减轻，继予口服抗感染的药物。3 天前复查 DR 示：右侧胸腔积液（具体数值不详），目前右侧胸胁痛，气短乏力，手足心汗出，纳差，大便干，舌尖红，苔薄白，脉细缓。

诊断：悬饮。

辨证：肝阴不足，气机郁滞。

治法：滋阴疏肝，活血通络。

方剂：一贯煎加减。

药物：北沙参 15 g　　麦冬 15 g　　枸杞子 15 g　　当归 10 g
　　　生地黄 10 g　　延胡索 15 g　　桃仁 15 g　　赤芍 15 g
　　　竹叶柴胡 10 g　　山药 20 g　　石斛 15 g　　生山楂 15 g
　　　建曲 10 g　　生甘草 3 g

7 剂，水煎服。

二诊：2014 年 5 月 30 日。症见：右胸胁痛减轻，乏力及手足心汗症状缓解，短气依旧，大便由干变为正常。拟益气生津，活血通络。

药物：生晒参 10 g　　蜜炙黄芪 30 g　　麦冬 15 g　　五味子 10 g
　　　枳壳 20 g　　苦杏仁 15 g　　山药 15 g　　茯苓 20 g

陈皮 15 g　　　　桃仁 15 g　　　　赤芍 15 g　　　　生甘草 3 g

7剂，水煎服。

三诊：2014年6月6日。症见：右胸胁痛明显减轻，短气乏力及手足心汗症状较前减轻，目前右下肺有牵扯感。上方减山药、茯苓、赤芍，加陈皮15 g、肉桂 10 g。7剂，水煎服。

四诊：2014年6月13日。症见：右侧胁肋部隐痛，吸气时感明显，短气乏力及手足心汗症状大减。6月10日复查CT提示：病灶较前缩小。治拟益气生津，疏肝理气。

药物：生晒参 10 g　　蜜炙黄芪 30 g　　麦冬 15 g　　五味子 10 g
　　　枳壳 20 g　　　苦杏仁 15 g　　　陈皮 15 g　　蜜甘草 5 g
　　　肉桂 10 g　　　赤芍 15 g　　　　竹叶柴胡 15 g　青皮 20 g
　　　金荞麦 30 g　　黄芩 15 g

7剂，水煎服。

五诊：2014年06月20日。症见：右侧胁肋部轻微隐痛，短气症状改善，口干，大便时稀。上方减肉桂，加桃仁 15 g、枳实 15 g

7剂，水煎服。

按语：《金匮要略·痰饮咳嗽病脉证并治》载："饮后水流在胁下，咳唾引痛，谓之悬饮。"悬饮证见胁下胀满，咳嗽或唾涎时两胁引痛，甚则转身及呼吸均牵引作痛，心下痞硬胀满，或兼干呕、短气，头痛目眩，或胸背掣痛不得息。悬饮类似西医之胸腔积液，治疗常用攻逐水饮之法，如十枣汤。本案张之文教授结合病史和症状考虑：患者因外感治疗后水饮留滞，停聚胁下，兼素体阴津不足，肝体失养，肝络失和，因水饮阻络，酿致肝气郁滞，饮邪阻滞，肝脉不通。故张之文教授首诊选用滋阴疏肝，活血通络的一贯煎加减，配加山药、石斛养胃饮润养肝络，对症酌加延胡索、桃仁、赤芍、生山楂行气活血，化瘀止痛。二诊患者胁肋隐痛减轻，阴虚症状缓解，气虚存在，变方生脉散加减，坚守养阴生津，活血通络基础上，添加补元气的生晒参、蜜炙黄芪。三诊患者上症继续减轻，胁肋隐痛明显减轻，去掉活血通络之品，恐耗气伤津。四诊患者复查病灶缩小，继予生脉散益气养阴，合用柴胡疏肝散加强疏肝通络。五诊药在四诊方基础上加桃仁、枳实活血通络以善后。

（4）饮停胸胁悬饮案

唐某，男，41岁。

初诊：2016年9月29日。右胸腔积液1月余。目前右胁肋隐痛，呼吸加快时疼痛明显，行走快时稍感气短，伴胸闷，咳嗽，痰白质稀，口干，舌红，苔薄黄，脉弦缓。CT检查示：右侧胸腔积液伴胸膜增厚。

诊断：悬饮。

辨证：饮停胸胁。

治法：泻肺祛水，疏肝解郁。

方剂：椒目瓜蒌汤合四逆散加减。

药物：葶苈子15 g　　枳壳30 g　　桔梗20 g　　瓜蒌皮15 g
　　　白芥子10 g　　桑白皮20 g　　茯苓30 g　　益母草30 g
　　　车前子30 g　　柴胡10 g　　赤芍15 g　　甘草3 g

10剂，水煎服。

二诊：2016年11月3日。诸症均减少，复查CT显示：胸部积液减少。仍予前法化裁。

药物：柴胡10 g　　枳实30 g　　枳壳15 g　　赤芍15 g
　　　桑白皮15 g　　茯苓皮30 g　　车前子30 g　　葶苈子30 g
　　　益母草30 g　　白芥子10 g　　瓜蒌皮15 g　　杏仁15 g
　　　桃仁15 g　　甘草3 g

10剂，水煎服。

按语：本案患者为饮停胸胁证，水饮留滞胁下，阻痹脉络，症见胸痛；饮邪留窜，肺失清肃，故见胸闷、咳嗽气短；津液停聚不能上承润养，见口干、咽痛；肝气拂逆，呼吸加快后胁肋引痛。张之文教授选用椒目瓜蒌汤合四逆散加减，泻肺祛水，疏肝解郁。方中桑白皮、葶苈子、白芥子泻肺逐饮；枳壳、桔梗升降宣肃肺气；瓜蒌皮宽胸利膈化痰；茯苓、益母草、车前子健脾利水；四逆散疏肝理气。药后上症明显减轻，继予上方，茯苓改茯苓皮，增加桃仁，加强走表利水通络的功效。

（5）阳虚寒盛、卫阳不固汗证案

刘某，女，45岁。

初诊：2013年4月28日。汗多、畏寒5年。患者近5年来出现动则冷汗淋漓，甚则浸湿衣被，手脚冰凉。自诉情绪易过激，精神不振，难以入睡，睡时易醒。5年来反复延请他医诊治，多投温肾壮阳之剂，效不甚著。舌淡红，苔薄白，脉短数。

诊断：汗证。

辨证：阳虚寒盛，卫阳不固。

治法：温阳散寒，敛阴止汗。

方剂：四逆汤加减。

药物：白附片10 g　　干姜15 g　　蜜甘草5 g　　桂枝15 g
　　　小通草10 g　　远志10 g　　炒酸枣仁15 g　牡蛎30 g
　　　浮小麦30 g　　乌梅10 g　　生白芍10 g

二诊：上方服用10剂，患者诉自汗量大减，近日来腰腿酸软冷痛。阴寒内盛，肾元不固，拟温阳散寒，补肾填精。

药物：党参15 g　　白附片10 g　　炒白术15 g　　生白芍15 g
　　　茯苓20 g　　烫骨碎补15 g　怀牛膝15 g　　桂枝15 g
　　　干姜15 g　　酒川芎15 g　　蜜甘草5 g　　麻黄5 g
　　　鹿角霜15 g　炒芥子10 g　　淫羊藿20 g　　当归15 g

上方再服10剂，患者诸症悉减，随访半年，未再复发。

按语：《灵枢·本藏》云："卫气者，所以温分肉，充皮肤，肥腠理，司开合者也"。若阴寒内盛，则阳气虚弱，津液流行不畅以致不能实于卫，则卫气就不能发挥其功效，腠理不固，开合失司，故可冷汗出，此汗当为虚汗。此案患者内寒伏于里致阳气闭郁，张之文教授准确辨证施治，以稍小剂量四逆汤温中散寒，固摄阳气，同时加入桂枝、通草以取通阳之效；再兼收涩敛阴之品，如牡蛎、浮小麦、白芍等味，佐以远志、酸枣仁安其神，张弛有度，共收奇效。二诊患者上症稍复，然久病体虚或素体不健，呈肾精亏损之症候，针对此症，张之文教授采用脾肾同治之法，即以附子理中汤为基础加入填精补髓兼补气血之药味，既固护胃阳之气又滋补肾阴肾阳，为先后天同治之法。同时佐以少量解表之剂（如麻黄）以解其表证，用方可谓准确全面。

（6）湿热内盛、气阴亏损汗证案

邓某，男，34岁。

初诊：2012年9月7日。反复汗多2周。患者2周前因工作劳累出现身体倦怠乏力，头晕不适；大腿内侧频频汗出，呈明黄色且量多有异味；饮食、二便尚可。舌苔黄厚满布，脉浮缓。

诊断：自汗。

辨证：湿热内盛，气阴两虚。

治法：益气养阴，清热祛湿。

方剂：东垣清暑益气汤加减。

药物：南沙参30 g　　黄芪20 g　　白术15 g　　苍术15 g
　　　青皮15 g　　　黄柏15 g　　薏苡仁20 g　牡丹皮10 g
　　　防己10 g　　　升麻10 g　　甘草3 g

二诊：上方服用5剂后，大腿内侧黄色汗液明显减少，疲倦感及头晕大为减轻。上方黄芪改30 g、黄柏改10 g、薏苡仁改30 g，减青皮，加葛根15 g、茵陈15 g、茯苓20 g、远志10 g、菖蒲10 g、滑石10 g。

三诊：上方再服5剂后，患者大腿内侧黄汗、头晕等症状基本消失。效不更方，仍用前法。

药物：党参15 g　　黄芪30 g　　炒白术15 g　苍术15 g
　　　薏苡仁20 g　草果10 g　　杏仁15 g　　茵陈15 g
　　　生黄柏10 g　远志10 g　　升麻10 g　　粉葛10 g
　　　黄芩10 g

连服7剂后，继续观察患者病情，未再复发。

按语：吴瑭在《温病条辨》中提到："汗也者，合阳气阴津蒸化而出者也。"如果气虚失于固涩，则会导致汗证。本案患者气阴两虚，湿邪内阻，故汗出而黏黄。张之文教授以东垣清暑益气汤为主，益气养阴，清热除湿而取效。王孟英谓东垣清暑益气汤"有清暑之名而无清暑之实"，张之文教授以为不然，并认为东垣的暑包括湿热在内，其方是治疗夏月间常见的气阴两虚、湿热内阻的效方，其使用频次可能高过王孟英的清暑益气汤。

（7）阴虚内热、表卫不固汗证案

张某，男，71岁。

初诊：2017年4月28日。盗汗2年余，加重伴自汗1月。患者2年前无故出现夜间盗汗，汗出以颈背部为主，常常沾湿衣被，无畏寒、发热之象。1月来患者时有不自主汗出，自觉烦热难忍，偶有轻微咳嗽，无咯痰。大便平素干结难解，睡眠较差，易于惊醒。视之双侧颧部皮肤潮红，舌质淡，苔薄黄，脉浮且弦。

诊断：汗证。

辨证：阴虚内热，表卫不固。

治法：滋阴泻火，固表止汗。

方剂：当归六黄汤加减。

药物：天麻 15 g　　　生地黄 10 g　　　黄连 9 g　　　酸枣仁 15 g
　　　当归 10 g　　　牡蛎 30 g　　　五味子 10 g　　　浮小麦 30 g
　　　生甘草 3 g

二诊：上方服用 7 剂，患者自汗、盗汗症状明显减轻，大便易解出，一日一行，食欲尚佳，睡眠略差。前法进退。

药物：天麻 15 g　　　生地黄 10 g　　　黄连 9 g　　　酸枣仁 35 g
　　　牡蛎 30 g　　　五味子 10 g　　　浮小麦 30 g　　　生甘草 3 g
　　　僵蚕 10 g　　　百合 20 g　　　灵芝 10 g　　　枳壳 20 g

上方再服 7 剂，诸症悉减，已无自汗、盗汗之症状，睡眠质量较前明显改善，嘱其继续善后服用六味地黄丸调理，后随访半年未复发。

按语：《医宗金鉴·删补名医方论》谓："寤而汗出曰自汗，寐而汗出曰盗汗。阴盛则阳虚不能外固，故自汗；阳盛则阴虚不能中守，故盗汗。若阴阳平和之人，卫气昼则行阳而寤，夜则行阴而寐，阴阳既济，病安从来？惟阴虚有火之人，寐则卫气行阴，阴虚不能济阳，阴火因盛而争于阴，故阴液失守外走而汗出；寤则卫气复行出于表，阴得以静，故汗止矣。用当归以养液，二地以滋阴，令阴液得其养也"。此案患者年老体衰，阴液耗散，无以制阳，阴液愈加不守，汗液蒸越外出，是以盗汗、自汗并见。张之文教授以经典的治疗阴虚盗汗之当归六黄汤立方，但不拘于原方，另立思路。他以辛温之天麻为首，看似与病情矛盾，实则温而不燥，可行助阳通脉之效；此患者实火较轻，故去黄芩、黄柏，同时加入多味对症敛汗之品。二诊患者主症已大为缓解，但睡眠较差，可考虑因年老气阴亏损所致，故加入百合、灵芝等益气养阴之品，同时加入善走窜之品僵蚕、理气行气之品枳壳，以期引药直达病所，共收其功。

（8）湿热下注阴汗案

邓某，男，35岁。

初诊：2013年10月25日。阴囊潮湿2月余，服中西药物不效。刻症：阴囊潮湿伴异味、包皮红肿，小便黄，易生口疮，左脉细，右脉浮大，舌苔黄腻满布稍厚。

诊断：阴汗证。

辨证：湿热下注，经脉阻滞。

治法：清热燥湿，利尿通络。

方剂：四妙散加减。

药物：苍术 15 g　　怀牛膝 15 g　　薏苡仁 30 g　　茯苓 20 g
　　　泽泻 10 g　　盐黄柏 15 g　　蒲公英 30 g　　桃仁 15 g
　　　生甘草 3 g

二诊：2013年11月1日。上方服5剂，阴囊潮湿减轻，包皮红肿减轻，口疮好转，偶咳，痰稍黄。

药物：苍术 15 g　　怀牛膝 15 g　　薏苡仁 20 g　　干姜 10 g
　　　砂仁 10 g　　生黄柏 15 g　　苦参 10 g　　　蒲公英 20 g
　　　青黛 10 g　　桃仁 10 g　　　生甘草 3 g

三诊：2013年11月14日。上方服3剂，诸症均减，阴囊略痒。效不更方。

药物：苍术 15 g　　怀牛膝 15 g　　薏苡仁 20 g　　生黄柏 20 g
　　　赤芍 15 g　　蒲公英 30 g　　苦参 10 g　　　秦艽 10 g
　　　蛇床子 10 g　生甘草 3 g　　 青黛 5 g

服4剂后，阴囊潮湿痊愈。

按语：《张氏医通·杂门·汗》云："阴汗，阴间有汗，属下焦湿热""当归龙荟丸及二妙散俱效"。本例患者脉证合参属湿热下注无疑，故张之文教授以四妙散清热燥湿，茯苓、泽泻淡渗利尿，桃仁、蒲公英清热活血解毒。二诊患者咳痰稍黄，用青黛、苦参等清热化痰，干姜、砂仁温运脾阳。三诊诸症大减，阴囊略痒，故用蛇床子、秦艽等风药以祛风止痒。

（9）脾胃气虚、阴火内生案

孙某，男，27岁。

初诊：2014年5月24日。反复发热2周。患者3年前于当地医院诊断为"脾功能亢进",未行外科手术治疗,此后多次检查白细胞低于正常水平。2周前突发低热,乏力殊甚,食欲大减,口干不欲饮水,时测腋温 37.3℃。舌红苔白,脉细微数。

诊断:内伤发热。

辨证:脾胃气虚,阴火内生。

治法:补益脾气,滋阴清热。

方剂:补中益气汤加减。

药物:生晒参 15 g   黄芪 15 g   白术 15 g   当归片 10 g
　　　大枣 10 g   醋柴胡 10 g   升麻 10 g   醋鳖甲 10 g
　　　牡丹皮 10 g   盐知母 10 g   天花粉 10 g   炙甘草 3 g

二诊:上方服用 2 剂后发热即止,服用 7 剂后上述症状悉减。然患者仍自觉偶烦躁潮热。余热未尽,阴虚内热,拟秦艽鳖甲散加减。

药物:秦艽 15 g   醋鳖甲 15 g   盐黄柏 15 g   盐知母 10 g
　　　青蒿 10 g   牡丹皮 15 g   酒赤芍 15 g   醋柴胡 10 g
　　　天花粉 10 g 防己 10 g   薏苡仁 15 g   姜黄 10 g
　　　炙甘草 3 g

上方服用 5 剂后,诸症悉除,后随访续观,至今未再发作。

按语:李东垣在《脾胃论·饮食劳倦所伤始为热中论》中指出:"内伤不足之病,苟误认作外感有余之病而反泻之,则虚其虚也……惟当以辛甘温之剂补其中而升其阳,甘寒以泻其火则愈矣。《经》曰'劳者温之,损者温之',又云:'温能除大热',大忌苦寒之药损其脾胃。"本案患者脾胃气虚,升降失常,清阳下陷,湿邪下流,阳气郁而生热,阴火内生,故低热持续。张之文教授采用东垣补中益气汤甘温益气之品,补气升阳,佐入滋阴清热之品。二诊患者脾阳得复,但阴虚内热之象显露,故烦躁潮热,故以秦艽鳖甲散滋阴清热以善后。

(10)脾胃湿阻、阴虚内热案

何某,女,52 岁。

初诊:2009 年 10 月 12 日。自觉全身多处发热半年余,尤以手足心热为甚。症见日间后背自汗绵绵,汗后湿衣;平素自感骨蒸潮热,夜间加重,事务烦琐,心烦易怒,且食欲不佳,大便稀薄。视之全身皮肤微红,面部为重,舌体稍胖，苔白厚腻，脉沉。

诊断：阴虚内热。

辨证：脾胃湿阻，阴虚内热。

治法：滋阴清热，健脾祛湿。

方剂：清骨散加减。

药物：生地黄 10 g　　生黄柏 10 g　　鳖甲 10 g　　盐知母 10 g
　　　砂仁 10 g　　　茯苓 30 g　　　莱菔子 10 g　法半夏 10 g
　　　焦山楂 15 g　　白薇 10 g　　　银柴胡 10 g　生甘草 3 g

7 剂，水煎服。

二诊：10 月 15 日。诉上方服用 2 剂后觉手足发热顿减。10 月 21 日，7 剂服完后自汗频率较前明显降低，食欲转佳，大便略结。视之全身皮肤已无潮红。上方加熟大黄 5 g、秦艽 15 g，继服。

连服 10 剂后，诸症悉除，后随访观察未再发病。

按语：朱丹溪《格致余论·恶寒非寒病恶热非热病论》云："阴虚则发热，夫阳在外，为阴之卫；阴在内，为阳之守。精神外驰，嗜欲无节，阴气耗散，阳无所附，遂致浮散于肌表之间而恶热也。实非有热，当作阴虚治之，而用补养之法可也。"本案患者为典型围绝经期中年女性阴液亏损之证，故自汗与骨蒸潮热并见，纳差、苔厚提示湿阻于中。故张之文教授以清骨散加减滋阴清热，佐砂仁、茯苓、法半夏、焦山楂、莱菔子运脾除湿消滞，效果明显。

2. 肢体经络病案

（1）肝肾亏虚夹瘀痹证案

周某，女，70 岁。

初诊：2016 年 10 月 13 日。患者下肢关节痛，腰痛，自汗，肢冷，大便较多，舌质暗，右侧苔偏厚而腻，脉缓。

诊断：痹症。

辨证：肝肾亏虚夹瘀证。

治法：培补肝肾，祛瘀舒筋止痛。

方剂：独活寄生汤加减。

药物：生晒参10 g　　制附片12 g　　炒白术12 g　　制天南星12 g
　　　茯苓15 g　　　桂枝12 g　　　干姜10 g　　　续断12 g
　　　杜仲12 g　　　桑寄生12 g　　独活12 g　　　乌梢蛇10 g
　　　木瓜10 g　　　红花10 g　　　川牛膝12 g　　炙甘草3 g

4剂，水煎服。

二诊：2016年11月10日。膝关节痛，左踝关节痛，麻木感缓解，眠差，舌暗，苔白厚。前法出入。

药物：党参15 g　　　制附片12 g　　干姜12 g　　　炒白术12 g
　　　制南星10 g　　五加皮12 g　　千年健12 g　　豨莶草12 g
　　　炒没药10 g　　怀牛膝12 g　　杜仲12 g　　　桑寄生12 g
　　　独活12 g　　　甘草3 g　　　　当归12 g　　　赤芍12 g

4剂，水煎服。

连服20剂后，诸症悉减，嘱继续服用原方，症状渐好转。

按语：《济生方·痹》云："皆因体虚，腠理空疏，受风寒湿气而成痹也"。此方所治之痹症，多由外感寒湿邪气，久羁不去，累及肝肾，耗伤气血所致。肾阳亏虚，温煦失职，则腰痛，肢冷；阳虚，卫外不固，则自汗；肾主骨，肝主筋，肾虚骨失所养，肝精血亏虚，筋失濡养，则下肢关节痛；瘀血阻滞，则舌质暗。故制附片、干姜、炙甘草、桂枝温阳祛湿；生晒参、炒白术、茯苓健脾祛湿；续断、杜仲、桑寄生、牛膝补肝肾，强筋骨；独活、乌梢蛇去风湿；木瓜舒筋和络，和胃化湿；红花活血祛瘀。诸药合用，使风湿得除，肝肾得补，气血充足，诸症自愈。

（2）脾肾阳虚关节痹案

张某，女，45岁。

初诊：2014年10月15日。患者膝冷，上肩臂冷痛，肢冷畏寒，疲倦，眠差，月经量少，脉沉缓，舌淡暗，苔薄白。

诊断：痹病。

辨证：脾肾阳虚。

治法：温肾助阳，燥湿健脾。

方剂：安肾汤加减。

药物：生晒参 15 g　　鹿角片 15 g　　桂枝 18 g　　葫芦巴 10 g
　　　制附片 15 g　　菟丝子 15 g　　小茴香 10 g　　远志 10 g
　　　石菖蒲 15 g　　酸枣仁 30 g　　五味子 10 g　　甘草 5 g

10 剂，水煎服。

二诊：2014 年 11 月 12 日。患者膝、肩等关节冷较前好转，但遇风、受冷则加重，甚则痛。拟前法再进。

药物：生晒参 15 g　　黄芪 20 g　　制附片 15 g　　鹿角片 15 g
　　　葫芦巴 10 g　　桂枝 15 g　　菟丝子 15 g　　小茴香 10 g
　　　榧子 15 g　　制远志 10 g　　酸枣仁 30 g　　当归 5 g
　　　甘草 5 g

连服 20 剂后，症状渐好转，未来复诊。

按语：《素问·痹论》说："五脏皆有合，病久而不去者，内舍于其合也。故骨痹不已，复感于邪，内舍于肾。筋痹不已，复感于邪，内舍于肝。脉痹不已，复感于邪，内舍于心。肌痹不已，复感于邪，内舍于脾。皮痹不已，复感于邪，内舍于肺。"阳虚虚寒内生，加之卫外失职，则易感风寒邪气，故出现膝冷、上肩臂冷痛、肢冷、畏寒等一派寒证表现；脾虚，气血生化不足，脏腑组织失养，故疲倦，眠差；脾主生血统血，脾虚，气血生化不足，故月经量少。故用生晒参补气；鹿角片补阳；制附片温阳；桂枝温通阳气；制远志、石菖蒲交通心神，补肾宁心；酸枣仁安神等。诸药合用，使阳虚得补，寒邪得去，诸症自愈。

（3）肝肾气逆、筋络失养颤证案

刘某，男，59 岁。

初诊：2017 年 5 月 5 日。肢体颤动，潮热，自觉气从小腹上冲，胸背刺痛，气短，疲乏，眠差，平素服用安定，纳差腹胀，大便秘结，舌淡，苔白稍厚满布欠润，脉缓。

诊断：颤证。

辨证：肝肾气逆，筋络失养。

治法：养肝舒筋，滋阴潜阳。

方剂：加减养筋汤。

药物：南沙参 15 g　　　生地黄 15 g　　　麦冬 15 g　　　阿胶 10 g
　　　火麻仁 15 g　　　鳖甲 10 g　　　牡蛎 30 g　　　酸枣仁 20 g
　　　远志 10 g　　　　石菖蒲 10 g　　蜜甘草 5 g

二诊：2017 年 6 月 23 日。服前方 4 剂后肢体颤动好转，至 10 余剂肢颤全消。现自觉气从小腹上冲，气短。前法进退。

药物：生晒参 10 g　　　生地黄 15 g　　　麦冬 15 g　　　阿胶 10 g
　　　火麻仁 15 g　　　鳖甲 10 g　　　牡蛎 30 g　　　酸枣仁 20 g
　　　远志 10 g　　　　石菖蒲 10 g　　蜜炙黄芪 15 g　　龙骨 30 g
　　　蜜甘草 5 g。

电话回访，服 10 余剂而痊愈。

按语：患者肢体颤动、冲气上逆乃肝肾阴虚，阴不潜阳养阳所致，故仿《辨证录》养筋汤意，以阿胶、鳖甲代巴戟天，用血肉有情之品荣养筋络，去甘温之熟地，易以甘凉之生地，增其滋阴之力而去其助火之虞。患者舌苔少津，故以沙参易白芍以生津；复诊肝阴已荣，逆气未平，故于原方中龙骨以降逆，易沙参为人参加黄芪以补其元气，10 余剂而痊愈。

3. 皮肤医案

（1）瘾疹案

李某，女，64 岁。

初诊：2013 年 10 月 18 日。全身淡红色风团，瘙痒夜甚，眠差，纳可，二便调，平素畏寒怕风，手脚冷，晚上气紧，晨起鼻流清涕，午后声音嘶哑。舌红，苔薄，脉缓。

诊断：瘾疹。

辨证：血虚风燥。

治法：养血祛风润燥。

方剂：玉屏风散、桂枝汤合当归饮子加减。

药物：生黄芪 10 g　　　防风 15 g　　　炒白术 15 g　　桂枝 15 g
　　　白芍 15 g　　　　干姜 10 g　　　大枣 10 g　　　辛夷 15 g
　　　荆芥 15 g　　　　当归 15 g　　　制首乌 10 g　　蒺藜 15 g

甘草 3 g

7剂，水煎服。

二诊：2013年11月8日。服上方后，出疹减少，瘙痒减轻，精神较前好转，睡眠改善能安稳休息5小时左右，晨起清涕明显减少，午后声音嘶哑已解，仍觉晚上气紧，畏寒、手脚冷，双目干涩。前法再进。

药物：太子参 15 g　　生黄芪 20 g　　当归 15 g　　制首乌 15 g
　　　辛夷 20 g　　　防风 15 g　　　荆芥 15 g　　蛇床子 10 g
　　　紫荆皮 15 g　　苦参 10 g　　　炙麻黄绒 10 g　丹参 15 g
　　　甘草 3 g　　　　苦杏仁 15 g

7剂，水煎服。

三诊：2013年11月29日。患者诉出疹较前减少，眠尚可，晚上仍觉气紧，下午气短加重，畏风冷，遇风冷易头痛。拟增加温补之品。

药物：太子参 20 g　　生黄芪 50 g　　当归 15 g　　制首乌 10 g
　　　鸡血藤 15 g　　防风 15 g　　　辛夷 15 g　　荆芥 15 g
　　　蛇床子 10 g　　紫荆皮 15 g　　炙麻黄绒 10 g　苦杏仁 15 g
　　　肉桂 10 g　　　补骨脂 15 g　　白附片 10 g　炙甘草 5 g

7剂，水煎服。

四诊：2013年12月9日。诉服上方后气短、气紧大减，出疹大减，畏寒减轻，已不觉疲倦，面色潮红，精神可，睡眠正常，二便调，舌红，苔薄黄，脉缓偏沉。上方减白附片，加枳实 20 g 继服7剂，水煎服。

按语：《诸病源候论·风瘙身体瘾疹候》载："邪气客于皮肤，复逢风寒相折，则起风瘙瘾疹。"风邪在该病的发病中起着主导作用，瘾疹或因寒、因热、因湿而起，每借风邪之力而入。此案首诊、二诊，患者出疹兼有气血不足之象，而投当归饮子加减，以养血祛风润燥，出疹虽有减少，但不尽如人意，气紧仍在。细思患者畏寒而手足冷，寒主收引致气紧，脉沉缓，有阴邪凝滞之象，遂投以桂附之品，兼以益气补血祛风止痒。至四诊时患者瘾疹、气紧已然大减，遂守法加减而收功。

（2）湿疮案

案例一：曾某，男，49岁。

初诊：2016年9月23日。湿疹10年余。反复皮疹发作伴瘙痒。刻症：上肢及躯干红斑、丘疹、水疱、渗出、结痂并存，呈散在分布，伴口渴，纳可，大便稀黏难解，舌红苔黄，脉浮弦。

诊断：湿疮。

辨证：湿热蕴结。

治法：清热祛湿，疏风止痒。

方剂：自拟方。

药物：辛夷 20 g　　防风 20 g　　荆芥 15 g　　蒺藜 15 g
　　　生黄柏 10 g　秦艽 15 g　　苦参 10 g　　蛇床子 10 g
　　　熟大黄 5 g　　白鲜皮 15 g　赤芍 15 g　　牡蛎 30 g
　　　甘草 3 g

7剂，水煎服。

二诊：2016年9月30日。服上方后，上肢皮疹稍减轻，躯干部未见明显变化，仍觉口渴，纳可，大便较前稍减轻，但仍觉难解。上方减白鲜皮，熟大黄改10 g，加黄芩15 g、天麻10 g、石膏20 g。

7剂，水煎服。

三诊：2016年10月14日。患者诉服上方后，上肢、躯干部皮疹明显减轻，渗出减少，服药后大便稀薄，约4次/天。前法续进。

药物：辛夷 20 g　　防风 20 g　　荆芥 15 g　　蒺藜 15 g
　　　生黄柏 5 g　　秦艽 10 g　　苦参 10 g　　蛇床子 10 g
　　　熟大黄 5 g　　赤芍 15 g　　牡蛎 30 g　　黄芩 15 g
　　　石膏 15 g　　桃仁 15 g　　甘草 3 g

7剂，水煎服。

四诊：2016年10月21日。上肢、躯干部皮疹较前稍减轻，大便正常，皮损区暗红色渐淡，口微渴。上方熟大黄改10 g、黄柏改10 g、石膏改20 g，减桃仁，加知母10 g、酸枣仁20 g。7剂，水煎服。

五诊：2016年11月4日。水样便，5次/天，上肢、躯干部皮疹较前减轻，腹股沟区新发皮疹，口微渴，面色潮红，眠可，舌红，苔薄黄，脉浮缓。前方调整。

药物：辛夷 20 g　　　　防风 20 g　　　　荆芥 15 g　　　　蒺藜 15 g
　　　生黄柏 10 g　　　秦艽 10 g　　　　苦参 10 g　　　　蛇床子 10 g
　　　赤芍 15 g　　　　黄芩 15 g　　　　石膏 20 g　　　　知母 10 g
　　　石斛 20 g　　　　牡丹皮 10 g　　　甘草 3 g

7 剂，水煎服。

六诊：2016 年 11 月 18 日。颈部少量新发皮疹，四肢、躯干部陈旧性皮疹，口微渴，面色潮红，大便可，舌红，苔薄，脉中取微弦。再进疏风止痒、凉血利湿。

药物：辛夷 20 g　　　　防风 20 g　　　　荆芥 15 g　　　　蒺藜 15 g
　　　生黄柏 10 g　　　秦艽 10 g　　　　苦参 10 g　　　　蛇床子 10 g
　　　牡丹皮 10 g　　　防己 10 g　　　　赤小豆 15 g　　　栀子 10 g
　　　淡竹叶 15 g　　　生地黄 10 g　　　甘草 3 g

7 剂，水煎服。

案例二：梅某，男，53 岁。

初诊：2016 年 9 月 22 日。下肢皮疹 1 月余。皮疹色红，挠破后流黄水，淋漓不止，伴瘙痒，皮肤干燥，二便调，舌红，苔薄黄，脉缓。

诊断：湿疮。

辨证：湿热蕴结。

治法：清热利湿，疏风止痒。

方剂：自拟方。

药物：辛夷 20 g　　　　防风 20 g　　　　荆芥 15 g　　　　蒺藜 15 g
　　　生地 10 g　　　　赤芍 15 g　　　　黄柏 10 g　　　　秦艽 15 g
　　　苦参 12 g　　　　蛇床子 12 g　　　牡蛎 30 g　　　　酸枣仁 30 g
　　　甘草 3 g　　　　　黄芩 15 g

7 剂，水煎服。

二诊：2016 年 09 月 29 日。左下肢皮疹消退，渗出减少，瘙痒减退。前法再进。

药物：辛夷 20 g　　　　防风 20 g　　　　荆芥 15 g　　　　葶苈子 12 g
　　　牡丹皮 12 g　　　赤芍 15 g　　　　黄柏 10 g　　　　秦艽 15 g

苦参 12 g　　　蛇床子 12 g　　　牡蛎 30 g　　　酸枣仁 10 g
甘草 3 g　　　黄芩 15 g

7剂，水煎服。

按语：《医宗金鉴·外科心法要诀》言："浸淫疮……此证初生如疥，搔痒无时，蔓延不止，抓津黄水，浸淫成片，由心火、脾湿受风而成。"该书中还指出："血风疮……此证由肝、脾二经湿热，外受风邪，袭于皮肤，郁于肺经，致遍身生疮，形如粟米，搔痒无度。抓破时，津脂水浸淫成片，令人烦躁，口渴，搔痒，日轻夜甚。"由此可见，湿疮由风湿热三邪搏于肌肤，营卫失调，气血不和所致。一案首诊，患者上肢及躯干部红斑、丘疹、水疱、流水、结痂并存，呈散在分布，瘙痒剧烈，正为风湿热三邪搏于肌肤，搏结气血之象。辛夷、防风、荆芥、刺蒺藜为张之文教授用以疏风止痒之常用药对，每于风邪为患之皮肤瘙痒，用之良效。后或大便难下，或口渴，或面红，或小便赤涩，其尊仲景"观其脉症，知犯何逆，随症治之"之旨，或以通下，或以生津，或以清解，或以利下，随症加减。二案以牡蛎收敛祛湿，体现"毒以聚之"，可见张之文教授辨证之准确、用药之灵活。

（3）蛇串疮案

李某，男，83岁。

初诊：带状疱疹10余天。经住院经治疗后效果欠佳，遂来求诊。刻症：右侧前胸及右后背部红色带状疱疹，可见成簇小水疱及部分结痂，小水疱周围红晕，皮损区域灼热刺痛，伴瘙痒，难以忍受；左侧耳痛，时有流黄水，伴头昏痛，咽痛，口干，纳差，腹部畏寒而嗜睡，小便黄，大便可。舌淡红，苔腻微黄，脉弦。

诊断：蛇串疮。

辨证：肝经郁热。

治法：清肝泻火，通络解毒。

方剂：自拟方。

药物：柴胡 10 g　　　赤芍 15 g　　　紫草 10 g　　　蜂房 10 g
马齿苋 20 g　　　薏苡仁 15 g　　　白豆蔻 10 g　　　延胡索 10 g

地龙 10 g	生地黄 5 g	大青叶 10 g	僵蚕 10 g
蝉蜕 10 g	丹参 15 g	甘草 3 g	

7剂，水煎服。

按语：《诸病源候论·疮病诸候》言："甑带疮者，绕腰生。此亦风湿搏血气所生，状如甑带，因以为名。"提出蛇串疮的发病是由风湿邪气与血气相搏结而生。《医宗金鉴·缠腰火丹》云："此证俗名蛇串疮，有干湿不同，红、黄之异。皆如累累珠形。干者色红赤，形如片云，上起风粟，作痒发热。此属肝、心二经风火，治宜龙胆泻肝汤。"认为本病属肝、心二经风热。本病患者，皮肤疱疹围以红晕，且焮热刺痛、瘙痒，张之文教授以本证为风湿热三邪杂至，客于肌肤，兼肝经血热，而发为蛇串疮。《本草正义》言："马齿苋最善解痈肿毒"，其性寒味酸，寒以清热解毒，酸以收敛祛湿。本证患者带状疱疹焮热作痒而痛，主以马齿苋再伍之赤芍、紫草、生地黄、大青叶、丹参等清热解毒、凉血活血之品，清热而不凉遏，使以柴胡引诸药入肝经而直达病所。虫药僵蚕、蝉蜕最擅祛风而止痒且宣通上焦，豆蔻燥湿，薏苡仁淡渗利湿，正和治湿以"宣上，畅中，渗下"之旨；《本草崇原》言："蜂房水土结成，又得雾露清凉之气，故主祛风清热，镇惊清热。"且蜂房质轻，性善走窜，又可祛风止痛，配延胡索止痛。《嘉祐本草》载地龙："涂丹毒，并敷漆疮效。"表明其功泄热解毒，对于风湿热结之疡科病证用之良效。诸药相合，分消三邪而使病患得复。此案可知张之文教授辨证之精细，深谙"其实者，散而泻之"之旨。

（4）黑疸案

刘某，中年妇女。

初诊：自诉5年前开始出现面颈部皮肤黧黑，曾在美容院及医院多次治疗后疗效均欠佳。因影响面容，颇为苦恼。症见：面颈部肤色黧黑，精神稍差，情志不畅，乏力，畏寒，纳稍差，眠可，二便可。舌淡红，苔白，脉缓。

诊断：黑疸病。

辨证：脾肾阳虚。

治法：健脾益肾，温补阳气。

方剂：安肾汤加减。

药物：党参 12 g　　炙黄芪 15 g　　鹿角片 10 g　　制附片 10 g
　　　葫芦巴 10 g　　五味子 10 g　　炒枣仁 30 g　　韭菜子 10 g
　　　小茴香 10 g　　菟丝子 12 g　　巴戟天 15 g　　桂枝 12 g
　　　干姜 10 g　　 炙甘草 3 g

5 剂，每日 1 剂，水煎服。

二诊：服药 5 剂后，现面颈部皮肤黑色减轻，畏寒好转，仍乏力。患者因症状改善，情绪有所好转。上方减巴戟天、桂枝、干姜，继服。

三诊：现肤色淡黑，较二诊好转，腰痛，畏寒乏力减轻，晨起双手紧绷。拟附子汤加减。

药物：太子参 15 g　　炒白术 15 g　　茯苓 30 g　　制附片 10 g
　　　白芍 10 g　　　桂枝 15 g　　　炒枣仁 30 g　　干姜 15 g
　　　炙甘草 3 g

5 剂，每日 1 剂，水煎服。

按语：黑疸之说见于《金匮要略》。黑为肾之本色，故黑疸多从肾虚考虑。如《扁鹊心书》云："由于脾肾二经，纵酒贪色则伤肾，寒饮则伤脾，故两目遍身皆黄黑色，小便赤少，时时肠鸣，四肢困倦，饮食减少，六脉弦紧，乃成肾痨。"安肾汤出自《温病条辨·下焦篇·寒湿》："湿久，脾阳消乏，肾阳亦惫者，安肾汤主之。"又说"凡肾阳惫者，必补督脉，故以鹿茸为君，附子、韭菜子等补肾中真阳，但以苓、术二味，渗湿而补脾阳，釜底增薪法也（其曰安肾者，肾以阳为体，体立而用安矣）。"其具体药物组成为鹿茸、葫芦巴、补骨脂、韭菜子、大茴香、附子、茅术、茯苓、菟丝子。张之文教授习用安肾汤治疗脾肾阳虚且有寒湿者，因阳虚日久生寒湿，如单纯温补则邪不得去，单去寒湿又恐伤阳气，必标本兼治才可。如此阳气复而寒湿去，则黑疸消退。三诊因见晨起双手紧绷，乃寒湿阻滞，经络不荣，故改用附子汤加减。脾肾阳虚寒湿引起的情志疾病、免疫力低下等，张之文教授也喜用安肾汤化裁治疗，临床疗效良好。

二、医 话

1. 大剂黄芪治尿血

张之文教授曾治疗 1 例 IgA 肾病并发尿血患者，其患病 2 年反复腰痛尿血，多处寻求中西医治疗，疗效均不佳。刻下症见：血尿，腰痛，疲乏，困倦面容，眼睑色淡，舌淡红，苔薄白，脉缓，平素易患感冒。最近一次在某医院小便常规示：尿隐血 2+，红细胞+。张之文教授予以参芪地黄汤加减，处方：太子参 20 g、生地黄 15 g、山茱萸 10 g、山药 15 g、牡丹皮 15 g、白茅根 30 g、墨旱莲 30 g、茯苓 20 g、泽泻 15 g、黄芪 50 g、甘草 3 g、三七粉 10 g（冲服）、丹参 25 g、泽兰 15，6 剂，水煎服，每日 1 剂。三诊时复查小便常规尿隐血+，红细胞 3~7 个/HP。八诊时，诸症均大为减轻，复查小便隐血为阴性。就诊期间均以参芪地黄汤为主方随症加减，且使用大剂量黄芪 50~60 g。腰为肾之府，肾主二便，肾气不固，腰府失养，气不摄血，故见反复腰痛、尿血，治疗当责之于肾。因长期尿血，阴血受损，气阴两伤，营卫不固，故见疲乏、困倦面容，且易患感冒。张之文教授用参芪地黄汤化裁，取其益气固肾之意，方中参、芪两味补肺金，金生水，补肺之母养肾之子。治疗过程中用大剂量黄芪，《汤液本草》言黄芪："治气虚盗汗并自汗，即皮表之药；又治肤痛，则表药可知；又治咯血，柔脾胃，是为中州药也；又治伤寒、尺脉不至，又补肾脏元气，为里药。是上、中、下、内、外三焦之药。"黄芪既走皮表固卫气，故"温分肉而充皮肤，肥腠理而司开阖"，又补下元固肾气，乃补气之要药。张之文教授重用黄芪意在病久之虚劳不足，治以补气，血为气之母，气为血之帅，黄芪益气以摄血。此外方中用黄芪配太子参，另有退虚热作用，李东垣云："黄芪、人参、甘草三味，退热之圣药也"，患者反复尿血，致阴血不足，久之必阴虚阳无以敛，阳气浮越。现代研究发现黄芪中主要有效成分黄芪甲苷具有调节线粒体功能作用，线粒体作为一种多功能细胞器，是产生能量的主要场所，在细胞代谢和维持细胞内稳态方面起着至关重要的作用。肾脏是一个高氧器官，富含线粒体，黄芪甲苷可通过恢复线粒体调控发挥保护肾脏作用。

现代医家治疗尿血虚证者，多从滋阴清热、益气健脾、补肾益气等方面入手，张之文教授除重在补肾填精治本外，用参芪地黄汤化裁，且大剂量使用黄芪，尚从肺与肾关系入手。五行中金生水，补肺金以生肾水，且黄芪为补气要药，补全身上、中、下、内、外之气，气充则血得以摄，拓展了尿血治疗思路。

2. 慢病尚需调情志

慢性病迁延日久，除了给患者造成身体不适外，往往影响患者心理，多数有情志不舒、焦虑抑郁表现。在临床诊治过程中若患者见情志怫郁、悲忧思虑过度、烦躁少寐等，可考虑在治疗基础疾病同时兼以调畅情志。若非草木药物所能为时，常嘱咐患者"移情易性"，令其"开怀"，同时辅助心理疏导。药物选择上，张之文教授治疗常用远志、酸枣仁、薤白、贝母、柏子仁等加减化裁。张之文教授认为情志伤神，常有心阳郁结，而肝、脾、肺之气亦因之郁结，肝受气郁，则为胀为痛，多怒多烦；脾不输精，肺不行水，则生痰生饮，嗳腐吞酸，食减化迟，大便作燥，或不燥则泻。治疗初起阶段，以调畅气机为宜，须慎用辛温发散、辛香破耗之品，取辛润以开之，且取诸仁药，其皆阴中含阳，生机内寓，最能调畅心神，配合怡情静养，庶可获效。现代医者见情志问题，往往责之气结，动手便用香附、元胡、木香、砂仁、青皮、厚朴、乌药等诸燥药，以为辛香流气，而不知情志疾病乃无形之结，或因太虚之体运化无权，遂至窒碍不通，故用辛香反破耗气血，致营卫涩滞，气不运水，必生饮生痰酿瘀成癥瘕。患者气郁日久，出现脏腑功能紊乱，须辨证治疗。若患者兼胸闷，辨证为气郁血瘀，张之文教授多用自拟方薤枳芎菖方，该方由王孟英治疗气痹痰阻药物化裁而来，菖蒲芳香散痰结，枳壳开泄肺气，薤白通阳散结、开结胸之闭郁，川芎行气以活血，共奏辛开理气之效而无破气耗血之弊。若气机郁滞较重，兼见脘腹及两胁胀满，呃逆，肝气郁滞，胃气上逆，可用越鞠丸等。此外，张之文教授临床尚擅用石菖蒲，王学权说"石菖蒲舒心气，畅心神，怡心情，益心志，妙药也。"

3. 重阳必阴治失眠

张之文教授治病每多创辟处，法不违中医之理，但灵活变通，切中病机，多奏捷效。常擅用生活中寻常之物，信手拈来成妙用。曾用咖啡治愈其几位亲属的失眠之症。张之文教授道咖啡虽是饮料，但具有兴奋中枢，提神醒脑作用，可视为助阳醒脑之药，白昼属阳，饮咖啡助阳，服后会感觉亢奋甚至发热，是为重阳（阳气重叠）征象，阴阳相互转化，可向其对立面转变，因此亢奋之极，变为郁制，黑夜属阴，阴气较盛，人体得天时阴气之助，便转为阳气受抑，而欲睡眠，这便是重阳必阴的表现之一。因此通过"重阳必阴"之法，服用咖啡达到"重阳"，夜间则阴盛阳抑，从而改善睡眠。此可谓别出心裁，活用中医理论，临床可参考使用。

4. 泻白散治肝咳

肝咳的临床特点为干咳、呛咳日久不愈，冬末春初易发，喘促，无痰，或痰少而黏，热势不扬，咳而胁痛满，不能转动，口渴、口苦、咽干，舌红，苔薄黄燥，脉弦数。叶天士谓："肺气从右而降，肝气由左而升；肺病主降日迟，肝横司升日速，咳呛未已，乃肝胆木反刑金之兆……此肝阳化风，旋扰不息，致呛无平期……入春肝木司权，防有失血之累。故左右为阴阳之道路，阴阳既造其偏以致病"（《临证指南医案·咳嗽》）。现代医家治疗多以疏风之品如荆、防、苏、麻之疏风，加以二陈治痰，或加入枳、桔理肺，或加旋覆、金沸、杏仁之降肺。张之文教授认为肝咳的病机为肝风化热，横犯肺金，热郁肺内，肺失宣降而成咳嗽，因其病位在肝，其风非为外风，乃肝风，故荆、防等风药不宜，用之有火随风动，风助火势之弊；夏、陈虽为化痰之圣药，但其燥性偏甚，明代赵继宗在《儒医精要》中论述"夫二陈汤，内有半夏，性煨热……以其能燥血气、干津液，病不能愈而反加。"《本草经疏》论半夏"其阴虚火炽，煎熬真阴，津液化为结痰……口渴咽干，阴虚咳嗽者大忌之。"肝咳之人，阴液本虚，多咳而无痰，故二陈用之，徒有伤阴之弊。枳桔、旋覆之品，若肝热不除，用之亦无效。故既明肝咳病机为一，其治法也当为一，不劳分型论治之繁。首要解肺之郁热，盖郁热一去，肺复宣降，咳嗽立止，急则治其标是也。

张之文教授选用钱氏泻白散加减，认为钱氏以泻白散治"小儿肺盛，气急喘嗽"，后世多认为本方用于肺中郁热之咳嗽，其主要临床特点是气喘咳嗽，皮肤蒸热，日晡尤甚，《医方考》亦云："肺火为患，喘满气急者，此方主之。肺苦气上逆，故喘满；上焦有火，故气急，此丹溪所谓气有余便是火也"。然吴鞠通有泻白散不可妄用之论，称若兼一毫外感，即不可用。如风寒、风温正盛之时，而用桑皮、地骨，或于别方中加桑皮，或加地骨，如油入面，锢结而不可解矣。张之文教授则认为运用此方与吴鞠通《温病条辨》理论不相悖，如吴氏桑菊饮为疏风解表辛凉轻剂，吴鞠通应用其于太阴风温，热伤肺络之咳嗽，而在其自注方论中言其为"辛甘化风，辛凉微苦之方"，认为治太阴风温咳嗽需抑肝风，如其论述桑叶特性为："桑得箕星之精，箕好风，风气通于肝，故桑叶善平肝风；春乃肝令而主风，木旺金衰之候，故抑其有余。"张之文教授承袭吴鞠通理论，认为肝咳乃木火刑金，与太阴风温咳嗽相仿皆为风邪犯肺，不同之处是外感风温之邪易为内动之肝风化热，郁于肺内，故舍桑菊而用泻白。

5. 治肺主宜调气

张之文教授治疗咳嗽，无论寒热虚实，均倡导以宣畅肺气为要。肺为一身气之主，主气之升发与肃降，其气为升已而降，非有升无降、有降无升，且肺为清虚之脏，位居高位，为华盖，外合皮毛，易受邪侵，外邪一著，必失清肃降令，气机壅塞，呼吸逆乱，发为咳嗽。张之文教授常用的治咳嗽方中均能体现其注重气机调畅，治疗痰热蕴肺型咳嗽，常用小陷胸加枳实汤泄肺中痰热，降肺之气逆；治疗痰湿阻肺型咳嗽，常用枳桔二陈汤宣通肺气，温化痰湿；治疗肺气虚损型咳嗽，常用补肺汤通补肺气。

小陷胸加枳实汤方为吴鞠通所创，方由仲景的小陷胸汤（黄连、半夏、瓜蒌实）化裁，《伤寒论》："小结胸病，正在心下，按之则痛，脉浮滑者，小陷胸汤主之"，小陷胸汤主治痰热结胸证，吴鞠通用该方加枳实治疗湿热郁阻中焦证，意在畅通脾胃升降之气。方中黄连、瓜蒌清在里之痰热，半夏除痰饮，加枳实是"取其苦辛通降，开幽门而引水下行"（《温病条辨·暑温伏暑》），黄连、枳实苦降，半夏辛开，共同调节气机升降。张之文教授认为此方是经方活用的典型代表，常用于治疗痰热结胸，肺气闭阻证，且方中枳实用量宜大，枳实行气消积，散结消痞，行气力度较强，可开泻肺气，通行水饮，正如《丹溪心法·痰十三》所言："善治痰者，不治痰而治气，气顺则一身之津液，亦随气而顺矣"，枳实可用至 30 g 以开达肺气，而无破肺气之弊。案例举隅：患者，女，64 岁，以咳嗽，咯血为主症，既往有支气管扩张病史，刻下症见：咽痒则咳，咯血，色鲜红，咳嗽夜间甚，少许黄稠痰，痰黏难咯，两胁疼痛不适，少寐，纳差，平素性情急躁，脉沉弦，舌淡红，苔白。处方为柴胡 12 g、法半夏 15 g、全瓜蒌 12 g、黄芩 15 g、黄连 10 g、枳实 30 g、青黛 10 g、炒栀子 10 g、生地黄 15 g、侧柏炭 20 g、白茅根 30 g、三七粉 10 g、藿香 15 g、甘草 3 g、岩白菜 20 g、熟大黄 10 g，6 剂，每日 1 剂，每日 3 次。服药后未再咯血，咳嗽减轻，胃脘胀满，有烧灼感，纳差，予以疏肝和胃方药后诸症缓解。张之文教授认为咳痰深而不易出，咳痛引胸胁，或频咳不已，咯痰色黄，苔或黄或浊是小陷胸汤的使用指针，该患者药证相符，且平素性情急躁，两胁痛，脉弦，乃少阳胆火亢旺，木火刑金，故合小柴胡汤、青黛、栀子清肝经郁火，生地黄、熟大黄养阴通便，侧柏炭、岩白菜对症止血。方中大剂量使用枳实，取其清肃肺气，通降化痰之效。

枳桔二陈汤出自《医宗金鉴》，方由《太平惠民和剂局方》的二陈汤合《类证活人书》的桔梗枳壳汤化裁而来，药物组成有枳壳、桔梗、陈皮、半夏、茯苓、炙甘草、生姜。二陈汤为治痰饮经典方，桔梗枳壳汤擅治痞气，仲景云："满而不痛者为痞"，桔梗、枳壳行气下膈，化痰散痞。张之文教授临床常用此方治疗痰湿内停，肺气失宣之咳嗽。桔梗、枳壳为张之文教授治咳嗽常用药对，桔梗宣肺气，枳壳降肺气，一升一降，恢复肺的宣降功能，肺主气、主治节、通调水道的功能正常，全身气化功能恢复。张之文教授曾治一中年男性患者，咳嗽，痰多，胸闷，舌淡，苔白腻，辨证为肺气壅滞证，处方以桔梗、枳壳为主开宣肺气，加用青皮、枳实、瓜蒌皮、半夏、陈皮、生姜、茯苓、杏仁等增强理气化痰、宣肺行水，服药 3 剂，诸症消失，病情改善。此外，痰饮伏肺，常因寒邪引动发为咳嗽，张之文教授常用清代医家罗国纲的加味枳桔二陈汤，方由枳桔二陈汤加麻黄、杏仁、桂枝、细辛组成，治"感冒风寒，头痛声喑，无汗恶寒，痰凝气滞，脉息浮紧等症"（《罗氏会约医镜》），表邪一散，肺无外束，气机调畅则咳嗽止。

补肺汤出自《永类钤方》，本方由人参、黄芪、五味子、熟地黄、紫菀、桑白皮组成。吴鞠通《医医病书·治内伤须辨明阴阳三焦论》云："补上焦如鉴之空"，张之文教授强调治肺虚咳嗽，宜通补为利，壅补为谬，切勿一味敛补。补肺汤中五味子收敛肺气，配以桑白皮肃降肺气，全方寓通于补，补而不滞，此治法与小青龙汤方中五味子配干姜作用相似。张之文教授指出此方辨证要点为呼吸气短，气短以说话时言语不续接为特点，而咳嗽、咯痰等外感症状不显著，须与肾不纳气所表现的动则气喘相鉴别。需要说明的是，若出现危重症，如吴鞠通所云的"肺之化源绝者"，此时可予以生脉散敛津固脱，便无所谓壅补之弊。

6. 半夏泻心汤去干姜甘草加枳实杏仁方治咳嗽

半夏泻心汤去干姜甘草加枳实杏仁方出自《温病条辨·中焦篇》，本方由《伤寒论》半夏泻心汤化裁，由半夏、黄连、黄芩、枳实、杏仁组成，主治阳明暑温，浊痰凝聚，心下痞者，其中半夏、枳实开气分之湿结；黄芩、黄连开气分之热结；杏仁开肺与大肠之气闭；因内热甚，故去干姜；胃不虚，故去人参、甘草、大枣，且防其助湿作满。吴鞠通创此方治疗湿热互结而阻中焦气分者，现代多用此方治疗消化系统疾病。张之文教授巧用此方治疗咳嗽，痰热阻肺，腑气不通者，其临床表现为咳嗽、咯痰不爽，兼见腹部胀满、大便秘结，脉浮滑数，舌红苔黄腻。张之文教授认为肺病最忌大便闭结，肺与大肠相通，腑气不畅，则邪无出路，治疗需保持腑气通畅，如《温热经纬·薛生白湿热病篇》王孟英注："肺胃大肠一气相通，温热须究三焦，以此一脏二腑为最要……故温热以大便不闭者易治，为邪有出路也"。此方既可清热化痰，又可通腑消痞，腑气一通，肺热易清。此外，张之文教授使用本方时注重舌象辨证，苔色黄或厚浊者，提示胃气尚可，邪热较甚，方可使用，若见"苔白不燥，或黄白相兼，或灰白不渴"者，则应慎用，恐"有外邪未解，里先结者，或邪郁未伸，或素属中冷者"（《温热论》）。

7. "风药"可治咳嗽变异性哮喘

咳嗽变异性哮喘以咳嗽突发，痉挛性阵咳，夜间发作或加重，骤然停止，易反复，多因寒凉、油烟等刺激诱发为临床特点。本病咳嗽常兼少量"浆液性"痰，呈半透明、黏稠、果冻样，难于咯出，故咳嗽频作，以痰咯出为快，且兼气急胸闷，或气逆上冲，或夜间突发呛咳，憋气感。此外，常伴有咽痒、鼻痒、目痒、皮肤痒、喷嚏等不适。张之文教授认为本病多为风邪为患，《素问·风论》言："风者善行而数变"，故风邪侵袭多有"风盛则痒""风盛则挛急"病理特点，符合本病发作性痉挛性咳嗽，多窍道作痒等临床特征。"肺风之状，多汗恶风，色皏然白，时咳短气，昼日则瘥，暮则甚"（《素问·风论》），故肺受风，卫表不固，每受刺激诱发咳嗽，昼瘥夜甚。

张之文教授治本病重视风药的使用，若风自外来，则在辨证论治基础上加入辛温疏散之药，如荆芥、防风、辛夷、麻黄、苏叶等；若风自内生，则加入僵蚕、蝉蜕等平肝疏风之药。张之文教授常将疏风药物贯穿运用于本病始终。发作期：①风邪犯肺：以鼻塞，喷嚏，清涕，干咳，气急，胸闷，或咳白痰而黏，苔白偏厚，脉浮缓等为主要症状。张之文教授选用杏苏散合三拗汤化裁以疏风宣肺解表，或加入荆芥、防风增强疏风之力；②肝经热盛，木火刑金：以咽喉痒则咳嗽气促，呈阵发性发作，咳时面赤气急，干咳，或咳痰少而黏，咳引胸胁疼痛，苔薄黄，脉弦细而数为主症。张之文教授常用泻白散加减以疏风平肝肃肺，其中，桑白皮与桑叶同出于得箕星之精之桑树，吴鞠通言其"虽色白入肺，然桑得箕星之精，箕好风，风气通于肝，实肝经之本药也"，其生津之功可濡肝之体阴而抑肝风；地骨皮，《本草分经》言"降肺中伏火，除肝肾虚热，治在表无定之风邪"，通过养肝肾之阴，以消内生之风，临证常加入僵蚕、蝉蜕加强疏风平肝。③肺阴亏损，肺气上逆：临床多以干咳，或咳痰少色白而黏，咳声短促气急，口干咽燥，舌红少苔，脉细数为主。张之文教授常选用千金麦门冬汤化裁以滋阴润肺，合用辛夷、荆芥、蝉蜕等消散风邪，解除气道痉挛。缓解期时，张之文教授多以益气温阳为主，药用人参、黄芪、制附片、肉桂、补骨脂等，患者常兼有汗出较多，食少纳呆，畏风，加入白术、防风、牡蛎等固表疏风。

8."柔剂阳药"治慢性阻塞性肺疾病

慢性阻塞性肺疾病是一种慢性气道疾病，病情反复，迁延难愈，老年患者多发。患者常有咳嗽，喘息，呼多吸少，呼吸表浅，动则作喘症状，且老年患者多有下元不足，表现为平素畏寒肢冷，腰膝酸软冷痛，大便不实，少气懒言，舌胖齿痕多津，脉沉细。本病分急性发作期和缓解期，急则治标，缓则治本，在本病缓解期，当重视补肾，因肾为气之根，《医碥》云："气根于肾，亦归于肾，故曰肾纳气，其息深深"，肾的摄纳功能正常，呼吸才能均匀有深度，且下元不足常见膀胱气化不利，水湿内停，肾与膀胱相表里，故温肾以助膀胱气化，利水以通阳，当以温补肾阳，如曹炳章说："湿即气也，气化则湿化……故治法必以化气为主，在上焦则化肺气，在中焦则化脾气，在下焦则化膀胱之气"。张之文教授认为本病温肾之法非用附子、肉桂、干姜等辛温刚猛之药，因肾中藏精，用药宜温宜柔，避免损伤阴精，倡导选用"柔剂阳药"（出自《临证指南医案·虚劳》："余以柔剂阳药，通奇脉不滞"），常用补骨脂、沉香、胡桃仁、巴戟天、肉苁蓉等，此类药物"质静填补，重着归下"（《临证指南医案·吐血》）。张之文教授临床常选用吴鞠通的安肾汤化裁，该方出自《温病条辨·下焦篇》："湿久，脾阳消乏，肾阳亦惫者，安肾汤主之"，原方由鹿茸、葫芦巴、补骨脂、韭菜子、大茴香、附子、茅术、茯苓、菟丝子组成，吴鞠通自注云："凡肾阳惫者，必补督脉，故以鹿茸为君，附子、韭子等补肾中真阳，但以苓、术二味，渗湿而补脾阳，釜底增薪法也，其曰安肾者，肾以阳为体，体立而用安矣"。张之文教授认为该方集合血肉有情之品鹿茸，补肾纳气之品补骨脂，以及健脾行气之品等，具有温肾填精，畅达上下之效，契合病机。

9. 温病名家王孟英为今世医者楷模

张之文教授勤奋好学，治学严谨，深耕温病领域数十年如一日，在全国较早开启瘟疫学说研究，并将瘟疫理论用于传染病防治，提出建立中医感染病学等，对温病学学术发展具有重要推动作用，并倡导理论与临床相结合，常寄语后辈"纸上得来终觉浅，绝知此事要躬行"，张之文教授年至耄耋，仍坚持出诊、带教，以实际行动启迪后学。在历代温病名家中，张之文教授非常推崇王孟英的为医为学之道，对王氏的学术贡献给予了高度评价，称其总结了迄至清末的温病学成果，对温病学学术体系的形成和完善有着重要的特殊贡献，并撰写《王孟英温病证治精萃》一书，在论述王氏生平中，张之文教授旁征博引，将王氏精湛医术和高尚医德展示得淋漓尽致。若后辈中医人能有此精神，中华医学何有不兴盛哉。

王氏励志为医，埋首苦读，师古不泥。王孟英秉承先父遗训，励志为医以济世，埋头十载潜心医学，用"读书明理，好学虚心"以励己志，在工作之暇披览史籍、古文词、医书等，摈弃一切杂念，凝聚精力，不问外事，通宵达旦，上追《素问》《灵枢》《难经》《伤寒杂病论》等，溯本求源；下及诸家，抉奥阐幽，存纯纠谬，尤对叶天士的《临证指南医案》《温证论治》以及王勋臣的《医林改错》倍感兴趣。对于当时饱受争议的《医林改错》，予以充分肯定，在《女科辑要·卷上·腹内儿哭》中按："竟将轩岐以来四千余年之案，一日全反，毋乃骇闻？然此公征诸目击，非托空言……然泰西《人身图说》一书，流入中国已二百余年，所载脏腑与王说略同"。王氏勤求古训，但师古而不泥，结合实际颇具卓见，杨素园曾评价："从来趋时者鲜实学，而潜心古训者恒多不合时宜，兼而能者惟君乎？"

治学严谨，虚己受人。《王氏医案三编·卷二》屠小苏令正案下附云："顾氏子患发热独炽于头，医进发散，汗出不解，胸次痞闷，便滞溺艰，舌绛口干，饮不下膈，不眠头痛，脉数而弦。孟英曰：体质素虚，热薄于肺，痰结于胸，治宜轻解，羌、防、柴、葛恶可妄投？膏粱与藜藿有殊，暑热与风寒迥异，治上焦如羽，展气化宜轻，以通草、苇茎、冬瓜子、丝瓜络、紫菀、枇杷叶、射干、兜铃、白前九味，天泉水急火煎服，覆杯即已"，汪谢城评曰："覆杯即已，下宜删去，以言过当也，若然则藜藿人温证、暑证，亦可用辛温矣"，王氏对此评语极服，在《归砚录·卷二》言："吕君慎庵所辑拙案《三编》卷二之第六页，屠小苏令正案后，附顾氏子证，蒙乌知汪谢城孝廉评云：覆杯即已，下宜删去，以言过当也……此评甚是，余极佩服"。正是王士雄勤勉进取、虚心严谨的精神，才使成医界一代精英。

医术精湛，医德高尚。王氏每临一证，必竭其心思，殚其才力，冀求图痊，常常息心静气，曲征旁参，务求病情之真，始立案处方。遇病重之人，从不推卸，不避嫌怨，不畏风险，以其挽救生命于万一，正如《医案三编·庄序》："不悬壶，不受扁，遇濒危之证，人望而却走者，必竭思以拯焉，人皆痴之，山人曰：我于世无所溺，而独溺于不避嫌怨，以期愈疾，是尚有半点痴心耳，因自号半痴"。

学术思想

川派中医药名家系列丛书

张之文

一、奠定中医疫病学科基础

（一）埋首故纸，构建中医疫病的理论研究框架

经历了 1969—1972 年钩端螺旋体病疫情后，张之文教授意识到中医疫病研究的紧迫性。从何处入手？浩瀚如烟的历史长河中，关于疫病的记载层出不穷。甚至可以认为，中华民族繁衍发展的历史就是一部抗疫史。温病出身的张之文教授敏锐地发现，在声势浩大的"叶薛吴王"学术统领下的温病学派中，有支研究队伍一直在悄然前行。

1641 年，"南北两直，山东浙省"暴发疫情。据后人的考证，这场疫情可能是肺鼠疫，目前属于国家甲类传染病，曾经肆虐欧洲的"黑死病"就是它。身处江南，坐标在江苏吴县（即苏州）洞庭东山的吴又可，以一个医生的身份经历了这场疫情。前人的经验突然失灵，医家"屠龙之艺虽成而无所施"，彷徨和恐惧可能暴发出更强的传染性。很难考证当时的吴又可经历了怎样的心理起伏，事实证明他在风浪的拍击中很快稳住了阵脚，并拿出了他的抗疫方案。1642 年，抗疫一年的吴又可终于有时间坐在他"淡淡斋"的书桌前总结战疫的成果，写成《温疫论》。

按照常理，吴又可写了一本书，后人觉得有意思，潜移默化地应用了他的思想，甚至可以在自己著作中引述他的文字，夹杂几句批判倒也不妨。但事实并未如此简单发展，围绕吴又可这本书竟形成了一个学术流派，即温疫学派。戴天章以《温疫论》为蓝本，增删其内容，著成《瘟疫明辨》（1772年），以广治温疫；后陆九芝删补其内容，更名《广温热论》（1878 年）意在推广治疗一切温病；清末何廉臣新增和补充其内容，改名《重订广温热论》（1911 年），成为一部为世人推崇，颇具实用价值的温病专著。杨栗山的《伤寒瘟疫条辨》（1784 年），刘松峰的《松峰说疫》（1785 年），继承吴氏的学术基础上复有创见。余师愚的《疫疹一得》（1794 年），以《温疫论》为借鉴，结合临床而写成。

围绕这个学派，一套颇有价值的中医疫病认知框架形成：

1. 温疫学说三要素

张之文教授从病因、病位、治疗三个方面概要温疫学说的基本学术内容。

病因上，强调温疫是由特殊的致病因素引起。如吴又可认为系杂气或疠气所感，杨栗山宗之。刘松峰认为是感邪毒而起。余霖认为是运气之变，衍为时气为病。

病位上，温疫有相对稳定的病变部位。如吴又可所论者，邪踞于募原而传胃；杨栗山所述者，邪气怫郁三焦；余霖则认为邪毒炽胃而充斥表里。

治疗上，强调祛邪除因。温疫学家们认为无邪不病，邪气为本，发热为标，故"但能治其邪，不治其热，而热自已"（《温疫论·标本》）。刘松峰甚至还提出了"舍病治因论"（《松峰说疫·舍病治因论》），大有与现代抗病原微生物等同之势。

2. 温疫学说治邪三法

张之文教授将温疫学派"治邪"的方法总结为三类：攻下逐邪法、清热解毒法、清热解毒与苦寒攻下并举法。

攻下逐邪法：温疫初起，邪在募原，吴又可用达原饮使伏邪内溃，速离募原，其邪或从表解，或内陷入胃。其入胃者，可早用攻下，逐邪外出。并认为承气本为逐邪，而非专为结粪而设，故主张温疫攻邪勿拘结粪。

清热解毒法：吴又可不重视清热解毒，认为邪在募原，妄用寒凉则损生气；邪热在胃不用攻下，采用寒凉则抑遏胃气，火更屈曲，发热反盛。清热解毒之黄连只能清本热（正气被郁而发热），不能清邪热。吴又可忽略了"清热"与"治邪"之间在很大程度上的一致性。故乾隆癸丑年（1793年）京师大疫，以又可法治之者不验。这是吴又可在学术上不足之处的反映。余霖看出了吴又可轻视清热解毒的缺陷，认为达原饮、三消饮，诸承气有附会表里之意。余氏吸取教训，结合临床，创制了"大寒解毒之剂"清瘟败毒饮。凡一切大热，表里俱盛之证，以此方为主。

清热解毒与苦寒攻下并举法：杨栗山既注重清热解毒，又重视苦寒攻下，两者常结合使用，使解毒与攻下并举。认为温疫轻者清之，包括神解散、清化汤、芳香饮、大小清凉饮、大小复苏饮、增损三黄石膏汤等8首方剂，这些几乎均以黄芩、黄连、黄柏、栀子等为主药，有时还加入胆草、银花、知母等,以行清热解毒之功。又认为重者泻之,即增损双解散、加味凉膈散、加味六一顺气汤、增损普济消毒饮、解毒承气汤等方是也。这些无不是清热解毒配伍苦寒攻下,常以芩、连、栀、柏等与大黄、芒硝并用,共成大清大下之剂。杨氏治法,兼有又可、余霖之长。

3. 温疫治疗"四特点"

温疫学家所面对的是由特殊致病因素引起的、威胁健康人群、呈流行性发展的外感热病,为控制其蔓延,有效地治疗现有患者,无疑是非常紧迫和关键的。基于这个因素,温疫学家在治疗外感热病方面,有如下四大特点:

一是倾向于寻找针对病因治疗的特效药。如吴又可用大黄祛邪治本,其谓:"三承气功效俱在大黄,余皆治标之品也";余霖强调重用石膏,直清胃热,而诸经之火自平;杨栗山重视芩、连、栀、柏、大黄直清机体怫郁之邪。

二是注意选择直达病所的药物。如刘松峰认为"瘟疫用药,按其脉症,真知其邪在某处……单刀直入,批隙导窾",如吴又可以达原饮直达其巢穴,使邪气溃散,速离募原,其中槟榔、草果、厚朴是主药,以除伏邪之蟠踞;余霖之所以选择石膏,是为了直入于胃,"先捣其窝巢之害"。

三是强调攻击性治疗。正如吴又可所说:"大凡客邪贵乎早逐,乘人气血未乱,肌肉未消,津液未耗,病人不至危殆,投剂不至掣肘,愈后亦易平复。欲为万全之策者,不过知邪之所在,早拔去病根为要耳"。为了有效地击中病邪,温疫学家使用的方剂多是直接针对病机而提出的,组方稳定,用方不多。如吴又可首用达原,继用承气攻下;余霖之清瘟败毒饮,"不论始终,以此方为主";杨栗山虽有10余首清、下之剂,但组方原则基本相同,"而升降散,其总方也"。治疗方剂稳定,便于广大人群的防治,也较易观察疗效,如乾隆戊子年(1768年)桐城瘟疫流行,乾隆癸丑年(1793年)京师大疫,均以清瘟败毒饮授之,并皆霍然。这些方剂或解毒或攻下,充分体现了对病邪的攻击性。为了祛邪有力,余霖擅长使用大剂量石膏。

四是治疗重点侧重在气分。瘟疫学家虽不用卫气营血辨证(有时用气血概括病机),但若按卫气营血辨证来分析,不难看出他们的治疗重点在气分。如吴又可之治在募原与胃,余霖之治在胃,杨栗山之清热解毒、苦寒攻下方药,均以气分为主。他们从实践中体会到:"邪在气分则易疏透,邪在血分恒多胶滞",故积极逐邪外出,御邪深入,无疑对疾病的预后,具有积极的意义。

如果把温疫学派放在历史长河中，还有其他惊喜点。

张之文教授发现，除了《温疫论》和《瘟疫明辨》外，上述著作都晚于温热大师叶天士的《温热论》（1746年）。这些医家不以卫气营血为指导，而宗《温疫论》并自成体系。如果把这个原因归在信息互通不利，可能也不符合事实。写《广温热论》的陆九芝公开反对叶天士，众所周知。余师愚与师承叶天士的吴鞠通医疗活动时间相近，比如乾隆癸丑（1793年）都下温疫大行，诸友强起吴瑭治之，同年京师大疫，以余师愚方传送皆效。《疫疹一得》仅早于《温病条辨》四年问世，但从两书的时间来看，吴鞠通宗叶天士，而余氏则宗吴又可。说明医家对学术的继承是有选择性的。

做出这种选择的主要的原因在于《温疫论》中充满了智慧的火花，具体体现在以下七方面：

（1）提出杂气致病说，突破百病皆生于六淫的局限

吴又可突破既往医家的认知，将目光投向了六淫之外的广阔天地，提出疫病的病因"非风、非寒、非暑、非湿，乃天地间别有一种异气所感"，可称为戾气或杂气（更像一个集合名称）。具体是什么？面对追问，吴又可的回答可能是"不是六淫，也不是时行之气"。但吴氏很肯定，温疫是杂气引起的。通过不懈地观察和总结，吴氏赋予了杂气很多意义：杂气是多种致病因素的总称，其中致病力最强、为病最重者，称为疠气，或戾气。杂气致病广泛，六气致病有限。不同的杂气引起不同的疾病，如发颐、大头瘟、蛤蟆瘟、瓜瓤瘟、疟痢等，"为病种种，是知气之不一也。"不同的杂气具有"专入某脏腑经络，专发为某病"。杂气具有偏中性，如"偏中于动物者……然牛病而羊不病，鸡病而鸭不病，人病而禽兽不病，究其所伤不同，因其气各异也。"杂气四时皆有，流行程度有"盛行""衰少""不行"差别。此外，吴氏强调戾气致病的外源性因素的同时，亦重视正气的抗病作用，"本气充满，邪不易入，本气适逢亏欠，呼吸之间，外邪因而乘之。"

在吴又可的认知中，杂气是温疫的病因，一种杂气导致一种疫病。医学需要想象力，吴氏提出"能知以物制气，一病只有一药，药到病已，不烦君臣佐使品味加减之劳矣。"300年后的今天，这个"想象"都还在路上，需要更多的探索。

（2）辨明伤寒与温病，促进了寒温学术的更替

吴又可明确提出伤寒与温疫"有霄壤之隔"。如果把这个提法放在历史中去看，可谓石破天惊。之前的医家尽管发现伤寒与温疫有不同，要么讳莫如深，要么措辞含混。可能的原因在于，张仲景的《伤寒杂病论》被供上了神坛，执掌了中医的话语权。言必称仲景，书多提伤寒，是大家默认的正统。抗疫初期，吴又可估计也想承袭仲景之法，但很快发现麻桂诸方弊端重重，他将原因归为"(《伤寒论》)盖为外感风寒而设，故其传法与温疫自是迥别"。不可否认，抗疫成功给了吴又可信心，让他把古人说而不透的话晓畅明白地讲了出来。

谈及具体的不同点。吴氏认为伤寒系寒邪"自毫窍而入"，始于太阳，有六经传变。温疫则是杂气"自口鼻而入"，始客于膜原，虽能外溢于经，但无传经之变。温疫流行甚多，真伤寒则百无一二。基于此，吴氏大胆提出"守古法不合今病"，用伤寒法辨治温病，未免"指鹿为马"，故投剂不效。从发病率、邪气侵入途径、传变规律上分辨了伤寒与温疫之异。这一思想深刻地影响了后世包括叶天士、薛生白、吴鞠通等医家。

（3）始于膜原，终归胃腑，揭示了温疫的主要病变部位

膜原，在吴氏之前鲜有论及。"伏脊之内"，吴氏提供了一个中医少用的解剖定位。后人大概也没有搞懂膜原在哪里，不得不重新定义，比如薛生白认为"膜原者，外通肌肉，内近胃腑，即三焦之门户，实一身之半表半里也"。阳明主肌肉，看起来膜原在阳明经腑之间，与三焦有某种特殊的关联。在吴氏眼中，膜原是杂气伏藏传变的巢穴，是吴氏攻击性治疗的靶标。

找到目标，如何决战呢？分两步走。第一步，直捣黄龙。杂气始客于膜原，所见寒热，证之临床，或为寒战热炽，或恶寒与发热交替如疟状。湿遏膜原，阳气受郁，不能布达，则恶寒，迨至郁极而通，遂全身壮热。有无邪伏膜原的特征性表现？"胸膈紧闷"，龚绍林补充道。治宜疏利透达，使邪结渐开，分离膜原。吴氏发现，厚朴、槟榔、草果能直达膜原，捣其窝巢之害，故以之为主，组成达原饮，专作膜原之治。第二步，穷寇猛追。"始受于膜原，终归于胃腑"，吴氏发现从膜原到胃肠是杂气逃离的常见路线。为了强调穷寇猛追，吴氏提出"治法全在后段工夫"，伏邪已溃，不从表解，内陷入腑，专须承气辈攻下逐邪；亦有伏邪传表，而邪热散漫于阳明之经，则宜白虎汤清

肃肌表气分之热；若邪热留于胸膈之上，则宜瓜蒂散吐之。

（4）据外解为顺，内陷为逆，总结出温疫的传变规律

吴氏认为，邪离膜原有九种传变，即：①传表不传里；②表而再表（邪传于表而从表解，膜原伏邪复传于表）；③传里不传表；④里而再里（邪传于里，里证已解，膜原伏邪再传入里）；⑤表里分传（半出于表，半传入里）；⑥表里分传再分传；⑦表胜于里（传表之邪多，传里之邪少）；⑧先表后里；⑨先里后表。九传是膜原伏邪难于尽透，病情反复，变证迭起，层出不穷的表现。虽曰九传，但总不出表里之间，"从外解者顺，从内陷者逆。"九是数字最大者，吴氏的九传寓有传变方式极多之意。

后世医家戴天章完全读懂了吴氏的寓意，换了一个视角注释了九传，谓："若温疫本从中道而出表，故见表症时，未有不兼一二里症者，且未有不兼见一二半表里之少阳证者。"所以，邪气不会那么"听话"，出现全部从里传表或从里传里的情况。

（5）气分汗解，血分斑解，阐明了温疫的转归

"气属阳而轻清"，给留于气分之邪可随汗而疏泄；"血属阴而重浊"，其胶滞之邪，可从斑外透。所以吴氏云，"但求得汗，得斑为愈。"

气分汗解：吴氏所称汗解，非言发汗解表，而是指邪解方式，包括战汗、自汗、狂汗、盗汗等，其中以战汗为要，"凡疫邪留于气分，解以战汗"。战汗，是气分邪正相持，正气鼓邪外出的表现。正胜邪却，则在战栗、高热、汗出之后，旋即脉静、身凉、烦渴顿除，此系"经气输泄"，邪随汗泄的标志。达原饮的疏利透达，可使膜原伏邪内溃，此时正能逐邪，即可出现战汗。

血分斑解：吴氏说："邪留血分，解以发斑""时疫发斑则病衰"。透斑之法，关键在攻下。因为"内壅一通，则卫气亦从而疏畅，或出表为斑，则毒邪亦从而外解矣。"也有邪入血分，并非能从斑透解。如病人素有内伤瘀血，复感客邪，主客浑受，结为痼疾则不同斑解。治宜养血、通络、散邪，用三甲散。

吴氏的气分汗解、血分斑解的理论，提示在治疗上要把好气分关，力求在气分从汗顿解，勿使邪陷血分，而从斑缓慢渐愈。

（6）"急症急攻，勿拘结粪"，扩大了攻下逐邪法的应用范围

吴氏擅长攻下，主张早拔去病根为要。膜原伏邪若有行动之机，即于达

原饮中加大黄促之。若邪已陷胃，病情急重，急症急攻，勿拘结粪。应下之证，首在舌苔变化。凡病邪入胃，舌苔必黄，出现老黄苔、焦黑苔、舌生芒刺、舌有裂纹等，皆是应下之舌。吴氏说："邪在胃家，舌上黄苔。苔老变为沉香色。白苔未可下，黄苔宜下。"其次是大便秘结。便结是肠腑郁热的重要标志，属下证。尤其重要的是，吴氏把大便"溏垢""胶闭"列为当下之证，主用三承气汤峻下。他说："平素大便不实，设遇有疫邪传里，但蒸作极臭之物，如粘胶然，至死不结，愈蒸愈闭，以致胃气不能下行，疫无路而出，不下即死，但得粘胶一去，下证自除，霍然而愈。"并称其"设引经论，初硬后溏不可攻之句，诚为千古之弊。"可见，吴氏正视现实，大胆从《伤寒论》有关下法理论的束缚中解脱了出来。上述溏垢、胶闭之证，实为湿热积滞搏结肠腑，若不以攻下为治，必腐肠灼液，蔽塞神明，预后严重。

吴氏主张客邪贵乎早逐，祛邪理应有力，投剂不致掣肘，而常用大剂攻下，甚至集数日之法一日行之，大剂频攻，自然邪去正安。但是，亦有"不得已而数下之"遂至"重亡津液者"，有"因下益虚"者，有"属胃气虚寒"而"下后反呕者"。吴氏虽列有相应的求弊方药，但毕竟是医源性因素所致，理应避免。

（7）注意滋阴复液对后世温病学派的影响

吴氏认为温疫乃热病，人之阴血每为热搏而耗损，或因"不得已而下之"重亡其津液。故对温疫伤阴的治疗以复阴为主，不宜温补。这对后世治疗温病注重养阴影响颇大，例如吴氏治疗热盛阴伤出现的渴饮证用梨汁、藕汁、蔗浆、西瓜等原生药汁滋养胃液，吴鞠通受其启迪，制定了甘寒救液的五汁饮（梨汁、荸荠汁、鲜葛根汁、麦冬汁、藕汁或蔗浆）；热渴未除，里证仍在，吴氏用养荣承气汤（知母、当归、芍药、生地、大黄、枳实、厚朴、生姜）滋阴攻下，吴鞠通受其影响制定了增液承气汤。此外，还有清燥养荣汤、柴胡养荣汤、蒌贝养荣汤，均是滋养阴液为主的方剂，应用的目的在于使阴津恢复，至正能敌邪，则祛邪外出，不至于危殆，此即吴鞠通所谓："留得一分津液，便有一分生理。"

以上思想深刻地影响了此后几百年的温病/温疫发展，具体表现在以下方面：

1. 叶天士的卫气营血辨证源于《温疫论》

张之文教授通过研习发现，温病大师叶天士卫气营血辨证学说的创立，亦受到吴又可的影响。吴氏认为"气属阳而轻清"，留于气分之邪，可随汗而疏泄；"血属阴而重浊"，留于血分之邪，常被胶滞，不易祛除，只能从斑透而渐愈。气分之邪汗解（主要是战汗而解），血分之邪斑解，是温病的两大邪解途径及方式。叶天士《温热论》接受其观点，提出邪传气分，始终流连，可冀战汗透邪，使邪与汗并，热达腠开，邪从汗出而解。促成战汗的方法视温热、湿热而异，总以益胃为大法。其邪传血分，以急急透斑为要，使斑出热解。透斑的方法不外凉血、清热、解毒。叶氏的论述较吴氏更为精细，发展了吴氏的学术成果。

关于卫气营血的传变，叶氏指出始于手太阴肺经之邪，传至心包（营血）为逆。至于顺传，叶氏虽未直接点明，但从其论述程序可以悟出顺传的涵义：如未传心包，邪尚在肺，其邪始终在气分流连；气病不传血分而邪留三焦，三焦不得外解，必致里结阳明胃与肠。上述程序反映了顺传的次第，即邪从手太阴肺传于气分（胃、肠、三焦），可战汗透邪而解；其传于胃与肠者，借攻下而愈。由此可知，顺传是指邪从手太阴肺传至三焦、胃、肠而外解的形式。叶天士有关顺传与逆传的理论，基源于吴又可。吴氏认为，邪从口鼻而入，始受于膜原，邪溃有九种传变，大凡不出表里之间，"从外解者顺，从内陷者逆"。叶氏的从肺卫内陷心包为逆，下行胃肠为顺的传变规律与此是一致的。吴氏谓膜原至胃腑为逆，叶氏言自肺至胃肠为顺，二者并不矛盾。前者病邪始动于半表半里之膜原，其传至胃肠，其邪已结，邪无出路，势必深逼营血，病趋严重，预后差，此是内陷为逆；后者病邪始动于肺，传至胃肠，邪热不结，从肠腑排出，病趋痊愈，预后好，此是外解为顺。在治疗上要注意促进顺传，杜绝逆传。

治疗上为求得气分之邪从战汗顿解，吴氏以达原饮直达膜原捣其窝巢之害，膜原伏邪松动，精气得以潜入，邪正剧争，可望一战而解。叶氏承继这种观点，认为病邪初入膜原，未归胃腑，急急透解，莫待传陷为险恶之病。三焦与膜原同属半表半里，吴氏未论及，叶氏予以补充，认为病机亦如伤寒中的少阳病，提出分消走泄，方用杏、朴、苓或温胆汤之类，以疏瀹枢机，并灌溉汤水，资助汗源，犹可望其战汗之门户。血分的治疗，在于透斑，使热随斑解。吴氏主张攻下，使内壅一通，则卫气亦从而舒畅，出表为斑，邪毒随之外解。叶氏强调急急透斑，不限于攻下，重在凉血、清热、解毒扩大了透斑方法。如从风热陷入者，用犀角*、竹叶之属；从湿热陷入者，用犀角、花露等品，均参入凉血清热方中。

2. 薛生白的湿热病认知源于《温疫论》

薛生白《湿热病篇》是论述湿热的重要代表作，其思想也深受《温疫论》影响。薛生白首先肯定了吴又可关于邪从口鼻而入，直犯中道，客于膜原的感邪途径之说。同时又详述了膜原外通肌肉、内近胃腑，为三焦之门户，实一身之半表半里的特殊部位。膜原病邪不仅内传胃腑，亦多困阻于脾，即始受于膜原，终归于脾胃。传脾传胃视中气盛衰而异，中气实则病在阳明，中气虚则邪传太阴。薛氏此说补充了吴氏关于膜原之邪只传胃而不及脾的不足。

对于邪伏膜原的治疗，薛氏根据达原饮化裁，原方加入柴胡以领邪外出，去芍药、知母、黄芩、甘草等，庶免郁遏气机之弊，增入藿香、苍术、菖蒲、半夏等，协同原方的厚朴、槟榔、草果以强化开达透邪之力，再加滑石导湿浊从小便而去（治湿不利小便非其治也）。此方较原方更为适用。

对于膜原邪传胃肠，吴氏强调攻下逐邪，急症则急攻，勿拘结粪，革除了"初头硬，后必溏，不可攻之"的千古之弊，这是对前人学说的一大发展。但吴氏忽略了膜原之邪传于太阴的一面，经过薛氏的重要补充，始成完璧。如提出的湿偏盛、热偏盛、湿热参半等太阴病证的治疗，颇为实用，并为后世所珍视。

3.《温疫论》发展了伏邪学说

张之文教授指出，蒋宝素《医略十三篇》发展了《温疫论》有关伏邪的理论。他引申吴氏"伏邪"说为伏气温病，称"伏邪者，本篇所立之名，本之《内经》，参之诸家，验之今世，世人泛指伤寒、温疫、春邪、秋邪、时邪、温病、热病，诸病之本原也。然所谓伏者，冬寒伏于募原之间，化热伤阴，表里分传，多为热证"。吴氏伏邪论与后世伏气温病的概念不尽相符。

吴氏所谓伏邪，实指湿热秽浊之邪，未及其他。而蒋氏所论之伏邪则为

---

* 注：1993年，中国政府颁布犀角使用禁令，此处只作为学术介绍，现一般以水牛角等他药替代。

"寒邪",此说本于《内经》"正邪之中人也微"之论。如冬伤于寒,春必病温。但他认为,伏邪部位仍在膜原,传变不出表里之间,从乎中治,先用吴氏达原饮加减,其后视病情或汗或下。汗则达原饮加三阳表药,下则大、中、小、调胃、桃仁承气汤,或大柴胡汤、凉膈散、拔萃犀角地黄汤、达原饮加大黄、萎贝二陈汤诸方。补泻兼施,除吴氏强调的补虚逐实的黄龙汤外,还拟定人参大黄汤(生大黄、人参),主治伏邪温疫,日久失下,阴液枯涸,神志沉迷,溲赤而浑,大便不解,不思米饮,手足掉摇,形消脉夺等症。蒋氏还根据吴氏的见解提出应下诸证,对其中的蓄血证,则应用犀角地黄汤合调胃承气汤。其不任攻下者,唯有犀角地黄汤合生脉散。此为前所未及,颇有创见。他认为邪解仍有汗解、斑解两途。

综观蒋氏治法,多宗吴氏攻击祛邪,如称"攻邪为上策,辅正祛邪为中策,养阴固守为下策""乐用平稳之方,致使邪气日进,正气日亏,正不胜邪,则轻者重,重者危,卒至不起,乃引为天数,岂不谬哉?"他还引其祖母病例说明攻击祛邪的重要性。其祖母"年八十三,其势尤重,亦用达原饮,继进承气汤而愈,寿至九十五而卒,况年少力强者乎?"可见攻击祛邪的治法,临床上颇为实用,因为只有邪去才能正安。因此,张之文教授在临床上也强调祛邪治病,将祛邪治病与调养机体结合,标本兼治,注重疗效,冀使病除体安。

4. 《温疫论》促进了寒温统一

主张寒温统一的伤寒学派,以俞根初《通俗伤寒论》为代表。他根据吴又可邪伏膜原的理论,认为寒邪、湿热(暑湿)之邪,均可里伏膜原。如春温实证多由春感新寒引动触发,先用葱豉桔梗汤解其外寒,继用苦辛开泄的柴芩清膈煎,双解表里之热。若邪由膜原传入阳明,则用新加白虎汤加炒牛蒡子、大青叶透发,若邪热进而里结阳明大肠,见谵语,便秘,尿赤,当急与小承气汤去厚朴加川连、木通,二便利而神清。至于正虚而发于少阴者,先仍用七味葱白饮解外寒,继则犀地清络饮凉血化瘀。

又如伏暑,系暑湿伏于膜原,先以新加木贼煎辛凉微散以解其外,膜原伏邪传胃而暑重湿轻者,则用新加白虎汤加连翘、牛蒡子辛凉透发。若伏邪进而传入肠腑与糟粕搏结,即用枳实导滞汤苦辛通降而解。膜原伏邪传脾,而湿重暑轻者,宜温化清渗,使湿热从小便而泄。若病邪进而传至肠腑,与其糟粕相蒸，则宜积实导滞丸、更衣丸等缓下频下，必宿垢净而热始清。

此外，俞氏还根据湿热郁伏膜原，仿吴氏开达膜原法，拟柴胡达原饮（柴胡、枳壳、厚朴、青皮、甘草、黄芩、桔梗、草果、槟榔、荷梗），临床亦颇为实用。俞根初还善用吴又可的清燥养营汤，可见他受吴又可影响很深。

可能连吴又可也没有想到，自己一本总结疫病诊治的书，竟在后世引发了如此多的讨论。在广泛地阅读、深入地思考后，张之文教授发现了温病学中以《温疫论》为主的暗线。这条"暗线"不仅串联了温疫学派的医家，而且深刻地影响了整个温病学的发展，以"叶薛吴王"为代表的温病主流都受其启发。如果以河流为喻，《温疫论》可称为自清以来温病学发展的源头活水。花了数十年，张之文教授厘清了自清以来医疫病发展脉络，总结了各代表医家的学术思想，提出著名的温疫五分法，即湿热疫、暑热疫、温热疫、寒疫和杂疫，构建了目前了的中医疫病研究框架，为中医疫病研究作出了突出贡献，荣获四川省医疗卫生终身成就奖等。

（二）躬身前行，全程参与诊治生平所遇的疫病

知行合一，一直是张之文教授作为医者的信条。除了埋首故纸，研究疫病理论体系，张之文教授还在不断亲身参与疫病的防治。面对新冠病毒病、猴痘等疫情时，耄耋之年的张之文教授仍活跃在抗疫一线。以下简要介绍张之文教授对参与疫病的思考。

1. 钩端螺旋体病

1968—1972年，四川省钩端螺旋体病大面积流行，成都中医药大学附属医院专家组、四川医学院（四川大学华西医院前身）、四川省中药研究所、重庆市第一中医院、四川省防疫站、重庆医学院等协作小组联合对该病进行研究治疗。张之文教授作为成都中医药大学附属医院专家组的中坚力量，在对此次疾病流行的防控中发挥了重要的作用。

钩端螺旋体病简称钩体病，该病并没有对应的中医学病名。参与防治的专家们在临床治疗中发现，该病具有致病性强、易导致广泛流行；发病后易出现化燥化火、伤津耗气、热盛动血的表现；发生及流行时间多8—9月份，

以男性农民居多等特点。中医认为，夏秋之际，天气热，暑湿重，为螺旋体的大量繁殖创造了适合的环境，成为了该病广泛流行的必要条件。《素问·热论》认为疾病"后夏至日者为病暑"，男性农民此时正在稻田之中忙于农收，接触病邪的机会很大，发病后多发热、全身酸痛、结膜充血、咯血等湿邪热毒炽盛的表现，故而认为该病可划分至暑温、湿温或温疫范畴。

钩端螺旋体病病情发展快，变化迅速，临床表现种类繁多，因而其在中医病机、传变、分型等方面也是复杂。从中医温病学角度分析，该病初期邪在卫分，恶寒、发热等表证十分典型，但由于邪毒强势，往往1~3天症状便由恶寒发热转变为持续高热，进入气分。也有部分素体正虚的患者在发病之初，邪毒就直入气分，表现为高热，"但热不寒"。邪毒进入气分之后，由于不同地区邪毒的湿热偏重不一，以及个人体质不同，钩端螺旋体病的症状表现分成了湿邪偏盛和热邪偏盛两类。湿邪偏盛的情况下，病位以太阴脾脏为主，疾病多表现出全身酸痛、淋巴结肿大、恶心呕吐等，并且在该阶段病势缠绵，较热邪偏盛类型病程长；热邪偏盛的情况下，病位以阳明胃腑为主，疾病表现出高热、头痛、咳嗽、呼吸急促等。此时若不能及时截断病势，则毒邪便会深入营血分，轻则结膜充血、咯血、鼻衄、心烦，重则全身瘀点瘀斑，甚至出现热闭心包证危及生命。

基于对钩端螺旋体病的上述认识，结合中医四诊，将该病分为了热偏盛型与湿偏盛型，从防治温疫的角度进行治疗。热偏盛型主要症状为高热、口渴、目赤、气粗、小便短赤、心烦，舌红苔黄，脉红数；湿偏盛型主要症状为身热不扬、呕吐腹泻、淋巴结肿大、纳差，舌苔白，脉滑或濡。但需要注意的是，钩端螺旋体致病性强、感染后病情发展迅速、易造成广泛流行，除了需要及时截断病情以防进一步发展外，还要控制传染范围，防止新病例的产生。故而，张之文教授在治疗中参考了中医防治温疫的方法，但为防止"先安未受邪之地"用药缓和而延误最佳治疗时机，而采用大苦大寒之剂，如清瘟败毒饮，直折湿热毒邪之势，卫气营血同治。因该病兼夹湿邪，故酌加除湿方药，如淡渗利湿之三仁汤、芳化湿浊之藿朴夏苓汤等。吴又可言"天地间别有一种异气""以物制气，一病只有一药"。钩端螺旋体病中，钩端螺旋体便是这一"异气"，在治疗上要考虑是否有针对性较强的中药来进行治疗。经临床实践发现，穿心莲、土茯苓、山豆根、青蒿、鱼腥草、紫花地丁等药物有一定的抗钩端螺旋体的作用，其参与组成的方剂在治疗中取得了一定的疗效。

2. 人感染猪链球菌病

2005年6月下旬，四川省资阳市相继发生人感染链球菌病，截至2005年8月3日，四川省累计病例206例，其中确诊43例，临床诊断122例，疑似41例。张之文教授随省中医药专家组成员到疫区观察了病人，与当地医务人员一起讨论了中医对该病的认识及防治方案。

（1）认为人感染猪链球菌病属于暑热疫或暑湿疫

链球菌猪群带菌率高达30%~75%，以链球菌2型最为普遍。2005年夏季气温偏高，南方多雨，气候闷热潮湿，带菌猪在高温潮湿条件下发病而成为疫源，此符合中医暑湿病邪形成条件，故其中医病名可定为暑热疫或暑湿疫。

（2）人感染猪链球菌病病理传变特征

暑热疫毒从肌表侵入人体，即人在接触病、死猪时，病原经破损皮肤或黏膜侵入。其潜伏期为数小时至数天，平均常见潜伏期2~3天，最短可数小时，最长7天。发病主要表现为败血症、中毒性休克综合征和脑膜炎等，预后凶险，病死率高。

感邪较轻者，暑热湿疫毒蕴蒸气分，充斥表里，出现恶寒，发热，头痛，身痛，乏力，或有腹痛、腹泻等感邪较重者，湿热蕴蒸，蒙蔽清窍，甚或引动肝风，症见头痛，项强，呕吐，甚者昏迷；感邪严重者，病邪则直陷心营，即中医所称心为火脏，暑为火邪，邪易入之，邪毒内陷，可致元气欲脱，而迅速死亡。进入恢复期，多为暑热湿余毒疲阻清窍，络脉失养，而见耳聋、口眼歪斜，部分病患者出现气阴两伤，而后逐渐康复。

（3）人感染猪链球菌病临床证候特点

张之文教授认为中医治疗人感染猪链球菌病的切入点主要是普通型、脑膜炎型、休克型及恢复期。

普通型主要表现为恶寒发热、全身不适、乏力，可伴有头昏、头痛、腹痛、腹泻、舌淡红、苔黄腻，脉濡数等暑湿疫毒充斥表里的症状，治疗宜宣表化湿、清热解毒，药用广藿香、菖蒲、黄芩、黄连、薄荷、连翘、白蔻、芦根等。

脑膜炎型表现为发热、恶寒、全身不适、乏力、肌肉酸痛、头痛、头昏、项强、多伴耳聋，甚者昏迷，舌苔黄腻，脉濡数或滑数等湿热蔽窍的证候，治宜清热化湿、醒脑开蔽，药用石菖蒲、郁金、龙胆草、炒山栀、连翘、淡竹叶、牡丹皮、广藿香、茯苓、竹沥、生姜汁、黄连等。

休克型患者一般潜伏期短，起病急骤，预后差，中医切入治疗机会不多，其热深毒深、元气欲脱者治宜清热解毒、开窍救逆，如用清瘟败毒饮合用安宫牛黄丸等，元气欲脱，可用选用生脉注射液。

恢复期患者，体热已退，不少并发疱疹病毒感染，出现唇周疱疹，或出现耳聋、耳鸣、口眼歪斜，舌质瘀黯、苔黄腻，脉弦，为正气已虚、暑湿余毒瘀阻所致，此期中医切入治疗能促进恢复，以化瘀通络为主要治则，药用僵蚕、蝉蜕、桃仁、地龙、石菖蒲、郁金、龙胆草、赤芍、甘草；气阴两伤者，治宜益气养阴，如药用太子参、麦冬、石斛、黄连、竹叶、荷叶、知母、炒谷芽、粳米等。

3. 新冠病毒病

2019年年底，新冠病毒病（COVID-19）发生。张之文教授本已退休多年不问世事，在接到电话后，当即分析疫情、出谋划策，贡献自己的力量。那个时候，疫情不明，没有新冠病毒病的防治指南，张之文教授指导学科团队撰写了《张之文对2019冠状病毒病的认识》，并于2020年3月1日在《中华中医药杂志》公开发表。

（1）病因病机

① 审证求因。

外因是"风、寒、湿、热"。2019年12月以来，在暖冬气候基础上，又持续出现阴湿多雨，至晚冬时节，气候湿冷，结合COVID-19的临床表现，审证求因，故考虑本病的外因是"风、寒、湿、热"，为风寒挟湿，或风热挟湿，或湿热相合，或寒湿为患。

内因是"正气亏虚"。《黄帝内经》云："邪之所凑，其气必虚。"诚然邪气的侵入是发病的重要条件，但正气在发病过程中的重要作用亦不容忽视。张之文教授注意到，本次COVID-19患者的主要症状是发热、乏力、干咳，血常规检查白细胞总数正常或减少，淋巴细胞计数减少。由于正气亏虚，故本病患者感邪发病皆呈乏力。发热不甚，或因湿邪阻遏，或因正虚不能托邪外达，尤其重症、危重症患者病程中可为中、低热，甚至无明显发热，说明可能存在正气亏虚。白细胞总数正常或减少，淋巴细胞计数减少，亦可能提示人体的自我防御能力不足，正气不能奋起祛邪外出。故考虑本病的内因是人体的自我防御机制不足，即"正气亏虚"。

综上，本次COVID-19的外因是"风、寒、湿、热"，内因是"正气亏虚"，内外因相互作用而发病。

② 病位探讨。

本病基本病位在肺，涉及脾、胃、心、肾。根据本病临床表现发热、乏力、干咳，肺部影像学改变，以及少数患者伴有鼻塞、流涕、咽痛等肺系症状，重症患者出现呼吸困难，严重者快速进展为急性呼吸窘迫综合征等，可以明确基本病位在肺。

本病还有腹泻等消化道症状，说明病位可涉及脾胃。重症患者可出现低氧血症，严重者可快速进展为脓毒症休克、难以纠正的代谢性酸中毒和凝血功能障碍，出现内闭外脱或阳气外脱，说明病位可涉及心肾。

③ 病机演变。

本病病机演变受体质类型（气虚质、阳虚质、阴虚质、痰湿质等）、年龄、基础疾病等影响而发生变化。

气虚、阳虚体质，多见于老年患者，寒湿易从表伤，耗损阳气。阴虚体质，风热伤表内袭，肺胃受病，其阴虚体质易化火成毒，致肺胃大肠邪热壅遏，或热毒内闭心包，甚至内闭外脱而危及生命。痰湿体质，太阴内伤，再感湿邪，内外合邪，发自太阴肺脾，表现为身热不扬、身痛乏力、腹泻、腹痛、不饥厌食等，湿从寒化，易损伤阳气，可致阳气败脱、气息奄奄、肢体厥冷、腹泻、脉微弱，后果堪虞。

总之，六气伤人必随人身之气而变，或热化，或寒化。

（2）辨证论治

① 初起证治。

根据临床观察，不同体质类型的患者，初起受风、寒、湿、热的不同兼夹情况而出现不同的临床类型，大致分为以下3类。

其一，风寒挟湿，伤表郁肺。若初起风寒挟湿，伤表郁肺，患者出现发热、轻微乏力、鼻塞、流涕、咳嗽等，治当开肺解表，可以荆防败毒散或人参败毒散加减。气虚老年者宜人参败毒散。

《温热经纬》方论篇中专门论及败毒散一方，余师愚曰："此足三阳药也。羌活入太阳而理游风。独活入太阴而理伏邪，兼能除痛。柴胡散热升清，协川芎和血平肝，以治头痛、目昏。前胡、枳壳，降气行痰，协桔梗、茯苓以泄肺热，而除湿消肿。甘草和里……方名败毒，良有以也。疫证初起，服此先去其爪牙"。王孟英按：爪牙者，表邪之谓也。无表邪者，不可用也。

本证治疗注意事项：对体虚者，应注意固其卫气，兼解风寒湿邪，不宜专行发散，以免重伤肺气。

其二，风热内袭，肺胃受病。陈平伯《外感温病篇》指出："是以风温外薄，肺胃内应，风温内袭，肺胃受病"。

初起若不挟湿，风热在肺胃，患者表现为身热、咳嗽、汗出、口渴、烦闷、苔微黄、脉数等，治当凉解肺胃，可用陈平伯风温初起方加减，药用金荞麦、前胡、杏仁、金银花、桔梗、桑叶、薄荷等。

相关原文参见陈平伯《外感温病篇》第2条："风温证，身热畏风，头痛咳嗽，口渴，脉浮数，舌苔白者，邪在表也，当用薄荷、前胡、杏仁、桔梗、桑叶、川贝之属，凉解表邪。"因为风属阳邪，阳邪必伤阳络，是以头痛恶风；邪郁肌表，肺胃内应，故咳嗽、口渴、苔白；邪留于表，故脉浮数。表未解者，当先解表，但不同于伤寒之用麻黄、桂枝。《外感温病篇》第3条："风温证，身热，咳嗽，自汗，口渴，烦闷，脉数，舌苔微黄者，热在肺胃也。当用川贝、牛蒡、桑皮、连翘、橘皮、竹叶之属，凉泄里热"。风热内袭，肺热则咳嗽汗泄，胃热则口渴烦闷，苔白转黄，风从火化，故以清泄肺胃为主。

根据张之文教授经验，此证宜重用金荞麦。金荞麦入肺经，清肺解毒，诸本草还载其具有止咳平喘之效。但有称其苦大寒者，有称性凉者，张之文教授认为该药性凉，临床用量至30 g亦未见腹泻、腹痛，是为佐证。该药以往多用于麻疹合并肺炎的治疗，是一味对肺炎有良效的中药。

本证治疗注意事项：若风热侵袭肺胃，出现气阴两虚、身热气短、口渴、干咳，可加人参（生晒参）、西洋参、麦冬、石斛等益气养阴、扶正祛邪。

其三，湿热合邪，发自肺脾。若初起挟湿，发自太阴肺脾，手太阴肺与足太阴脾同时受累，出现湿热在肺脾。正如何廉臣《湿温时疫治疗法》所说："湿多者，湿重于热也。其病发自太阴肺脾，多兼风寒"。

初起若挟湿，湿热在肺脾，出现低热或不发热，乏力，沉困嗜睡，头目胀痛昏重，如蒙如裹，四肢肌肉酸痛，胸膈痞满，大便溏而不爽，舌苔白腻，脉濡或滑，治当轻开肺气，可以藿朴夏苓汤或三仁汤加减治疗。何廉臣《湿温时疫治疗法》载："慢性时疫，纯是气分湿秽病。据湿温本症而论，当须分湿多热多，兼寒兼风之界限……湿多者，湿重于热也。其病发自太阴肺脾，多兼风寒……治法以轻开肺气为主，肺主一身之气，肺气化则脾湿自化，即有兼邪，亦与之俱化。宜用藿朴夏苓汤"。

本证治疗注意事项：湿为阴邪，宜温运中焦，因此，在使用藿朴夏苓汤或三仁汤化裁时，若湿困较盛，困顿不饥，脘腹痞胀，腹泻，宜加苍术、白术、厚朴、生姜等振奋中阳，运化湿浊。

② 转化转变。

病程发展中，证候会受体质因素、年龄、基础疾病等影响而发生转化，如章虚谷言："六气之邪，有阴阳之别，其伤人也，又随人身之阴阳强弱变化而为病"，转化的大致规律为热化或寒化。热化者出现肺热壅盛、痰热阻肺等，重症阶段出现内闭外脱；寒化者寒湿伤脾胃两阳，再进一步发展可出现阳气败脱。此外，在寒化过程中，还可能出现寒热错杂的情况，亦须注意。

热化：风热在肺胃的容易热化，进一步发展影响到肺、胃、肠，出现肺热壅盛、痰热阻肺等。

邪热壅肺：风热袭肺，进一步发展，病位集中在肺，形成肺热壅盛、痰热阻肺，出现咳嗽、胸闷、胸痛、舌红苔黄，脉数，可予麻杏石甘汤合小陷胸加枳实汤。药用炙麻黄、杏仁、石膏、甘草、黄连、半夏、瓜蒌、枳实等。

具体运用时，如果单纯肺热壅盛，可以麻杏石甘汤加减；若肺热壅盛与痰热阻肺皆存在，可以麻杏石甘汤合小陷胸加枳实汤加减；若痰热阻肺，热不盛，可以三拗汤合小陷胸加枳实汤加减。

对于热化的患者需要特别关注肺胃热重，影响到肠道，肺胃大肠一气相通，从肺热到胃热到肠热，此时，要导热下行。在应用麻杏石甘汤、小陷胸加枳实汤时，要加大黄通下泄热。运用大黄泻热通腑需注意两点：首先，不是便秘才加大黄，加大黄的目的是导肺胃大肠之热外出，为热邪寻求出路。吴又可《温疫论》中用大黄就是强调急证急攻，勿拘结粪。里气通，表气顺，里气一通，热邪外达；其次，大黄建议用熟大黄，不致损伤中阳引起腹泻、腹痛。

内闭外脱：邪热壅肺重者，可致热毒内闭心包，甚至内闭外脱而危及生命，可视病情辨证以生脉散或参附汤送服安宫牛黄丸。

寒化：阳虚体质，或年老，或有基础疾病者，容易出现寒化，或其他药物退热后，表现为中焦寒湿，出现寒湿伤脾胃两阳，再进一步发展会阳气败脱。

寒湿伤脾胃两阳：患者出现倦怠肢寒、食少不饥、腹泻、呕吐，或脘中痞闷、不思饮食、纳呆等消化道症状，治当运化脾胃，宣通阳气，可予《温病条辨》苓姜术桂汤。药用茯苓、生姜、炒白术、桂枝等。《温病条辨》中焦篇第50条载："寒湿伤脾胃两阳，寒热，不饥，吞酸，形寒，或脘中痞闷，或酒客湿聚，苓姜术桂汤主之"。具体应用时，可视情况在方中加人参（红参为佳）、黄芪等。

阳气败脱：若进展为阳气败脱，则元气耗散，阳气欲脱，患者表现为呼吸微弱，上气喘急，大汗出，面色白无华，脉微欲绝。当回阳益气固脱，可用参附汤等。

寒热错杂：湿热在肺脾的可湿化、寒化，但在寒化过程中，还可能出现寒热错杂的情况。寒热错杂者，胸中有热，胃中有邪气，胸中有热可指肺热，胃中有邪气可指胃中有湿热，可用黄连汤或半夏泻心汤加减，药用人参、桂枝、生姜、大枣、甘草、黄连、半夏等。《伤寒论》第173条云："伤寒，胸中有热，胃中有邪气，腹中痛，欲呕吐者，黄连汤主之"。黄连汤实际也是半夏泻心汤的加减。可在黄连汤中加黄芩清肺热，黄芩、黄连清热化湿，人参、生姜、大枣、甘草益气温中，桂枝宣通阳气。

张之文教授根据自己多年的理论研究和疫病防治实践，根据当时已经报道的新冠病毒病患者临床表现，立即指导学科团队撰写并公开发表了此文，为后来四川省中医药管理局新冠防治方案提供了基础。

（三）团队引领，初步构建了中医疫病学科

以成都中医药大学为代表的巴蜀温病学派，在温疫理论系统研究、教学改革和临床实践等方面积淀深厚，在全国具有重要影响力，在防治多种传染病流行中体现了成中医瘟疫研究的厚重底蕴和责任担当。

1. 温疫理论研究，成果丰硕

成都中医药大学在瘟疫研究方面深耕数十年，张之文教授于20世纪70年代在全国率先开展温疫理论的系统研究，系统梳理古今温疫学家的思想，发表了系列文章，形成了温疫学说理论体系。总结新时期SARS等防治经验，温病团队深入开展中医感染病理论体系研究，将中医理论与临床感染病防治相结合，于2004年主编大型专著、国家重点图书《现代中医感染性疾病学》。团队在系统研究古代医家防治疫病理论基础上，将温疫划分为温热疫、湿热疫、暑热疫、寒（湿）疫、杂疫，对每类疫病进行梳理，形成较为系统的体系。研究成果被纳入全国规划教材。

2. 教育教学改革，开拓创新

学校温病学科分析传统中医课程体系，发现本科教材《温病学》中疫病知识不足，课程设置上没有充分地讲授瘟疫学知识，学生对瘟疫学理论知之较少的情况，于2000年初在全国率先将疫病学作为新课程加以建设，面向本科生开设《瘟疫学》课程，打破了国内中医院校尚无面向本专科专门疫病学课程的局面，解决了《温病学》课程难以设置充足的学时专门讲授瘟疫学内容的矛盾，避免了寒温割裂学习，学生不能融会贯穿、综合认知的情况。组织编写出版了特色教材《瘟疫学新编》，后又优化教材，主编出版"十三五"中医药院校创新教材《瘟疫学》，对指导传染病防治、加强中医药疫病防治人才培养，发挥了重要作用，较早践行了教育部《关于深化医教协同进一步推动中医药教育改革与高质量发展的实施意见》中提出的关于完善中医药学科体系、强化中医基础类、经典类、疫病防治类学科的建设、增设中医疫病相关课程等意见，强化了中医药防疫人才的培养。

随着瘟疫学课程改革的深入，教学不断与时俱进，学校温病学科创新疫病教育教学，温病专家冯全生教授提出，课程目标必须围绕疫病人才培养，课堂设计必须结合新发疫情，课程思政必须纳入抗疫实践，教学内容必须理论结合临床，瘟疫教学注重临床实践，培养懂瘟疫、能抗疫的优秀中医人才。相关研究获得四川省和学校教学成果奖一等奖。

3. 瘟疫防治，成效斐然

成都中医药大学从建校之初的防治血吸虫病、钩体病到后来的SARS、人猪链球菌病、地震灾后防疫、新冠病毒病等，发挥了重要作用。作为四川地区瘟疫防治的牵头单位，多次组织专家深入疫区，运用中医药有效控制了包括钩端螺旋体病、人感染猪链球菌病、SARS等疫病流行。新冠病毒病发生后，张之文教授积极参与疫情防治，参加"中医药+互联网"公益抗击疫情行动，开展"专家与北美校友新冠病毒病疫情防控在线交流会"；温病团队撰写拟订疑似新型冠状病毒感染轻症居家中医调理方案，运用于国内外数万人次和医疗单位等防护，参加四川省中医药管理局防疫方案制定，指导基层医院重症新型冠状病毒感染患者中医治疗，撰写的相关防治建议书被中央办公厅信息综合室单篇采用，主编出版《中医抗"疫"大众调护指南》（四川科技出版社），被"学习强国"权威平台报道，得到众多媒体转载好评。团队借助中国中医药出版社"中医出版"、"巴蜀温病流派"等微信公众号开设"瘟疫讲堂"，上传课件供全国同行研习，反响热烈。2020年4月，张之文教授等专家学者在中华中医药学会感染病分会主办的战"疫"肩并肩线上"专家讲堂"，以《从瘟疫理论认识新冠肺炎》为题与同仁分享从瘟疫理论治疗新冠肺炎的思路；5月，受教育部学校规划建设发展中心邀请，对中医药在抗击新冠肺炎及日常养生保健进行线上培训；9月，在"西部联盟大讲坛·中医思维与经典传承"高级师资培训班中，以中医抗击新冠病毒病为例，讲述了温病经典理论的应用及价值。

二、开拓温病学感染病新用

（一）链接温病与感染

针对温病与现代感染病关系含混不清导致患者就诊不明以及学术交流不畅的问题，张之文教授提出"感染"一词中西医学都可以通用，中医感证与西医感染相通或相近。事实上，以感证命名的中医古代医籍不胜枚举，如茅雨人的《感证集腋》、吴坤安的《感症宝筏》、严鸿志的《感证辑要》等。建立中医感染症学既能与中医理论接轨而具传承性，又能与国际接轨而利交流。中医感染症学内容不应限于伤寒六经、温病卫气营血、三焦，凡与感染相关的内容均应纳入，特别应包括广大中医工作者积累的丰富的防治感染性疾病及传染病的经验。总之，中医感染症学与临床接轨，适应实际需要；与传统接轨，其学术内涵丰富；与国际接轨，则有利于交流。

正是基于此，20世纪70年代，张之文教授牵头四川省科委重点课题温病卫气营血基础理论的研究，阐释了四时温病指导感染疾病治疗的科学内涵，为现代温病理论研究奠定了坚实基础。1998年6月在广州召开的全国中医临床基础学科建设研讨会上，张之文教授提出建立中医感染病学。2004年，为总结近年来中医药防治感染性疾病的最新成果，继承传统理论，并加以创新，张之文教授主编出版大型感染病中医专著《现代中医感染性疾病学》（人民卫生出版社），得到中国工程院院士王永炎、国医大师张学文的题词肯定。其研发的"双解口服液""抗过敏胶囊"应用于临床，在解热、治疗过敏性疾病取得好的效果。其指导学术传承人陈建萍、郭明阳、冯全生等研发的"五藤二草汤""速效热痹饮""藤芪复方""芪甲柔肝方"等，临床应用于类风关、乳腺癌、肝硬化等，效果显著，获得四川省科技进步奖。通过产学研用结合，张之文教授开拓了感染病中医研究的新天地。

1. 从温病理论论治感染性疾病

1）着力阐释温病活血化瘀法

叶天士说："营分受热，则血液受劫。"吴又可说："气属阳而轻清，血属阴而重浊，是以邪在气分，则易疏透，邪在血分，恒多胶滞。"而且邪入营血多有不同程度营热阴伤、血液妄行的表现，所以张之文教授认为邪入营血，往往多有血液凝滞，瘀血内阻的表现，故活血化瘀法在营血分有广泛的使用。但由于营血分的病变互相关联，因此活血化瘀法常与凉血、解毒、开窍、益阴等配合使用。

（1）凉血化瘀

张之文教授认为凉血散血（化瘀）法是温热病邪深入营血最基本、最重要的方法，适用于邪热初入营分，和邪热入血之证。在临床上凉血化瘀药如丹参、牡丹皮、赤芍、紫草、白茅根等，代表方剂如犀角地黄汤（犀角、生地、牡丹皮、赤芍）。有研究证明，某些凉血散本身就具有消炎和抗凝两方面的作用。例如丹参脂溶性部分（总丹参酮片）具有抗炎、消肿与退热功能；水溶性部分有很好的抗凝作用，如可加快血流速度、抗渗出，并作用于血浆凝固因子和纤维蛋白溶解系统，有使血小板升高趋势，对血小板凝集功能有抑制作用。应用丹参注射液治疗流行性出血热，其大出血发生率降低，这可能与弥漫性血管内凝血（以下称 DIC）的被阻断有关。因 DIC 与瘀血似属同一本质的病理表现。故中医学关于"凉血化瘀"的治则很值得进一步探讨。

（2）解毒化瘀

适用于血热壅盛，化火成毒的病变。其表现可见高热或过高热，昏狂谵妄，舌质紫晦，以及各个部位的出血，且出血量较多，斑疹多现紫黑色，治疗一方面应泻火解毒以撤邪热，一方面应凉血化瘀以除血热之壅滞。常用药物如银花藤、连翘、黄芩、黄连、黄柏等，方剂如加味犀角地黄汤、犀角地黄汤合银翘散、清瘟败毒饮加凉血化瘀之品等。并且张之文教授认为，临床中还应根据火毒与瘀滞的不同而治疗略有差异。

① 火毒充斥，迫血妄行。

咯血：其多见于暑瘵咯血，多系盛夏之月，暑热伤肺，暑逼络伤，沸腾经血，火载血上，血从上溢所致。现代医学钩端螺旋体病肺出血型属于暑瘵范畴。治疗可选犀角地黄汤和银翘散，或者大剂清瘟败毒饮去桔梗，加三七、白茅根、京墨、云南白药等以泻火解毒、凉血化瘀。

尿血：血因热迫而导致尿血。尿血，小便出血而不痛，甚则小便色黑。可用清瘟败毒饮泻火解毒，加桃仁、白茅根、琥珀、牛膝、棕灰等，或者用吴又可的桃仁汤（桃仁、牡丹皮、当归、赤芍、阿胶、滑石），或者戴麟郊的《瘟疫明辨》经验是"惟小便黑者，当逐瘀清热为主，犀角地黄汤加大黄等类"。

便血：由肠络损伤所致，即《灵枢·百病始生》所称之"阴络伤则血内溢，血内溢则后血"的记载。表现为灼热、烦躁、大便下血、舌红绛等。其治疗宜大进凉血解毒之剂，以救阴而泄邪，并进化瘀通络以活血止血。药物用犀角、生地、赤芍、牡丹皮、连翘、紫草、茜根、银花等味。

② 火毒壅盛，瘀滞发斑。

中医常根据斑疹的色泽形态判断疾病的顺逆。一般色红、松浮光泽，发出时神情清爽，为外解里和；若色紫黑，紧束枯萎，或迅速融合成片，称为瘀斑，传统认为，火毒壅盛，系胃热将烂之候；若发出时神志昏愦，则病情凶险。如余师愚说："紫赤类鸡冠花而更艳，较艳红为火更盛，不急凉之，必至变黑，须服清瘟败毒饮加紫草、桃仁。"又说："其色青紫，宛如浮萍之背，多见于胸背，此胃热将烂之候，即宜大清胃热兼凉其血，以清瘟败毒饮加紫草、红花、桃仁、归尾，务使松活色淡，方可挽回，稍存疑虑，即不能救。"

③ 毒滞血壅，红肿热痛。

温热邪毒，壅遏经络，血因毒滞，局部红肿热痛，如温毒痄腮、发颐等。治疗需要清凉解毒，活血化瘀，可选伍氏凉血解毒汤之类。

（3）开窍化瘀

中医理论认为，心包的病变主要是热邪内陷，或者痰热蒙闭所致，如叶天士说"外热一陷，里络就闭"，症可见昏迷不语，甲青纯黑，皮下瘀斑如紫茄，或自利酱粪，舌质紫绛，或者晦暗，脉细涩。张之文教授认为此瘀热阻窍，非安宫、紫雪、至宝等"三宝"所能开，当开窍化瘀并进，方用犀珀至宝丹（犀角、羚羊角、广郁金、琥珀、炒川山甲、连翘心、石菖蒲、蟾酥、飞辰砂、真玳瑁、麝香、血竭、红花、桂枝尖、牡丹皮、猪心血）或通窍活血汤调入珠黄散（珠粉、西黄、辰砂、川贝）。何廉臣首推犀珀至宝丹，认为是治疗"邪热内陷，里络壅闭"的开窍"前锋"。他说："此丹大剂通瘀，直达心窍，又能上清脑络，下降浊阴；专治一切时邪内陷血分，瘀塞心房，不省人事，昏厥如尸，目瞪口呆，四肢厥冷等症"。

并且，张之文教授还主张开窍化瘀和清热解毒并用，如陈平伯说："热邪极盛，与三焦相火相煽，最易内窜心包，逼乱神明，闭塞络脉，以致昏迷不语，其状如尸，俗谓发厥是也。"治宜"泻热通络。""泻热"即泻热解毒，"通络"是通包络。单纯清解热邪，或单纯化瘀开窍，均不全面，势必影响疗效。如热毒深伏之闷疫，六脉细数沉伏，面色青惨，昏愦如迷，四肢逆冷，头汗如雨，其痛如劈，腹内搅肠，欲吐不吐，欲泄不泄，摇头鼓颔，余师愚主张单纯的泻火解毒，认为非大剂清瘟败毒饮不可，不主张化瘀开窍。由于本证系热毒深伏，血瘀气闭所致，大剂的泻火解毒，冰伏邪气，凝滞气血。故汪日桢评论说："本方有遏抑而无宣透，故决不可用"。何廉臣指出，在应用清热解毒的同时，"宜急刺少商、曲池、委中三穴，以泄营分之毒；灌以瓜霜、紫雪八分至一钱，清透伏邪，使其外达；更以新加绛覆汤，加来复丹钱半至二钱，通其阴络，庶可挽回。"可见活血化瘀之品与清热解毒之品合用有预防寒凉凝涩气血的弊端。

（4）温阳化瘀

温阳化瘀法主要针对若热闭心包，瘀塞心窍，消灼真阴，而致阴竭阳脱（即内闭外脱），表现神昏谵语，甚则昏厥发痉，不语如尸，目闭舌强，气短息促，扬手踯足，躁不得卧，手足厥逆；冷汗自出，舌质紫晦；进一步发展则身冷如冰，唇黑甲青，气息欲绝，脉伏难以触知等；阳气外脱，气血失却鼓动而瘀滞日趋严重。因此，治疗应在温阳固脱的同时，不可忽视活血化瘀，可应用王清任治疗瘟疫之急救回阳汤。方中用大量的参、术、附、姜、草回阳救逆，鼓动气血运行，并以桃仁、红花以通气血之路，阳气即易回复。但本证系由内闭而致外脱，由亡阴而致亡阳，仅温阳化瘀还不够，当于回阳之中必佐养阴，摄阴之内必顾阳气，务使阳潜阴固，不致有偏胜之虞。因此，上述回阳化瘀方药，应与养阴益气固脱的生脉散（人参、麦冬、五味子）合用，取效更捷。

（5）益阴化瘀

益阴化瘀法适于温病久而不愈，余邪与营气相搏，心主阻遏，气钝血滞，络脉凝瘀的病变，表现默默不语，神志昏迷，或肢体痿痹等。治宜益阴养血，破滞通瘀，并注意清透余邪。代表方如吴氏三甲散，方以鳖甲、龟板、当归、白芍、牡蛎、甘草益阴养血；以山甲、䗪虫活血化瘀；以蝉蜕、僵蚕祛邪达表。瘀滞甚者，䗪虫用量加倍，如无䗪虫，用干漆在锅内把烟炒尽为度，研末五分，桃仁、红花捣烂一钱代替。亦可用薛生白提出的醉地鳖虫、醋炒鳖甲、土炒山甲、生僵蚕、柴胡、桃仁泥等味。

以上就是张之文教授对于邪入营血，营阴瘀滞的辨证治疗思路，多从"清、养、透"三法，既注重化瘀通脉，亦重视祛除邪气，扶住正气，俾血脉流利，气清血和，则病自痊。

2）汇通湿热理论论治痰湿证

温病，根据其是否夹湿分为温热类温病和湿热类温病。湿热类温病又有湿热、湿温的说法，对于二者的异同，张之文教授认为从中医古典医籍看，湿温与湿热有同义的，如薛氏《湿热病篇》之湿热，与吴鞠通《温病条辨》之湿温同。但临床上常见的一种发生在夏秋季的"湿热证"与湿温病有区别。此种"湿热证"系指湿邪郁阻脾胃引起的以脾胃运化功能失调为主证的一类病证，除一般不发热，或仅有低热外，可表现湿与热的基本证候，但病变呈局限性，集中表现湿热郁阻脾胃，而不深入营血分。目前有人给这种"湿热证"单独命名为"湿阻"。现代医学的夏季热、某些肠炎病人等，其临床表现也类似"湿热证"。

（1）湿温的诊断

湿温的诊断常包括4个方面：

① 临床表现必须具备热邪与湿邪致病的基本证。如热证表现发热、口渴、脉数等；湿证表现胸痞、苔腻、乏力等。

② 根据湿温病的基本临床表现，审证求因，其致病因素系湿热病邪。

③ 病变虽有卫气营血诸阶段演变过程，但主要留恋气分，其中以脾胃为中心。病情复杂，病程较长。

④ 多发病于长夏初秋，气候炎热，雨湿较盛季节。

（2）湿温的病因和病理

张之文教授认为湿温发生的内在因素主要是中气不足，脾胃运化失调，抵御湿热病邪的能力下降。外在因素则在于湿热或从肌表，或从口鼻而入。正如薛生白说："太阴内伤，湿饮停聚，客邪再至，内外相引，故病湿热。"

湿温由表入里，由浅入深，营卫气血均受其累，但以湿热阻滞中焦气分为重要，持续时间长，常以脾胃为主要病变中心。湿热阻滞中焦，损害或脾，或胃主要取决于素体脾胃的功能状态，如薛生白言："湿热病属阳明太阴经者居多，中气实则病在阳明，中气虚则病在太阴"。此外，湿热伤人，可以火化而深逼营血，但湿属阴邪，湿邪燥化后多损伤阴络而生便血等症；也可以寒化而不同于一般温热病的结局，如湿久伤阳，脾肾阳虚，水湿泛滥所见的头晕、心悸、畏寒、神倦、肢肿等症。

（3）湿温的辨证

首辨湿热偏盛。

湿邪偏盛要点：①发热：热势不扬，但多持续不退，早轻暮重。②神情：困顿，多眠睡，表情淡漠，对周围事物处于无欲状态，或略见昏浆。③胸腹：胀满不舒。④口的情况：渴不引饮，或竟不渴，口甘多涎，或口木无味等。⑤头身疼痛：重痛、如裹，难于转侧。⑥二便：大便溏泄或水泄，小便混浊不清。⑦舌象：白腻、白滑、白灰、白如积粉、白苔满布、板贴不松。⑧脉象：濡，不甚数。

热邪偏盛要点：①发热：发热较高，汗出不解。②神情：烦躁。③胸腹：疼为主，伴有胀闷。④口的情况：渴不多饮，或口渴欲饮，但饮下不舒；口苦，口秽喷人。⑤头身疼痛：眩痛、掣痛。⑥二便：大便秘，或下利黏垢，秽臭难近，小便短赤。⑦舌象，舌苔黄，或黄厚而腻，舌质红。⑧脉象：以弦数或滑数为主。

次辨湿热部位。

上焦：初犯卫气，表现恶寒发热，头胀头重，胸痞闷等；郁阻胸膈则胸腻痞满，心烦懊侬，坐卧不安，不饥不食等；上蒙心包则身热不退，神志淡漠，时或昏谵，苔黄垢腻，脉滑数等。

中焦：即以脾胃为主要病变的湿热偏盛两型，如脘痞纳呆，呕恶，便溏，渴不多饮，或饮不解渴，舌红苔黄腻，脉濡数等。

下焦：湿阻小肠，泌别失司，则小便不通，热蒸头胀，神昏呕逆；湿阻大肠，湿郁气结，肠道传导功能痹阻，则大便不通，少腹硬满；若湿热与肠道积滞结聚，则身热不退，腹通胀漓，大便秘，或下利黏垢，黑如胶漆，舌苔黄浊。

（4）湿温的治疗

张之文教授认为湿温病的治疗，总是以湿热分解，湿去热孤为原则。针对湿邪，采取化湿法，包括宣肺、温化、淡渗三法。

① 宣肺法。

湿热病邪初袭人体，郁遏卫气，即可采用本法。因肺合皮毛，肺气宣则能熏肤泽毛，郁遏卫外之湿邪即可驱散。同时，肺为水之上源，通调水道，下输膀胱功能。宣肺气，即开水源，初入气分之湿邪，即可随水道排泄。常用药为杏蔻橘桔等，以宣通气滞，达归于肺，使湿邪从水道而去。常用方如三仁汤。

② 温化法。

湿为阴邪，可以苦辛温之品温运之，具体包括燥湿、理气、芳化。

燥湿：即以温燥诸药，燥运脾湿，药如半夏、苍术、草蔻、草果等。

理气：湿浊阻滞，气机不畅，表现脘腹胀满，呃逆嗳气等，必以辛散药物，疏理气机。气机枢转，呆滞湿邪易化。常用药如陈皮、厚朴、枳壳、大腹皮等。

芳化：脾恶湿，湿浊较盛，则不饥不食，口腻苔浊，故需悦脾作用的藿香、佩兰、荷叶、甘松等芳香药物，以驱逐秽恶湿邪，达到苏醒脾胃气机作用。

③ 淡渗法。

适于一切湿病，故有"治湿不利小便非其治也"的原则。古人比为"犹如开沟渠以泄之"。此法虽泛用于一切湿病，但湿阻下焦，小肠泌别失司，应用此法尤为紧迫。淡渗法常用药如薏苡仁、滑石、通草、茯苓、泽泻、冬瓜仁、豆卷等。常用方如茯苓皮汤（《温病条辨》方，茯苓皮、生薏仁、猪苓、大腹皮、通草、淡竹叶）；若兼瘀滞，可用导赤散合加味虎杖散，药如生地黄、川木通、竹叶、杜牛膝、牡丹皮、降香、琥珀、桃仁泥等。

若湿郁下焦，湿浊上泛，小便不通，水肿，喘息不得平卧，淡渗难以获效者，应用刘河间倒换散（荆芥、大黄），从大肠导泻湿浊。

此外，张之文教授还提到导浊一法，针对湿郁气结，阻痹大肠而致的下闭上壅，窍阻神昏证，方如宣清导浊汤（《温病条辨》方，皂荚子、晚蚕砂、茯苓、猪苓、寒水石）。

总之，张之文教授认为湿在上焦以宣肺为主，湿阻中焦以温运为主，湿流下焦以淡渗为主。而且要注重恢复脏腑气化功能以除湿，如曹炳章说："湿即气也，气化则湿化……故治法必以化气为主，在上焦则化肺气，在中焦则运脾气，在下焦则化膀胱之气。"

对于热邪，则采用清热法，具体包括轻清气热、苦泄热邪和苦寒攻下。

轻清气热：湿温邪在上焦用之，选用轻清灵动、轻扬走上的药物，配入有关化湿方中。如湿遏卫气的三仁汤之用竹叶（《温病条辨》方，杏仁、滑石、通草、白蔻仁、竹叶、厚朴、薏苡仁、半夏）。

苦泄热邪：适于湿温热邪偏盛或湿热俱盛者，湿热阻滞中焦常用之。即选用黄芩、黄连、栀子等苦寒清热、苦寒燥湿等药，配入化湿方中，起到苦泄热邪的作用。而且这些苦泄之品，与辛开湿郁的药物配伍，如半夏、枳实、菖蒲等，能够辛开苦降，顺应脾胃的升降功能，是分解中焦湿热的重要方法，对于湿热所致的脘痞胀痛有很好的疗效。

苦寒攻下：适于湿热积滞结于肠道者。湿温病在应用攻下法时，当轻法频下，清利湿热与荡涤积滞并举。不能单用承气攻下。章虚谷认为"若用承气猛下,其行速而气徒伤,湿仍胶结不去,故当轻法频下。"方如枳实导滞丸(《内外伤辨惑论》方,黄芩、黄连、枳实、大黄、茯苓、白术、泽泻、神曲)。所谓频下,要下至热尽苔退,便于湿尽为度。

张之文教授进一步指出化湿与清热两法,是针对病机配合运用的,如华岫云在总结叶天士治湿的经验时所说:"今观先生治法,若湿阻上焦者,用开肺气,佐淡渗,通膀胱,是即启上闸,开支河,导水势下行之理也。若脾阳不运,湿滞中焦者,用术朴姜半之属,以温运之,以苓泽腹皮滑石等渗泄之,亦犹低洼湿处,必得烈日晒之,或以刚燥之土培之,或开沟渠以泄之耳。其用药总以苦辛寒治湿热,以苦辛温治寒湿,概以淡渗佐之。"

(5)湿温理论指导痰湿证的治疗

痰是水湿津液凝聚变化而成,且痰与湿性质相近或相同,故治湿与治痰有共通之处。临床治湿当以宣气为先,治痰亦是如此。如明代孙一奎《医旨绪余》称:"今利其气,使郁结开而气道畅,抑何痰饮之有?"程玠《松崖医径》说:"善治痰者顺气为先",庞安常说"善治痰者,不治痰而治气,气顺则一身之津液亦随气而顺矣"(《成方切用·卷九上·除痰门》),严用和认为"人之气道贵乎顺,顺则津液流通,绝无痰饮之患",并指出治痰之法"不若顺气为先"(《严氏济生方·咳喘痰饮门》)。

吴鞠通称湿之伤人,"上焦与肺合,中焦与脾合,其流于下焦也,与少阴癸水合"(《温病条辨·下焦》)。肺居五脏之上,性主宣发肃降,通调水道。肺气清肃下降,水液才能下输膀胱,排出体外。脾居中焦,主运化,运化转输功能维持和调节人体内水液代谢的平衡。肾与膀胱互为表里,肾中阳气的温煦作用,才能助膀胱气化,将尿液排出体外,所以肺脾肾三脏在人体水液代谢中意义重大,而湿邪的治疗也以此三脏为主。正如曹炳章说:"湿即气也,气化则湿化……故治法必以化气为主,在上焦则化肺气,在中焦则运脾气,在下焦则化膀胱之气。"化膀胱之气必温煦肾气。张之文教授认为治痰亦不过如此。总之,治痰在上焦要开泄肺气涤痰,在中焦健运脾气而祛痰,在下焦则应温助肾气而化痰。

① 上焦开泄肺气。

痰为阴邪,其性黏滞,易阻遏气机,痰邪留肺则致肺气痹郁,升降失常,症多见胸部闷胀压迫感、窒息感、喘咳气促,或有痰气搏击出现哮鸣音等。此皆痰邪阻遏肺气使然,理应祛逐痰邪,但肺气不顺则痰浊不降,故治疗以开泄肺气为首要,肺主一身之气化,肺气开宣,则脏腑气化如常,痰饮自化。

辛以开泄。临床针对喘咳胸闷,鼻咽生痒、遇冷热刺激咳喘的风邪痹郁肺经疾患,张之文教授常因其体质阴阳属性、病情寒热而运用辛温、辛凉之剂以宣通肺气;若症见体肥面白、肢冷畏寒、喘咳痰嗽、胸闷气紧、遇冷空气刺激诸症加重的情况,在温阳化饮的基础上,常重用辛温发散之品,如辛夷、防风、细辛、荆芥、紫苏叶、麻黄等;若素体阴虚则多辛凉辛温合用,如再酌加蝉蜕、僵蚕、刺蒺藜等药物,辛以开宣肺气而化痰,常能取得良好疗效,特别是对于咳嗽变异性哮喘的治疗殊有良效。

苦辛开泄。肺为娇脏,一有邪滞则失其灵动之机,如痰浊壅滞、肺失宣降则喘咳痰嗽,治宜苦辛合用,以调其升降,利其气机,助其气化。正如吴鞠通《温病条辨·上焦》说:"盖肺为清虚之脏,微苦则降,辛凉则平"。药如枳壳、枳实、桔梗、杏仁、前胡等味。关于青皮,张之文教授认为其有良好的开泄肺气作用。通常认为青皮苦辛、温,只入肝、胆、胃经不入肺,具有疏肝破气、消积化滞的功效。但金元罗谦甫对此认识不同,《古今医案按·卷五·喘胀》罗氏云:"青皮苦辛平,散肺中滞气。"张之文教授临床实践证明,青皮确有宣通肺气的作用,临床常将其与枳壳、枳实同用而取效。肝阳素旺并有高血压痼疾的患者,若兼痰阻肺气、胸闷喘急,不宜用麻黄开泄者,则代之以枳壳、枳实、青皮,同样可以收到肺气开、痰浊降、气逆得以缓解的疗效;若痰热互结,阻遏肺气,胸闷气急,咳痰不利,痰色变黄,舌苔黄浊,当开宣肺气,分解痰热,如用小陷胸加枳实方(《温病条辨》方,瓜蒌、半夏、黄连、枳实),"以黄连、瓜蒌清在里之热痰,半夏除水痰而强胃,加枳实者,取其苦辛通降,开幽门而引水下行也"(《温病条辨·中焦》),体现了治痰先治气的原则。

通降开泄。肺与大肠相表里,痰热郁滞肺经不解,移热于腑,肠腑热结,而成脏腑合病,症见喘促不宁,痰涎壅盛,大便不通,舌红,苔黄厚腻,右寸实大之证。药如枳壳、桔梗、黄芩、黄连、瓜蒌皮、法半夏、茯苓、陈皮等,或者选用宣白承气汤(由生石膏、生大黄、杏仁、瓜蒌皮)以邪热通腑,使痰浊由脏及腑而排出。

② 中焦健运脾气。

脾与胃以膜相连，胃为阳土，以降为和，脾为阴土，以升为健，脾升胃降，共同枢转一身之气，如章虚谷说："三焦升降之气，由脾鼓运，中焦和则上下气顺"（《温热经纬·温热论》）。若脾失健运，水谷不化津液，反生痰湿，症多见咳痰多而易滑出，面色淡白，气短，懒言，食少，甚则畏寒，大便稀溏，日行数次，脉多虚缓，舌淡苔白厚腻，或滑腻多津，治疗此证以苦辛淡温为法；痰湿内郁日久，或者再感邪热，则湿痰郁而化热，而成痰热痼结中焦，症见咳唾黄痰量多，舌苔或黄或浊。华岫云在总结叶天士对湿证的治疗经验时指出，总以苦辛温治寒湿，苦辛寒治湿热。也适合于痰证的治疗，即以苦辛温温运痰湿，苦辛寒治疗痰热证。

苦辛温法指以苦辛温之品温运中焦痰湿法。痰为阴浊之邪，困阻脾胃，阻遏气机，损伤阳气，故宜温运忌凝滞，药用苦辛温。苦有燥化痰湿作用，辛在于宣通气滞、温运中焦脾阳，或稍佐淡味以利小便，逐邪外出。四法合用，正合吴鞠通谓"运中阳，崇刚土"、温运痰湿之旨。常用药如半夏、炒白术、干姜、厚朴等具有燥痰（半夏）、健脾（白术）、温中（干姜）、理气（厚朴）作用。这些药物的性味以苦辛温为主，其作用在于运脾，故可概括为温运治法。常用方如枳橘二陈汤（《会约》卷四），由陈皮、半夏、桔梗、枳壳、白茯神、甘草、苏子组成。

另有《喉科紫珍集》卷下陈皮、半夏、桔梗、枳壳、白茯神、甘草、白豆蔻、黄芪、苏子、山栀，张之文教授常用《会约》方，该方以枳壳、桔梗轻苦微辛之品开泄肺气，如其不利可加入杏仁以增强肃肺之功。陈皮健运脾气，或可再加厚朴，王好古称厚朴"主肺气胀满，膨而喘咳"（《本草纲目·木部·第三十五卷·木之二》），其实际作用在于畅通中焦气机，中焦枢纽无阻碍则其喘得平。另张之文教授认为青皮与陈皮一样，不独散肺中郁滞，更能疏理肝脾气机，使脾气健旺，肠道气机畅通，痰浊得降；半夏、陈皮、茯苓苦辛淡温，功能利气除痰；紫苏子化痰降气。

苦辛寒法指苦燥之品燥化痰湿，辛散宣通之品开泄气滞，苦寒之品以清痰中之热。中焦痰热蕴结，非苦辛凉之品，不能通透痰气火热固结之实，常用药如枳实、黄连、黄芩、法半夏、茯苓等味，方用芩连枳桔二陈汤。其中以二陈汤"辛以通阳"，加芩连"苦以清降"，苦辛并进以分解中焦痰热。但应注意权衡中焦虚实，勿过用苦寒，以免凝涩气机，损伤脾阳。

③ 下焦温助肾气。

湿热流注下焦，以小肠泌别失司为主，若过用寒凉衍为寒湿之坏证，则损伤肾中阳气，故痰证在下焦以肾阳损伤为主。张景岳说："故治痰者，必当温脾强肾，以治痰之本。"(《景岳全书》) 痰之始生，虽由脾失运化，津液不能正常敷布使然，但病留日久则可伤及肾中阳气。真元亏惫，上盛下虚，畏寒肢冷，动即作喘，或痰壅气喘，生活受限，如穿衣、洗漱等较困难，当温肾纳气以逐痰饮。张之文教授常用药如白附片、肉桂、葫芦巴、补骨脂、小茴香、韭菜子、沉香、广木香、紫河车*、蛤蚧、当归等味，方如吴鞠通之安肾汤。若病变累及血分，症见唇甲青紫、舌色瘀暗还可酌加赤芍以助血行。唐代甄权所著《药性论》有赤芍"治肺邪气"的论述。若喘咳不能平卧，痰饮遏阻上焦清阳，尚可加入葶苈子、枳实、桑白皮、紫苏子等泻肺利水平喘之品；若患者语声低微，气短乏力，喘促不能，则可酌加生晒参、黄芪等益气补肺之品；若病程日久累及阴分，阴精亏损，体瘦舌红、苔少甚或无苔，则可加入生晒参、麦冬、黄精、五味子以益气养阴；若痰从饮化，泛溢肆逆，水肿、心悸咳喘则当温阳利水，多选真武汤或者济生肾气丸。

湿与痰既是病理产物，也是致病因素，常因其性质属阴故能遏伤人体阳气，因其重浊有形故多阻滞气血，所以为害不浅，是临床治疗常需解决的问题。张之文教授据其病机、病理和病证的共通性，在临床中常将温病学家治疗湿热的思路运用于痰证的治疗中，取得了良好的疗效。

2. 出版《现代中医感染性疾病学》

本书由张之文教授主编，2004 年由人民卫生出版社出版，张之文教授在该书的内容提要中说："上篇为现代中医感染性疾病的基本理论，以中医理论为基础，系统探讨和阐述感染性疾病的病因病机、发展演变、防治、常见症状等。下篇以疾病谱为研究对象，从现代医学角度按系统分为感染性疾病、发病上与感染相关的疾病，以及易发病感染的疾病三大类；另将恶性组织细胞病和皮肤黏膜淋巴结综合征两种与感染无关的疾病，但从中医学认识又符合温病特点的疾病列入专篇"。本书的特色在于着重对这些疾病的概念、特点、

---

* 注：2015 年，紫河车不再列入《中国药典》收载品种目录，此处只作为学术介绍。

诊断与鉴别诊断、中医病因病机、治疗、预防等进行系统阐述。为突出临床实用，在治疗方面，既有一般处理，又有发型（期）证治，并有筛选出的单验方治疗、外治法、对平治疗、并发症治疗以及预防等，不但有西医认识，更突出了中医治疗特色。

3. 积极投身科研实践

张之文教授的工作除了理论研究、临床实践，还有临床和动物实验板块。介绍如下：

（1）中医药防治钩端螺旋体病研究

20世纪60年代后期到70年代初，张之文教授开展卫生部下达的全国军地协作重点研究项目"中医药防治钩端螺旋体病的研究"（中国军事医学科学院协作课题）（说明：当时课题研究人员无排名先后），该课题取得较大成果，通过中医药介入治疗，有效降低了本病的死亡率。

（2）温病卫气营血基础理论研究

20世纪70年代后期至80年代初期，张之文教授作为第二负责人牵头承担四川省科学技术委员会点课题"温病卫气营血基础理论的研究"。

（3）表里双解治法方药研究

20世纪90年代以后，张之文教授开展了表里双解治法方药的研究，主持四川省教育委员会重点项目"表里双解法有效方药的研究"。四川省科技攻关项目"抗过敏胶囊的研究"等课题，取得了较大成果，于1999年获四川省科技进步三等奖和成都市科技进步三等奖。1978年因科研成绩突出获成都中医学院附属医院奖状。由四川省教育厅资助的中医经典著作直观教学研究——温病舌诊研究获四川省教学成果二等奖。论文《〈温病条辨〉的学术价值探讨》获1991年四川省科学技术协会优秀论文奖。

（二）创新温病理论与应用

张之文教授为国内公认的温病学界泰斗，临床贯通温病、内经、伤寒、内科等诸家学术思想，主张汲取温病学"急证急攻，勿拘结粪""主客交""络虚宜通补""三焦气化"等思想，创新性地从"主客交"论治肝纤维化，从"三焦气化"论治慢阻肺，从"肺痹"论治咳嗽变异性哮喘，从"络脉"论治肺纤维化,从"奇经八脉"调治慢性阻塞性肺病,从"内痈"论治支气管扩张等,更新了此类内伤疑难病症的诊治思路,极大地提高了临床疗效。

1. 从"主客交"论治肝纤维化

张之文教授对吴又可《温疫论》"主客交"的具体含义进行了探讨,认为"主"指人体血脉,"客"指外感疫邪,"主客交"即疫邪混处血脉之中。

(1)"主客交"理论述要

"主客交"出自明代医家吴又可《温疫论·主客交》。吴氏认为正气衰微,不能托出表邪,留而不去,因与血脉合而为一,结为痼疾也。又指出客邪胶固于血脉,主客交浑,最难得解,久而愈痼。凡人向有他症虚羸,或久疟或内伤瘀血,或吐血、咳血、便血,男子遗精白浊,精气枯涸,女人崩漏带下,血枯经闭,以致肌肉销灼,邪火独存,此际稍感疫气,则与血脉胶固,症见谷食暴绝,更加胸膈痞闷,身疼发热,彻夜不眠等。若以疫法治之,发热减半,但脉数不去,肢体皆疼,胸胁锥痛,过期不愈,以杂药频试,补之则邪火愈炽,泻之则损脾坏胃,滋之则胶邪愈固,散之则经络益虚,疏之则精气愈耗,守之则日削近死。治法当乘其大肉未消,真元未败,急用三甲散,多有得生者。三甲散以鳖甲、龟甲、牡蛎、白芍、当归滋养阴血以扶正;穿山甲、土鳖虫活血化瘀,以疏通气血之路;蝉蜕、僵蚕透邪外达。(《温疫论·主客交》)

此后,薛生白指出暑热先伤阳分,病久不解,必及于阴,阴阳两困,而气钝血滞,症见神识昏迷,默默不语,语声不出,口不渴等,变处三甲散,以醋炒鳖甲养阴搜邪、醉土鳖虫、土炒穿山甲、桃仁泥活血化瘀,生僵蚕、柴胡透邪外出,方名仿三甲散。(《湿热病篇》第34条)

后世吴鞠通提出的"邪留阴分",与主客交的病机如出一辙。指出邪伏阴分,混处气血之中,不能纯用养阴;又非壮火,更不得任用苦寒,故制青蒿鳖甲汤养阴透邪。(《温病条辨·下焦篇》第12条)

(2)"主客交"病治疗

张之文教授巧妙地将"主客交"理论应用于临床某些难治性疾病,应用三甲散、仿三甲散等加减治疗,收到一定疗效。

例如,从"主客交"理论认识肝纤维化、肝硬化病机,由于乙型肝炎病毒整合于肝细胞,病程迁延,可导致肝纤维化,治疗棘手,预后较差,其病机认识颇合中医主客交浑。

又如，张之文教授运用"主客交"治疗代表方三甲散、仿三甲散治疗带状疱疹。根据张之文教授经验，若丘疱疹密集，出现红斑、大疱、血疱、坏死，为热毒较重征象，在三甲散的基础上加重楼、大青叶等；疱壁紧张发亮，内容清澈或混浊，为兼夹湿邪，加薏苡仁、大豆黄卷；疼痛剧烈难忍，病变部位在头面，累及三叉神经、颈部神经者，加白芷、全蝎，其病变部位在胁肋，累及肋间神经者，加炒川楝子、延胡索；疼痛，心烦不眠，加炒栀子、酸枣仁、五味子等。

再如，张之文教授根据"主客交"之理，将其代表方三甲散、仿三甲散运用于白塞氏病（Behcet Disease）。白塞氏病为病因未明、与病毒感染有关的慢性多系统损害的疾病，临床上以反复发作口腔及生殖器溃疡、虹膜睫状体炎和皮肤损害为特征。其病理基础是小血管炎。其病变有主客交浑之机，三甲散、仿三甲散有缓解其症状之效。根据张之文教授经验，其溃疡明显而疼痛较甚，甚或出现毛囊炎及疖疮者，在三甲散的基础上加蒲公英、紫花地丁、皂角刺、赤芍药以增强清热解毒；皮肤出现结节性红斑，加水牛角、生地、牡丹皮以凉血解毒；关节疼痛（多为大关节，如膝关节）者，加汉防己、姜黄以除湿通络，临床多获良效。

医案一：三甲散加减治疗乙肝肝硬化。

赵某，男，39岁，已婚。初诊日期：1997年11月24日。

主诉：发现肝硬化、腹水4月。

患者于1997年07月26日因上消化道出血住院。住院诊断为肝硬化、腹水、上消化道出血。经西医治疗，上消化道出血控制，一般情况尚好，出院后就诊于中医。

诊查：刻诊形体瘦削，倦怠乏力，纳谷不馨，右胁肋时痛，腹胀以午后至夜晚为甚，大便溏薄，有时大便干结，尿少色黄，少寐，右侧颈部可见一蜘蛛痣，舌红少苔，有瘀点，脉沉弦。检查报告示：B超报告肝回声增强，颗粒增粗，肝右叶缩小，肝内未见占位，包膜尚光滑，肝静脉变细，门脉主干1.5 cm，脾厚5.6 cm。腹腔探查可见中量腹水，最深8.3cm。超声诊断：肝硬化、腹水、门脉高压、脾大。乙肝两对半检查：HbsAg 阳性，抗-HBe 阳性，抗-HBc 阳性。肝功检查报告：总蛋白73.1 g/L，白蛋白35.3 g/L，球蛋白37.7 g/L，总胆红素21.7umol/L，直接胆红素8.6 umol/L，间接胆红素13.1umol/L，谷丙转氨酶57 IU/L，谷草转氨酶113IU/L，碱性磷酸酶228IU/L，胆汁酸428.63 umol/L，白蛋白球蛋白比例0.93。综上，乙肝"小三阳"，白蛋白球蛋白比例低，转氨酶增高，以谷草转氨酶、碱性磷酸酶增高为显著。

辨证：气阴两虚，肝郁血瘀。

治法：益气活血，疏肝软坚。

方剂：薛氏仿三甲散加味。

药物：太子参15 g　　黄芪15 g　　柴胡10 g　　桃仁泥12 g
　　　炒土鳖虫12 g　醋炙鳖甲12 g　炒山甲10 g　僵蚕10 g
　　　酸枣仁15 g　　莪术10 g　　生二芽各15 g　甘草3 g。

水煎，日服3次，每2日1剂，周服2剂。服4剂后复诊。每日加服冬虫夏草1 g（以清水、冰糖适量煎沸代茶），周服5 g。全休，三餐后静卧30分钟。加强营养，以蛋白质食物为主，适当补充糖类食品，脂肪适量。蔬菜宜鲜，以香菇、木耳为先。戒烟、酒，忌食辛辣、烟熏、卤制食品。

经治一年有余，肝脏B超复查报告：肝脏测质尚可，外形规则，包膜尚光滑，实质回声稍强，未见占位，肝内血管纹理清晰，门脉主干内径1.1 cm。表明门脉主干内径已恢复正常值。化验检查：两对半仍属"小三阳"；肝功能明显改善，白蛋白46.2 g/L，总蛋白84.0 g/L，球蛋白37.8 g/L，总胆红素17.2 umol/L，直接胆红素3.93 umol/L，间接胆红素13.28 umol/L，谷丙转氨酶7IU/L，白蛋白球蛋白比例1.22。患者体重增加，睡眠食欲恢复正常，腹胀缓解，二便正常。已能从事正常工作。

按语：羸弱之体，不胜药力，当以轻剂慢进。每次复诊皆以初诊方为基础加减。兼气虚乏力，食少便溏，加太子参、黄芪、白术；兼口干舌燥，大便干结，肌肤干燥，舌红无苔或少苔，加黄精、女贞子、旱莲草以滋养阴津；情志抑郁，腹胁胀满，心烦失眠，舌红少苔，酌情加制香附、炙远志、五味子、丹参、酸枣仁；腹胀尿少，为气滞水停，加大腹皮、猪苓、益母草、车前子行气利水；脾脏肿大，白细胞减少，加浙贝母、莪术、三棱等。

2. 从"三焦气化"论治慢阻肺

慢性阻塞性肺疾病（COPD）是一种具有气流受限特征的可以预防和治

疗的疾病，气流受限不完全可逆，呈进行性发展。与慢性支气管炎和肺气肿密切相关。当慢性支气管炎、肺气肿患者肺功能检查出现气流受限，并且不能完全可逆时，则能诊断为 COPD。

临床症状有：（1）慢性咳嗽，通常为首发症状；（2）咳痰；（3）气短或呼吸困难，这是 COPD 的标志性症状；（4）喘息和胸闷；（5）全身性症状，如体重下降、食欲减退、外周肌肉萎缩和功能障碍等。属于中医"喘证"范畴。历代医家对喘证辨治论述颇多，或辨实喘与虚喘分治，或辨外感与内伤分治。张之文教授勤求古训，博采众长，执简驭繁，结合自身临证体会，以三焦为纲目，禀叶天士之谓"久咳不已,则三焦受之,是病不独在肺矣"（《临证指南医案·咳嗽》）提出本病的病机在于"上焦肺气失开，中焦脾气失运，下焦肾气失奠"。

（1）上焦肺气失开

《灵枢·决气》云："上焦开发……若雾露之溉,是谓气。"上焦主气之升发与宣散，但不是有升无降，而是升已而降。肺为元气之主，呼吸之藩篱，位居最高，受脏腑上朝之清气，禀清肃之体，性主乎降，合于皮毛又为娇脏，怕寒恶热，不耐邪侵。凡六淫之气，一有所著，即能致病。邪著则其失其清肃降令，遂痹塞不通爽也。河间云："咳谓无痰而有声,肺气伤而不清也"（《素问病机气宜保命集·咳嗽论》）。肺本喜清肃，若失于开宣，则气壅涩滞，不得宣发，而咳逆上气。诸咳之原，其来虽各不同，其气必至于肺而后发。故有谓咳嗽不止于肺，亦不离乎肺。故咳之病机关键在于上焦肺气闭郁失开。

（2）中焦脾气失运

咳嗽可由痰塞胸脘，气逆不下，冲击而动肺所致。动作便有痰声，痰出嗽止者，痰也。河间云："嗽是无声而有痰，脾湿动而为痰也。咳嗽谓有痰而有声，盖因伤于肺气，动于脾湿，咳而为嗽也"（《素问病机气宜保命集·咳嗽论》）。脾为中土，通连上下，为气机升降之枢纽，且主为胃行其津液，故又为生痰之源。若水谷不运，湿聚气阻，则见喘咳。因痰而嗽者，痰为重，主治在脾；因咳而动痰者，咳为重，主治在肺。因痰而致咳者，但治其痰而咳自止。COPD 的患者多为老年，中宫脾之运力渐不及年轻气盛之时，脾气失运，则津液停著不化，故而为痰为湿，引起咯痰或咳嗽。故痰之病机根本在乎中焦脾气失于健运。

（3）下焦肾气失奠

肾为元精之本，肺为元气之主。五脏之气分受伤，则病必自上而下，由肺由脾，以极于肾。肾主精髓而在下焦，若真阴亏损，精不化气，是下不交而上为促。虚喘者，气短不续，提之若不能升，吞之若不相及，劳动则甚，而惟急促似喘，但得引长一息为快也，其责在肾。五脏之精皆藏于肾，而少阴肾脉从肾上贯肝肺，入肺中，循喉咙，夹舌本。所以，肺金之虚，多由肾水之涸，正以子令母虚也。若有元阳下亏，生气不布，以致脾困于中，肺困于上，而为喘促。"凡虚喘之证，无非由气虚耳"（《景岳全书·喘促》）。故对于喘证，探其本，实乃"咳为气逆，嗽为有痰，喘为气促"。上焦易壅，中宫少运，阴虚阳升，气不摄纳而喘作。"肺为气之主，肾为气之根。肺主出气，肾主纳气，阴阳相交，呼吸乃和。若出纳升降失常，斯喘作矣"（《类证治裁·喘证》）。

从三焦而言，咳、痰、喘三大主症分别对应上、中、下三焦；从脏腑而言，"咳在肺，痰在脾，喘在肾"。值得注意的是，这只是相对应而言。咳、痰、喘之根本全在人身之气机失常。肺为气之主，肾为气之根，脾为中焦气机之枢纽。"手太阴肺金，天也；足太阴脾土，地也。地气上升，则天气下降"（《医学真传·喘证》）。脾气不升，肺气不降，痰涎在中，上下不交而为喘，然此喘也，必兼咳也。"肺天也，肾水也，天体不连地而连水，《内经》云其本在肾，其末在肺，以明水天一气"（《医学真传·喘证》）。水天之气不相交接违行而喘生。肺气闭郁，失于宣开，上气不开，下气不降，为气壅滞而或咳或喘；脾气虚馁，健运不足，津聚为痰，痰引嗽发；肾气不充，失于摄纳，吸不能潜，气不归元而喘。

COPD的发展是一个慢性的过程，且多发生在老年，故喘证之病机常虚实夹杂。若感受寒邪触动引发，则有肺气为寒闭郁之实，然难免本身固有之虚；若伴肺部感染痰多，此际痰多气急为标实，且痰多之因本在脾气失运，而本病之根仍在肾气之虚，可表现为咳嗽无力，动则喘作等。故本病无可截然分开之虚实，而是虚实交错缠绕，虚中有实，实中夹虚。

张之文教授立足三焦气化功能，倡导从肺脾肾三脏虚实角度认知COPD的发生发展过程，提出本病的病机在于"上焦肺气失开，中焦脾气失运，下焦肾气失奠"，临床治疗需要"开上、运中和奠下"。

（1）上开肺气

开者，开宣，开通其受郁闭之肺气也。张之文教授吸取叶天士《临证指南医案》之"肺痹篇"与"喘篇"中经验，盖肺位最高，主气，呼气主要依靠肺的宣发作用。其脏体恶寒恶热，肺气郁闭壅滞则咳嗽，以开上焦手太阴肺为治，微辛则通，微苦则降。此法为顺其在上之性而开。

病在上焦，常见咳嗽、气短或呼吸困难、喘息或胸闷等症状，查体见呼吸浅快、闻及哮鸣音等，此为肺气闭郁，治以开宣肺气为主，常用麻黄、葶苈子、枳壳、桔梗等，同时以杏仁、枳实、旋覆花、枇杷叶等肃降肺气。开宣与肃降并举，一宣一降，以复肺气之常，则上焦之气能升已而降。临床多见因外感寒邪引触而起病，故常以温开为主，即使内蕴邪热，初发之际，亦不可寒凉遏之。

（2）中运脾气

运者，旋转、斡旋、运动之意。脾之土，厚德载物，为万物之母，脾阳宜动则运。叶天士云：脾宜升则健。故治痰法，实脾土，燥脾湿，杜其生痰之源，是治其本也。且善治痰者，兼治气，气顺则痰利。运中，即使中宫得运，脾复健运之常则痰湿自化。若发作期痰浊壅盛者，常见咯白痰，痰量多，此为肺有蓄痰，因痰而嗽，当以宣肺祛痰而止嗽，每以枳桔二陈汤或蒌杏橘贝汤燥湿化痰，务尽快使痰湿之标急驱，痰祛则嗽止，而咳嗽气喘可以得缓。若缓解期，痰不甚者，肺中蓄痰乃中焦病变脾气虚馁所致，故多兼有脘腹胀满、纳呆、便溏等，健脾为主，常以六君子汤加减。脾土为肺金之母，故健运脾气，实蕴虚则补其母之意，并取培土生金之功，中焦脾转而痰自得化，并更可杜其痰生痰蓄之患。

（3）下奠肾气

奠者，奠定、奠基之意。肾司封藏，主纳气，为气之根，如何梦瑶在《医碥》中所言："气根于肾，亦归于肾，故曰肾纳气，其息深深。"其物质基础乃是肾中之精气。若肾精不足，摄纳无力，则出现呼多吸少，或动则气短，呼吸表浅，喘息等。故治疗以奠实肾气为要。且寓金水相生之意。

病及下焦则动即作喘，张口气促，此因肾气不纳，气逆而喘，痰涎或多或少，或有或无，总宜补肾纳气定喘，临床上以阳虚者居多，多伴形寒怕冷、小便清长、夜尿多、舌胖嫩边有齿痕、脉沉，常用菟丝子、杜仲、补骨脂、淫羊藿、紫石英或牡蛎等；而肾阴亏虚者，多有虚烦躁热，面色潮红、少寐咽干、舌红少苔等，多以鳖甲、龟甲、黄柏、知母等填镇清滋下元。肺朝百脉，心气与肺气相顺接，气血应心之动而周行全身。肺气闭郁，气钝而血瘀，多有唇紫舌黯等瘀血征象，故常伍以桃仁、赤芍、丹参等。

总之，临诊当明辨病变部位之偏重，阴阳之属性，兼顾三焦而灵活加减应用，开宣上焦，运化中宫，填补下元，佐以活血化瘀方能奏效。

验案举例：开上、运中、奠下治疗慢阻肺验案。

曾某，男，54岁，汉族。

【主诉】运动后气短、呼吸困难半年。

【现病史】患者半年前开始运动后气短呼吸困难，平时服用舒利迭控制症状。外院行CT检查显示：慢支炎，肺气肿伴双肺散在少许炎变，双肺上叶少许纤维灶，肺功能显示：舒张性实验（-），中度阻塞性通气障碍，肺功能中度受损。刻下症：活动后气紧，动则作喘，疲倦，不咳嗽，无痰，无下肢水肿，纳可，二便调，眠差，舌嫩红苔薄滑而少，脉浮缓。

西医诊断：慢阻肺。

中医诊断：肺胀（气阴两虚）。

治法：益气养阴。

方剂：保元汤合生脉散加减。

药物：生晒参10 g　　生黄芪10 g　　麦冬15 g　　五味子10 g
　　　肉桂10 g　　　制鳖甲10 g（先煎半小时）　　赤芍15 g
　　　白附片10 g（先煎半小时）　　紫河车3 g（冲服）
　　　补骨脂30 g　　酸枣仁30 g　　炙甘草5 g

水煎服，每日1剂，日三服，每次200 ml，饭后半小时温服。

二诊：疲倦减轻，现气紧，动则作喘，咯痰，3天前曾痰中带血，咽痛，咽部充血，疲乏，纳眠可，二便调，舌红，苔薄少，脉缓。

西医诊断：慢阻肺。

中医诊断：肺胀（气阴两虚）。

治法：益气养阴。

方剂：都气丸合二至丸。

药物：熟地黄10 g　　山萸肉15 g　　山药15 g　　茯苓15 g

牡丹皮 10 g　　玄参 15 g　　五味子 10 g　　墨旱莲 30 g
补骨脂 30 g　　腊梅花 10 g　　生甘草 3 g

水煎服，每日 1 剂，日三服，每次 200 ml，饭后半小时温服。

三诊：运动后气紧，疲倦，纳眠可，二便调，脉缓，舌红，苔薄黄满布。

西医诊断：慢阻肺。

中医诊断：肺胀（气阴两虚、任脉失养证）。

治法：益气养阴。

方剂：都气丸合加减保元汤。

药物：生晒参 10 g　　生黄芪 20 g　　熟地黄 10 g　　山萸肉 15 g
茯苓 15 g　　牡丹皮 10 g　　泽泻 10 g　　五味子 10 g
补骨脂 30 g　　小茴香 10 g　　生甘草 3 g

水煎服，每日 1 剂，日三服，每次 200 ml，饭后半小时温服。

四诊：偶尔运动后气紧，胃胀痛，纳少，眠可，二便调，脉缓，舌深红，苔薄黄少。患者今日于外院行肺功能检查结果示：肺功能重度阻塞性通气障碍。

西医诊断：慢阻肺。

中医诊断：肺胀（气阴两虚、任脉失养证）。

治法：益气养阴。

方剂：麦味地黄汤合加减保元汤。

药物：人参 10 g　　麦冬 15 g　　五味子 10 g　　熟地黄 10 g
山萸肉 15 g　　山药 15 g　　牡丹皮 10 g　　酸枣仁 30 g
木香 10 g　　补骨脂 30 g　　石斛 15 g　　生甘草 3 g

水煎服，每日 1 剂，日三服，每次 200 ml，饭后半小时温服。

按语：患者疲倦乏力，舌红苔少，脉缓，属于气阴两虚体质。慢阻肺患者体质以气虚阳虚居多，气阴两虚者次之，阴虚者较少。慢阻肺初损及肺，久病及肾，肾有元阴元阳，此类体质多损伤元阴而累及任脉。故治之以生脉散合加减保元汤。二诊患者痰中带血，审其咳血或因劳累，或饮食不慎过食辛辣刺激之品，或因人参补益过度。参、芪有留邪之弊，舍去不用。处方主以七味都气丸滋肾纳气，补骨脂温肾纳气，加玄参、腊梅花治疗咽痛之兼症，加墨旱莲凉血止血。三诊患者无兼夹实证，一派纯然虚象，以加减保元汤合都气丸，益气养阴，温肾纳气定喘。四诊患者胃痛纳差，是胃阴虚之象，法当益胃，用石斛、麦冬甘寒养胃阴，人参、山药健脾益气。

3. 从"肺痹"论治咳嗽变异性哮喘

咳嗽变异性哮喘（Cough Variant Asthma，CVA），又称隐匿性哮喘或咳嗽型哮喘，是一种特殊类型的哮喘，其唯一或主要临床表现为咳嗽，多为刺激性干咳，通常咳嗽比较剧烈，夜间咳嗽为其主要特征，而没有明显喘息、气促等症状或体征，但存在气道高反应性。CVA 的诱发或加重因素有感冒、冷空气、灰尘、油烟等，且其对常规抗感冒、抗感染治疗无效。

张之文教授主张从肺痹论治咳嗽变异性哮喘。究其原因，有以下三点。

其一，肺痹，顾名思义，痹聚在肺。对于肺的生理特点，张之文教授非常重视肺为"清虚之脏"的基本特征和肺主气的重要意义。所谓"清虚之脏"，即指肺脏功能正常的关键是要保持清净通灵的状态，如《抱朴子·勖学》说："令抱翼之凤，奋翩于清虚"，如此才能成其物化之功。既为清虚之脏，则不耐邪侵，若受邪扰则肺气滞窒，失其灵动之机。肺主气包括两层含义，即肺主呼吸之气和主一身之气。肺主呼吸之气，正如张介宾《类经图翼·经络》引华元化之言曰："（肺）虚如蜂窠，下无透窍，吸之则满，呼之则虚。一呼一吸，消息自然，司清浊之运化"。肺的吸清气吐浊气，有利于人体气体交换和气机出入的正常。肺主一身之气主要表现在肺气的宣发肃降和治节之用上。饮食水谷入于胃，赖脾气运化升清，则清气上朝于肺，与肺中清气相合而成真气，如《素问·刺激真邪论》云："真气者，所受于天，与谷气并而充身者也"，真气藏在胸中，故胸中为气海。此中真气，又赖肺气的宣发肃降之功以推动真气营血莹润周身而成治节之用，所以肺可主一身之气化。但在临床上，张之文教授发现 CVA 患者不论外感，抑或内伤，伤及肺脏，多会出现症如咳嗽、嗳气、胸闷甚则呃逆等邪痹清阳之气的情况，而这与肺痹的病机症候颇相类似。

其二，张之文教授对肺痹的认识，重点着眼于"痹"字。这一点当取法于叶天士。很多医家研究肺痹，都从《内经》来源，看重肺痹病因与症状的研究，笔者认为这种研究的思路，对于弄清肺痹确属必要，但从其文章来看多少有事先预设肺痹与肺纤维化相关性之嫌。而张之文教授研究肺痹则紧扣肺的生理特点和"痹"字，具体探讨了"痹"之义，肺"痹"之因，肺"痹"

之虚实，肺"痹"之物和肺"痹"之治疗。

张之文教授认为"痹"有两层含义：一为"痹者，闭也，"闭塞不通；一为"痹者，疲也"，疲惫不仁。前言邪实壅滞，肺气不通为痹；后言肺气微弱，升举无力为痹。

对于肺痹之因，张之文教授综罗历代医家观点，认为六淫外感、内伤七情，痰湿瘀血等邪气闭阻肺气，气不主宣而为痹，属实；肺气自损，或者脾虚运化无力，肺气化源不足而亏虚，或者劳欲伤肾，金水不得相生，肺气亏损，气弱不得升举而痹，属虚。

肺痹之物关键在于肺气，即是肺气郁滞不利，气机不得宣化。因肺为清虚之脏，主气，一有邪滞，或者自虚，则气机不得宣化，从而表现为"痹"的特点。肺痹日久，可兼夹痰浊瘀血。

对于肺痹的治疗，张之文教授倡导叶天士"通字须究气血阴阳"的观点，概用通法治疗肺痹。因邪实壅滞，肺气被痹，则察其邪之为何，去其邪滞，则肺气自通；因肺气亏损，则探其损在何处，或者补肺，或者运脾，或者补肾，则肺气自生，气得宣化，自然通爽。但同时，张之文教授也指出，不论邪实壅滞，或者正气亏虚，都存在肺气闭阻的病理性质，所以在治疗的时候，都需重视使用利肺气之品以正肺脏气化之能。

其三，咳嗽变异性哮喘，张之文教授主张从肺痹论治。原因有五：第一，张之文教授通过多年临床观察发现，"气滞气逆"是CVA发生发展的关键环节。而不论气滞，抑或气逆，都是肺气痹阻不得通爽之谓；第二，CVA的"气滞气逆"，可由外感六淫、内伤七情所致，其中内伤七情常作为CVA的始动因素，或加重因素参与其中。且CVA初始病在气分，日久气滞津停留瘀，而成气滞痰凝血瘀交互为患的病理特点；第三，CVA的"气滞气逆"，可由邪实阻滞肺脏，气不主宣而成，亦可由肺气微弱，升举无力而成，且病初多实，病久多存在肺气虚损等虚实夹杂的症候特点；第四，CVA与肺痹概念属性的一致性。肺痹不是症状名称，比如咳嗽、泄泻，也不单纯指疾病发生的某一阶段，比如真心痛、黄疸，而是能够紧扣一个核心病机，比较全面地展现一种疾病的发生、发展和预后，这是一个中医病的概念。而咳嗽变异性哮喘也是一个完整的疾病概念。所以从这个点上来说，CVA与肺痹在概念属性上存在一致性；第五，临床上，张之文教授视CVA的虚实，通过宣通肺痹治疗

CVA 获得了显著的疗效，这也客观验证了该理论的可行性。

综合以上咳嗽变异性哮喘与肺痹的论述，结合张之文教授临床确切的治疗效果，可以看出从肺痹论治咳嗽变异性哮喘是非常有意义的：第一，确定咳嗽变异性哮喘与肺痹的关系，有助于解决目前中医临床治疗 CVA 名称混乱的问题，为 CVA 的中医论治提供有益参考。但有一点必须指出，张之文教授并不认同 CVA 等同于肺痹。两种哲学思潮启迪下成长起来的不同医学体系，虽然研究的对象是一致的，但在方法论等方面存在很大不同，所以不宜在目前研究的背景下等同二者的关系，否则容易导致中西医名称的混乱，迷惑后学之人。并且张之文教授认同叶天士的观点，认为肺痹包括以咳嗽喘息为主症的一类中医病证，而从西医来看，可能包括西医很多种疾病的某些发病阶段而非某种疾病的全部发病过程，比如慢性支气管炎急性发作期出现喘咳、胸闷时就可参照肺痹来治；第二，总结张之文教授多年从肺痹论治咳嗽变异性哮喘的治疗经验，有助于从肺痹理论的角度认识和构建 CVA 治疗的临床路径，在传承和发扬传统中医药理论的基础上，为现代疾病的治疗提供有效方法；第三，将肺痹理论引入具体疾病的研究，是对肺痹理论的进一步发展和延伸。

（1）从肺痹论治 CVA 理论阐微

从肺痹探讨 CVA 的成因，张之文教授认为从中医肺痹的角度探讨 CVA 的成因，除传统中医外感六淫、内伤七情的表述外，以下三点需要引起研究者的注意。

其一，"吸浊吐浊"，肺气被痹。《素问·六节藏象论》云："肺者，气之本。"肺主气，其中之一是主呼吸之气。医家对于此论，多草草看过，而张之文教授认为通常而言，肺吸受天地之清净之气与人身水谷之气相合而成宗气，但时代不同了，在新形势下，空气污染急剧加重，比如成都市疾控中心等调查后指出：成都市 PM2.5 日均浓度每增加 $10\mu g/m^3$，预计呼吸系统疾病门诊人次增长 0.58%。我们的肺不再是吸受清气，而是浊气了，以如此浊气，受于清虚灵动的肺脏，肺气何由不闭，肺气痹阻，肺失宣降，则喘咳痰嗽，肺气痹阻，则营卫失其推动运转，失其温润之性，则周形窒滞，全身不得通爽。这也从中医的角度解释了呼吸系统疾病呈爆发性增长的原因。

其二，滥用抗生素，妄用或早用苦寒中药，邪气趋里，肺气被痹。抗生素的滥用在我国极为普遍，尤其表现在急性上呼吸道感染中。从西医的角度认识，急性上感中 70%～80%由病毒引起，包括鼻病毒、冠状病毒、腺病毒等，另有 20%～30%的上感为细菌引起，可单纯或继发于病毒感染之后。而徐卓伟采用回顾性的调查分析方法，调取 300 例上呼吸道感染患儿病例后发现：300 例患儿使用抗生素 250 例，使用率达到 83.33%，其中细菌阳性者只有 38 例，占 13.67%。由此可见抗生素滥用形势的严峻。而从中医的角度认识抗生素，张之文教授认为抗生素属寒凉之品。

而且，现代医家对于苦寒中药的认识存在误区，如黄芩、黄连、板蓝根、蒲公英等味，过分依赖现代药理研究的成果，认为此类药物具有一定的抗炎、抗感染的作用而过量使用。张之文教授认为，在上呼吸道感染，表现为外感风温卫分证，苦寒类药物是可用的，如吴鞠通银翘散的加减中就使用了知母、黄芩、栀子等味，但是在出现热毒壅蓄不解，如出现项肿咽痛、小溲黄赤等症，方可在辛凉清解方中少佐一二味苦寒清降之品，而主药仍在辛凉清解。对于肺热炽盛，发热汗出，喘咳，张之文教授也非重用苦寒，而是主张使用辛寒清泄之品，如以白虎汤祛邪达表。就是痰热壅滞肺经，喘咳吐黄痰，舌红苔黄浊，脉滑数，张之文教授也非一味苦寒，而是苦辛寒合用，如常用小陷胸加枳实方（方有黄连、瓜蒌、法半夏、枳实）。

对于苦寒药不合理使用的弊端，张之文教授认为有三点：首先，诚如《素问·调经论》云："寒则泣不能流"，苦寒之品，性属寒凉，往往能凝涩气血，邪在表卫不利邪气透达，正如章虚谷在《温热经纬·叶香岩外感温病篇》注中说："始初解表用辛凉，须避寒凝之品，恐遏其邪，反不易解也"。其次，张之文教授认为对于中药的理解不应只关注四气，五味的理论亦有十分重要的意义。五味中，苦能降，而风温表证的早期过用苦寒之品，多能导致肺气沉降，气机郁遏，不得宣发，如叶天士说："清邪在上，必用轻清气药，如苦寒治中下，上结更闭"（《临证指南医案·肺痹》）。最后，张之文教授认可吴鞠通的观点，"治上焦如羽，非轻不举"（《温病条辨·杂说·治病法论》），"肺药取轻清"（《温病条辨·上焦篇》），苦寒之品味厚质重多直入中焦，不惟与病无涉，而且苦寒之品多伤胃气，损伤肺之化源，王孟英亦说："上焦温证，治必轻清，此一定不易之理法。"（《温热经纬·叶香岩外感温病篇》）因此，在外感初期，妄用或过量使用苦寒之品，能够引发或者加重气逆气滞，促使肺痹。

其三，不合理静脉输液，亦能引起肺痹。2010年国家发展和改革委员会副主任朱之鑫表示，仅2009年这一年，我国医疗输液104亿瓶，平均到13亿人口中，相当于每个中国人一年内输注了8瓶液体，远高于国际上2.5～3.3瓶的水平。而且儿科成为输液的重灾区。研究显示，静脉输液存在的危害有：静脉输液本身存在的风险增加，如发热反应、急性肺水肿、静脉炎、空气栓塞静脉等；各种微粒污染机会增多，如橡胶微粒、玻璃微粒、药物配伍产生的化学微粒、棉签、空气污染等。但民众对静脉输液危害性的知晓率极低，如张岩梅随机抽取门诊输液病人100例问卷调查发现仅有4%的病人对于输液危险性表示了解。张之文教授认为过多输注冰冷液体径入脉中，凉遏营卫气血的问题应该引起医家的重视。从中医角度认识输液，"夫脉者，血之府也"（《素问·脉要精微论》），"营在脉中，卫在脉外"（《灵枢·营卫生会篇》），所以血脉内含营卫气血。血脉中气血的运行虽由心所主，但与宗气密切相关，因为宗气贯心脉以行气血，而宗气的生成输布由肺所主。所以，过多输注大量冰冷液体，可以凝涩脉中气血，进而影响宗气的功能，导致肺气壅滞，引发肺痹。

（2）从肺痹探讨CVA的症候

关于肺痹，《临证指南医案》载叶天士专论肺痹一章，叶氏所列症状有：胸脘痞闷，咳嗽喘息，咳痰，嗳气呻吟，呼吸不爽，声音不出，咽喉阻塞感，痰粘，头痛面浮，身发寒热，右肢麻，肌肉痛，胸膺痛（如吴鞠通《温病条辨·上焦篇》说"肺主天气，肺气郁极，故痛走胸膺背也"），肢厥，纳差，腹胀，二便少，或大便不爽，小便短赤，甚则不通。分析其症候，肺气痹阻，宣降失常，则喘息、咳嗽、呼吸不爽、痰粘；肺主一身之气化，肺气不得宣达，营卫不得周行，则周身痛，右肢麻；"肺胃大肠一气相通"（《温热经纬·薛生白湿热病篇》），肺气不得清肃则胃肠之气不得下降，邪浊壅滞，故纳差，腹胀，大便不爽。肺为水之上源，肺气痹阻，不得肃降，则小水不通，故见小便短赤量少等。究其症候出现之因，全在于肺气痹阻，不得宣发肃降而成。有学者统计分析叶氏治疗肺痹的用药情况，其中杏仁用得最多，其次为枇杷叶、桔梗、栀子，再次为紫菀、郁金、瓜蒌皮。考杏仁、枇杷叶、桔梗、栀子，杏仁苦辛微甘，枇杷叶苦辛微寒，桔梗苦辛平，栀子苦寒，四药均入肺经，"微苦则降，辛凉则平"（《温病条辨·上焦篇》），辛凉微苦之剂功能协理肺之宣降，开通肺痹，以成肺脏清虚之实。

分析叶氏所列的肺痹症候和治疗方药，可以看出以实证为多。而张之文教授认为肺痹临床虚实均可见到，虚证的肺痹以肺气亏损为主要病机，常兼脾肾亏损，如在喘咳的基础上，常见短气不足以息，神疲乏力，纳差便溏，动则喘息加重，腰腿酸软等肺脾肾亏损之证。

临床上，CVA是以咳嗽为主要症状的疾病，但常常因其虚实不同而或见上述肺痹各种症候。

（3）从肺痹探讨CVA的病理因素

张之文教授认为CVA的病理因素为气滞、痰凝、血瘀。因外感内伤，或各种失治、误治，导致肺气壅滞，痹阻不通。水谷之精气赖脾之转输而上达于肺，肺气阻滞，气机不得宣通，津液内停，聚湿成痰，病在气分。痰气阻滞，可随人体阴阳气血不同而转化，在阳旺之体，多能痰气阻滞化热，日久伤及脉络，而成络伤血瘀之证；在阴盛之体，痰气壅聚，冰伏气血，而致气滞痰聚血凝之证，病在血分。但从CVA的病程来看，以病在气分为多，血分的疾患多在肺气痹阻日久而成。

（4）从肺痹探讨CVA的发病机理

张之文教授认为，素有痹气在肺，夹痰和血，或兼脏腑虚损，是CVA缓解期的病理实质，而CVA发病常有外感、内伤因素等激发而成，其中风邪激发占有很大的比例。关于风邪激发的依据有二。

从症候学的角度来看，在CVA发病之初和病中常兼见鼻塞、喷嚏连连、清涕频淌、鼻腔、咽喉或眼眶发痒，皮肤风团奇痒，发作性阵咳，反复发作等。这些症状从中医学的角度认识从属于风邪致病的范畴。

从治疗学的角度来看，医家在治疗中大量使用了辛温或辛凉之品，按照中医"审因论治"的治疗思路，此亦证实了风邪致病的客观存在性。张之文教授在临床中亦大量使用味辛走表之品，以疏风散邪，获得显著疗效，可兹证明。

此外，对于现代研究显示的CVA发病的过敏性因素，如尘螨、牛奶、花粉等，张之文教授目前也将其纳入风邪激发致病的范畴中，而倡导使用疏风之品，亦能取得良好的疗效。

痹气在肺，一遇具升散之性的风邪引触，则搏结在肺的痰气瘀血等交结互阻，肺气更为不利，则病发 CVA。

（5）从肺痹指导 CVA 的辨证

张之文教授认为，CVA 的辨证在传统"审证求因""审因论治"的基础上，需要重视对于以下四点患者信息的掌握，这对于 CVA 的治疗、预后和防治等有重要的意义。

① 首辨体质类型，脏腑气血盛衰。

《素问·评热病论》云："阴虚者，阳必凑之。"即阴血亏虚之体，易被阳热邪气所伤。薛生白针对湿热邪气伤人，认为"中气实则病在阳明，中气虚则病在太阴"（《温热经纬·薛生白湿热病篇》），章虚谷说："六气之邪，有阴阳不同，其伤人也，又随人身之阴阳强弱变化而为病"（《温热经纬·叶香岩外感温病篇》），这都说明体质类型和平素脏腑阴阳之偏对邪气有相当的易感性，对邪气变化有一定的指向性。所以首先判别患者体质类型对于后续分析病因等有重要意义。

气虚阳虚体质：体肥面白，平素畏寒肢冷，腰膝酸软冷痛，大便溏薄，少气懒言，舌体胖大多津，或有齿痕，脉缓或沉或细。CVA 多见。

阴虚火旺体质：体瘦面苍，性急烦躁，少寐多梦，五心烦热，口干多饮，舌瘦红少苔，脉细。

气阴两虚体质：疲倦乏力，口渴或口干，大便稀溏，舌嫩红偏胖，苔薄而少，或黄或白，脉多见细缓。

张之文教授通过多年临床体会，认为 CVA 虽以肺气痹阻为病机的关键环节，但痹亦分虚实，实证多由气、痰、湿、瘀阻滞而成，虚证虽有肺气痹阻之实的一面，但脏腑气血亏损不可忽视。而且，CVA 的常有发作期和缓解期的特征，发作期以邪实为主，缓解期则多见正气亏损的症候，其中肺脾肾亏损最为常见，辨析如下：

肺之气津损伤。陈士铎《辨证录》云："肺痹之成于气虚尽人而不知也，夫肺为相傅之官，治节出焉，统辖一身之气，无经不达，无脏不转，是气乃肺之充，而肺乃气之主也，肺病则气病，而气病则肺亦病，然则肺痹即气痹也。"而肺气亏虚在 CVA 的缓解期表现得较为明显，常可见自汗，恶风，气短，懒言，肢厥等。但张之文教授同时认为，肺气虚弱，升举无力，肺气痹阻，或者有形痰瘀壅滞肺经，气不主宣，气郁日久，亦可见到在 CVA 的发病期，或者缓解初期出现肺津损伤的症候，如干咳少痰，口鼻干燥，口干欲饮等，临床不可忽视。

脾胃气虚。脾为肺之母，肺气亏虚日久，可子盗母气，或者脾虚日久，肺气不足，肺脾二脏常交互影响。此外，肺气痹阻，失其肃降之令，则胃气不得下行，脾气不得升发，脾胃升降失宜，也可以加重周身气机的阻滞。所以脾胃虚弱既可由实转虚，亦可因虚致实，常可见到脘腹胀满，纳差，便溏，或者大便黏滞不爽，舌体胖大多津等证。

肾气不足。肺为气之主，肾为气之根，肺主吸气，肾主纳气。CVA患者常反复发作，经年不愈，肺气痹阻，金水不得相生，日久肾气亦虚。而且临床上，亦常见小儿肾气未充之体，多患CVA的情况。临床多见肢冷畏寒，倦怠多眠睡，腰膝酸软，夜尿频多，小儿则多见活力不足，发育缓慢等。

此外，由于肺气痹阻，上焦清阳不得宣通，常可导致心血瘀阻，多见唇舌暗红，甚则紫暗等；肺气痹阻，则少阳之气郁滞不得生发，则多见晨起咳嗽，若金因木旺，肝火冲击则多见阵发性咳嗽、胁肋不适、心烦易怒等。

② 次辨风邪。

如前所述，CVA多由风邪激发，所以辨风邪的部位及性质很有意义。

鼻塞，喷嚏连连，清涕频淌，系风寒犯肺所致；鼻塞，咽痛，鼻涕黏滞，口渴多系风热所致；口鼻咽干而痒，多系风燥。

鼻腔，咽喉或眼眶发痒，小儿多见揉鼻搓眼等。

皮肤风团奇痒，为西医所称荨麻疹，可与CVA同时出现。

发作性阵咳，反复发作，符合风邪善行数变的致病特点。

再辨痰浊、瘀血。CVA以干咳为主，兼有少量"浆液性"痰，呈半透明而黏稠，患者常称其为"果冻"样痰。其黏滞难于咳出，故使咳嗽频作，以咳出为快。

但在临床上，常因患者体质阴阳不同，外感、内伤邪气不同，痰浊有热化、寒化之变。一般来讲，痰涎清稀，频咳频吐为寒痰，痰浊黏滞，甚则黄浊，多为热痰。但也不能固执此说，张之文教授在临床中常引用清代何西池辨痰法，以指示笔者不要固执有形痰浊的颜色，而要观其病势，察其痰色而审寒热，如何氏说："辨痰之法，古人以黄稠者为热，稀白者为寒，此特言气大概而不可泥也。以外感言之，伤风咳嗽，痰随嗽出，频数而多，色皆稀白，误作寒治，多致困顿。盖火盛壅逼，频咳频出，停留不久，故未至于黄稠耳。追火衰气平，咳嗽渐息，痰之出者，半日一口，反黄而稠，缘火不上壅，痰得久留，受其煎炼使然耳。故黄稠之痰，火气尚缓而微；稀白之痰，火气反急而盛也。此皆当辛凉解散，而不宜温热者。推之内伤亦然"(《温热经纬·陈平伯外感温病篇》)。

心肺同居上焦，"肺主气属卫，心主血属营"(《温热经纬·叶香岩外感温热篇》)，心肺之气相通，肺气郁闭则宗气不得通达，心血瘀阻，轻者舌色无华或不荣，或偏黯，甚者唇舌青紫。

③ 后辨肺痹病理层次。

张之文教授临床，以辨证为基石，推崇吴鞠通"学者知先识证，而后有治病之法""不求识证之真，而妄议药之可否，不可与言医也"(《温病条辨·凡例》)的辨治法度。张之文教授从肺痹论治 CVA，不但追求识证之真，而且常要明辨 CVA 的病理层次，即除辨明肺痹之阴阳虚实外，还要明晰肺痹之在气在血。

张之文教授常说引吴又可之论阐述他对气血的基本认知，吴氏云："气属阳而轻清，血属阴而重浊，是以邪在气分则易疏透，邪在血分则恒多胶滞。"(《温疫论·发斑战汗合论》)所以明辨邪在气血之分，有助于在清楚认识病位的基础上指导临床治疗。一般而言，初痹在气，常表现为肺气痹阻的症候，如咳嗽，胸脘痞闷，嗳气，语声不出，咽喉痰滞不爽，面浮，肢冷等；久病在气不得行，则血脉瘀滞，可见唇舌青紫，胸胁刺痛，或者以利气之品治疗效果不佳，均需考虑邪痹血分的可能。

（6）从肺痹探讨 CVA 的治法

CVA 的病机总属肺气痹阻不通，"痹"字有闭塞不通和疲怠不仁两层含义，中夹虚实之意，实证指肺气不亏，邪实壅滞，气机不通，虚证指肺脾肾不足，尤指肺气痿弱无力，不能升举，痹阻不通。而其治疗总以通法为要，张之文教授尊崇叶天士"通字须究阴阳气血"(《临证指南医案·胃脘痛》)的观点，视其脏腑阴阳虚实不同而论治。

关于实证 CVA 的治疗，张之文教授在继承叶天士"微辛以开之，微苦以降之"(《临证指南医案·肺痹》)，用药"主乎轻浮"法度的基础上，结合具体临床经验，重视以下治疗方法。

以祛风为第一要义。如前所述，CVA常由风邪触发，那么使用风药，即含有祛邪之意。张之文教授使用疏风其用意至少有三：第一，如上述，疏风散邪，祛除CVA发病的外因；第二，宣痹通阳，疏风之品其味多辛，辛能升能散，且张之文教授常用祛风药以辛温发散为主，温能通，辛温合用则具有宣痹通阳以解肺痹的作用，表气通，里气（肺气）顺，则肺痹开；第三，风药不唯宣肺痹，亦可升脾阳，疏肝滞。如前所示，在外感表证的初期，现代医家多用苦寒之品，苦寒味厚质重，性主沉降，"其在表者，汗而发之"（《素问·热论》），本宜使用升宣透达之品以解疏表邪，宣通肺痹，但多误用苦寒沉降之品，致使邪气趋里，肺气被痹，脾阳被遏，肝气郁滞（如黄坤载说"肝随脾升"，即此之谓）。如临床上，外感表证的初期多用抗生素，或者抗病毒等的冲剂后，患儿即出现纳差、腹胀、便溏等证即是明证。此时使用辛温升散之品升阳疏风，则脾运健，肝气疏使被遏的气机得以舒展，更有利于邪气祛除。

常用祛风药如辛夷、防风、细辛、荆芥、紫苏叶、蝉蜕或僵蚕。张之文教授认为，症见鼻塞、喷嚏、流涕，或鼻腔及咽喉发痒者更适宜，即使这些表现不明显，只要呈发作性阵咳，时作时止，反复明显，仍按风邪对待，不可忽视祛风。其中风寒郁闭，宜选辛夷、防风、细辛等，兼痰浊郁闭，酌用紫苏叶，发散风寒，消痰利肺；阴虚而肝阳偏旺，风热郁闭，或皮肤瘾疹，用荆芥、蝉蜕、刺蒺藜等。此外，张之文教授亦指出个别患者对僵蚕过敏，反而使症状加重，须注意。

治气为关键。张之文教授认为，CVA具有气滞气逆表现，即西医所谓"气道高反应性"，以宣通和肃降肺气为主，可使咳嗽气急得以缓解。因此，所谓治气就是恢复肺的宣发和肃降功能。除前述辛温宣通之法，以及后论化痰活血之法外，张之文教授常根据肺气痹阻程度的不同，依次选用苦辛通降法，苦辛温通法和辛滑开痹三法。

苦辛通降法源出叶天士，如其云："肺气不通，治以苦辛"（《临证指南医案·肺痹》），微苦则降，微辛则升，升降相因，则合肺气宣发肃降之意，功能理气开痹。张之文教授常根据肺气升降失宜的程度，灵活选用苦辛之品，如肺气痹阻，肃降不能较多，如二便不通等，则重用，或多选微苦之品，如肺气痹阻，宣发不能，如见鼻塞、耳闭、眼蒙、头痛，则多用味辛之品，肺得宣化，则诸窍自爽。张之文教授常选枳壳、枳实、桔梗、苦杏仁、青皮等味。

苦辛温通法是针对痹阻程度较重，或者苦辛通降法单独不能取效者，张之文教授常选辛温微苦之品，如炙麻黄、苦杏仁、枳实、前胡等味，以开通肺痹。

辛滑开痹法是用功能辛滑通阳开痹之品，如张之文教授常用王孟英薤枳芎菖方（方由薤白、枳壳、川芎、石菖蒲）等具有辛香流窜、开痹通阳之品以开通肺痹。

涤痰不可忽视。肺为气之主，气行则津血俱行，肺气痹阻，不唯肺气郁闭不能宣通，而且周身之气亦被窒滞，气滞则津停成痰，痰为重浊有形之物，最阻气机，痰气交阻，则肺痹更重，所以涤痰不可忽视。

张之文教授在临床上涤痰常关注两点：其一，重视治气。《丹溪心法》云："善治痰者，不治痰而治气，气顺则一身之津液亦随气而行。"此处"治气"有两层含义，一为重视宣通肺气，使其恢复气化功能，增强化痰的作用，而且有助于排痰，方法如前文所示；二为重视健运脾气，脾为生痰之源，脾气健运则绝其生痰之源，常用药如茯苓、白术等味。其二，视其痰之寒热不同，寒痰主以温化（《金匮要略》云："病痰饮者，当以温药和之"），常用法半夏、陈皮、茯苓、干姜、细辛等；热痰主以清化，常用法半夏、瓜蒌皮、黄芩、黄连、枳实等味。

采用活用化瘀通络法。张之文教授认为CVA始痹在气，闭久入血，病久入络。所谓"闭久入血"，常指CVA病久，气不主宣，血脉瘀滞，常见唇舌紫暗，此时常加入活血化瘀之品，如丹参、赤芍、川芎、当归等味，若兼见胸痹心痛等症，则加入仲景瓜蒌薤白类方。若病久，邪气入络，混处气血之中，"主客浑受"，络脉不通，见胸中闷痛，声音不出等，则主以辛润通络之法，轻则用地龙、桃仁等味，重则可仿薛生白三甲散（方由地鳖虫、炒鳖甲、穿山甲、僵蚕、柴胡、桃仁组成）以开通络痹。

慎用清肺。苦寒清肺之品，过用或者妄用，弊端极多。所以，张之文教授明确提出临床中要慎用苦寒清肺之品。但对于痰热涌滞肺经，发热、咳黄痰、口渴、苔黄者，又当别论，不排除清肺化痰治疗，常用枳壳、桔梗、半夏、瓜蒌皮、黄芩、金荞麦、连翘等。

禁用单纯收敛肺气。张之文教授认为从中医的角度认识CVA,其原因在于肺气痹阻使然,治疗主在开通肺痹,敛肺止咳之品,如白果、款冬花、罂粟壳等味,当在禁用之列。

关于虚证CVA的治疗方面,虚证CVA虽有肺气痹阻之实,但临床多见肺脾肾亏损交互并见的情况,据此,张之文教授提出"开上—运中—奠下"的治疗法度,从三焦气化的角度,整体认识和治疗CVA。

"开上",即开通肺气之痹。临床论治除以上六点治疗CVA的要诀外,诚如《症因脉治》"肺痹之因,或形寒饮冷,或形热饮热,肺为华盖,恶热恶寒,或悲哀动中,肺气受损,而肺痹之症作矣"所论,补益肺气是虚证CVA治疗的关键。肺气虚损,疲惫不仁,当益气温阳,升举肺气亦为开。补益肺气,张之文教授常因肺气虚损的程度不同,肺卫气虚则用玉屏风散(方有黄芪、白术、防风组成),肺气亏损则主用加减保元汤(方由人参、黄芪、甘草、肉桂、补骨脂、五味子、桔梗组成),气阴两虚则用生脉散。

"运中",即运化升降脾胃。王孟英云,生理上"肺胃大肠一气相通",叶天士说《内经》谓肺主一身之气化,天气降,斯云雾清,而诸窍皆为通利"(《临证指南医案·肠痹》),现肺气痹阻不通,肃降之令不行,则胃肠之气不得通爽,而临床中也确实易于见到CVA患者兼见纳差、腹胀、二便不爽等症。脾胃同居中焦,胃为阳土,以降为顺,脾为阴土,以升为健,脾升胃降,功能枢转人体中焦的气机。今胃腑之气不得通达,则脾之运化升清受限。对此实证的治疗,张之文教授常选吴鞠通半夏泻心汤去干姜甘草加枳实杏仁方(方出《温病条辨·中焦篇》,由半夏、黄连、黄芩、枳实、杏仁组成)加减,或者径用仲景半夏泻心汤。而对于脾虚之证,若兼肺脾之气均不足,则主用补中益气汤加减,若脾虚夹痰,则选六君子汤加减,若脾虚湿盛便溏,则用参苓白术散加减,若脾胃阳虚,则用砂半理中汤等方。

"奠下",即补肾纳气归元。《素问·六节藏象论》云:"肾者,主蛰,封藏之本。"肺主吸气,肾主纳气,肺气虚损,金水不得相生,或者肾气未充,肺气不足,就需补肾填精,纳气归元。临床上,若肺肾阳气俱虚,张之文教授常用参芪地黄汤加补骨脂、核桃肉等,张之文教授认为补骨脂是补肾纳气奠下要药;若脾肾阳衰,督脉不荣,症兼见"腰胯脊髀酸痛","由脏腑伤及奇经"(《温病条辨·下焦篇》),张之文教授常用安肾汤加减(方出《温病条辨·下焦篇》，由鹿茸、葫芦巴、补骨脂、韭菜子、大茴香、附子、茅术、茯苓、菟丝子组成。）

张之文教授认为，肺气痹阻是CVA发作期和缓解期的关键病机，因此可以从肺痹论治CVA。西医研究认为，CVA存在发作期和缓解期的病理分期。但从中医角度认识，并非发作期都是邪实的表现，CVA的缓解期也存在邪气实的特征，而且CVA的缓解期也不都是正气虚，邪气实的情况亦不少，所以不宜将CVA的发作期与实证肺痹，缓解期与虚证肺痹相等同。而在临床上张之文教授主张在明确诊断CVA的基础上，按照传统中医药理论认识和治疗CVA，视其邪正虚实不同，灵活使用上述诸法，正如叶天士说："治病当活泼泼地，如盘走珠耳"（《温热经纬·叶香岩三时伏气外感篇》），不可妄执定见，戕人性命。

验案1：杏苏散合安肾汤案

朱某，女，34岁，2014年9月26日初诊。

现病史：素有CVA病史，支气管激发试验（+）。体肥面白，平素畏寒，易于感冒。10余天前哮喘发作，每日吸服舒利迭4次仍不能有效缓解症状。现症：咳嗽，喘息，胸闷，吐清晰白痰，鼻塞流涕，畏寒衣着甚厚，神疲倦怠，痛苦异常，纳可，二便调，舌质暗红，苔薄白水滑欲滴，脉沉缓弱。

辨病：肺痹。

辨证：肺肾亏损之体，气滞寒饮痹阻于肺，复受风邪激发。

治法：疏风理气，化饮开痹，补肾纳气。

方剂：杏苏散合安肾汤加减。

药物：辛夷 20 g　　防风 15 g　　紫苏叶 20 g　　法半夏 15 g
　　　当归 10 g　　枳实 30 g　　青皮 30 g　　　茯苓 20 g
　　　葫芦巴 10 g　肉桂 10 g　　补骨脂 30 g　　蜜甘草 5 g

6剂，水煎服，每日1剂，一日三次，每次150 ml，饭后半小时温服。

2014年10月10日二诊：患者诉症状稍缓解，每天吸服2次舒利迭即可控制症状，咳嗽，喘息，胸闷，吐清稀痰浊，鼻塞流清涕，畏寒等诸症同前，舌暗红，苔白，脉缓。方已获效，患者喘息、畏寒等缓解不显，予原方酌加温阳补肾纳气之品。

药物：辛夷 15 g　　防风 15 g　　生荆芥 15 g　　紫苏子 15 g

法半夏 15 g　　　当归 10 g　　　青皮 30 g　　　枳壳 30 g

干姜 10 g　　　小茴香 10 g　　　补骨脂 30 g　　　肉桂 10 g

白附片 15 g（先煎半小时）　　　蜜甘草 5 g

6 剂，水煎服，每日 1 剂，一日三次，每次 150 ml，饭后半小时温服。

2014 年 10 月 17 日三诊：患者诉症状缓解不显，咳嗽，胸闷，气紧，每天吸服舒利迭 2 次，神倦乏力甚，眠差，头晕，舌淡胖暗红，苔薄白，脉缓。"内生之寒，温必兼补"，予原方酌加干姜 15 g、生晒参 15 g、生黄芪 30 g、葫芦巴 10 g，续予 6 剂调理。

2014 年 10 月 24 日四诊：患者喜诉服上方后症状缓解明显，诉咳嗽、喘息、胸闷减轻，每日吸服 2 次舒利迭能较好控制症状，畏寒较前缓解，咳痰减少，偶有喷嚏，舌淡胖，苔薄白，脉缓。疏风宣痹，益气温阳补肾，患者正气渐充，肺痹渐开，予原方酌加鹿角 15 g（先熬半小时）以补督脉，予 6 剂水煎服。

2014 年 10 月 31 日五诊：患者诉"症状已缓解五分"，每天吸服 2 次舒利迭已能完全控制症状，少有咳嗽、喘息，大便微结，舌淡胖大，苔白，脉缓。可见阳气渐生，温不可过，故重用补，故去制附片，续余原方再进 6 剂，以观后效。

2014 年 11 月 7 日六诊：患者诉咳嗽减轻明显，仍有喘息，咳痰量少难以咳出，吸服 2 次舒利迭症状可以控制，舌淡胖，苔薄白，脉缓。痰少难以咳出，显属肺气不利，故酌用仲景小陷胸汤以涤痰浊。

药物：辛夷 15 g　　　防风 15 g　　　紫苏子 15 g　　　青皮 30 g

枳壳 30 g　　　补骨脂 30 g　　　肉桂 10 g　　　蜜甘草 5 g

生晒参 15 g　　　生黄芪 50 g　　　葫芦巴 10 g　　　法半夏 15 g

鹿角 15 g（先熬半小时）　　　桔梗 20 g　　　瓜蒌皮 15 g

2014 年 11 月 14 日七诊：自诉症减明显，呼吸少有不适，现服 2 次舒利迭症状控制良好，每日咳嗽一两次，咳吐少量清痰，动则稍喘息，舌淡胖大，苔薄黄，脉缓。咳痰已清，肾虚证候显露，故再加制附片以温补肾阳。

药物：辛夷 15 g　　　防风 15 g　　　紫苏子 15 g　　　青皮 30 g

枳壳 30 g　　　补骨脂 20 g　　　肉桂 10 g　　　蜜甘草 5 g

生晒参 15 g　　　生黄芪 50 g　　　葫芦巴 10 g　　　桔梗 20 g

鹿角 15 g（先熬半小时） 　　当归 15 g　　小茴香 10 g

白附片 15 g（先熬一小时）

6剂，水煎服，每日1剂，一日三次，每次150 ml，饭后半小时温服。

2014年11月21日八诊：患者诉已无咳嗽，咽中稍有不适，胸部微闷，无痰，稍畏寒，每日吸服2次舒利迭，脉缓，舌淡胖大，苔白。肺肾之气渐得充养，肺痹得开，故症状基本缓解，续予前方加减以善后。

药物：辛夷 15 g　　防风 15 g　　紫苏子 15 g　　青皮 30 g

枳实 30 g　　补骨脂 20 g　　肉桂 10 g　　蜜甘草 5 g

生晒参 15 g　　生黄芪 50 g　　葫芦巴 10 g　　当归 15 g

鹿角 15 g（先熬半小时）　　白附片 15 g（先熬一小时）

小茴香 10 g　　蜜炙麻黄 10 g

6剂，水煎服，每日1剂，一日三次，每次150 ml，饭后半小时温服。

按语：患者哮喘经年，平素畏寒，体肥面白，显属阳虚之质。此次发作由风邪激发，故鼻塞流涕。气滞寒饮痹阻于肺，故喘咳，胸闷，吐稀白痰，舌苔白。寒饮锢结于肺，"寒则泣不能流"，血脉不畅，故舌质暗红。且患者在发病之初亟显现出明确的肺气亏损，肾阳虚弱的症候，如畏寒肢冷，神倦乏力，动则喘息加重等。所幸纳食可，中宫尚得运转，后天化源有力，所以预后尚好。对此，张之文教授选用"减小青龙一等"的杏苏散加减，以辛夷、防风配苏叶疏风宣痹，以半夏、茯苓温化痰饮，以"苦辛平"之青皮易陈皮，以"散肺中滞气"（《古今医案按·卷五·喘胀》），而且现代药理研究也证实青皮确有扩张支气管的作用，故张之文教授常将其用作宣肺之品。再合峻补肾中真阳的安肾汤（方出《温病条辨》，由鹿茸、葫芦巴、补骨脂、韭菜子、大茴香、附子、茅术、茯苓、菟丝子）中的葫芦巴、补骨脂以温补肾阳。当归既可养血活血通脉，又能止咳，如《神农本草经》载其治疗"咳嗽上气"。肉桂功能温肾纳气归元。诸药合用，既究邪气之实以开肺痹，又助正气之虚以奠下焦，故首服6剂获效果。二诊患者肺痹稍开，咳嗽稍减，但畏寒、动则喘息如常，患者下元亏损较重，故酌加干姜、附片以温肾阳。重剂温阳，效果不显，但见一派气虚证候，故三诊"温必兼补"，加用参芪以益气温阳，服用6剂，患者诉效果缓解明显。但患者畏寒肢冷未见有效缓解，肾虚日久，"由脏腑伤及奇经"，故四诊加用鹿角以补督脉之阳。五诊患者自诉"症状缓解五分",但大便微结,重剂温补阳气,阴气不得相承,故酌减附片,多用温补以充少阴之阳。六诊患者症状续有好转,患者阳气渐生,但肺痹未得全开,气滞痰浊阻结于肺有化热征象,故痰少难以咳出,遂以微苦微辛之桔梗、瓜蒌皮、法半夏升降肺气,涤痰泄热。七诊痰热已清,肺气稍得通利,邪气稍缓,正虚显露,故动则喘息,故再加参芪附桂温补肾纳气归元。八诊患者肺痹得开,肺肾之气渐得充养,症状已基本缓解,张之文教授以前方续予调理,并嘱其逐渐停用支气管扩张剂。分析上案,可以看出张之文教授治疗 CVA 始终抓住"气滞气逆"是其发病的核心病机,从肺痹的角度,以扶正固本,逐邪开痹为主法,量其虚实多少,加减变化,重视疏风药在去除激发因素,辛温开痹中的作用。

验案 2:加味麦门冬汤案

胡某,男,67 岁,2014 年 2 月 21 日初诊。

现病史:每逢季节转换则鼻塞、咽痒痛、咳嗽。经西医检查示:支气管激发试验(+),诊断为咳嗽变异性哮喘,未服用西药。现症:身僵,咽痒,汗出则咳嗽,痰少难以咳出,晨起咳嗽为重,自觉人不清爽,胸闷,气紧,纳可,二便调,舌暗红,苔薄黄而少,脉弦。

辨病:肺痹。

辨证:肺阴亏损,痰气痹阻,风邪触激。

方剂:加味麦门冬汤加减。

药物:北沙参 15 g   麦冬 15 g   法半夏 15 g   桑白皮 20 g
　　　炙麻黄绒 10 g 苦杏仁 15 g   前胡 20 g   枳壳 30 g
　　　桔梗 20 g   地龙 10 g   生甘草 3 g

6 剂,水煎服,每日 1 剂,一日三次,每次 150 ml,饭后半小时温服。

2014 年 3 月 3 日二诊:自诉症减,仍身僵,咽痒,咳痰稍费力。肺痹稍开,但风邪未去,故予前方酌用疏风以开肺痹。

药物:北沙参 15 g   麦冬 15 g   法半夏 15 g   桑白皮 20 g
　　　炙麻黄绒 10 g 苦杏仁 15 g   前胡 20 g   枳壳 30 g
　　　桔梗 20 g   地龙 10 g   生甘草 3 g   辛夷 15 g
　　　防风 15 g   款冬花 15 g

6 剂,水煎服,每日 1 剂,一日三次,每次 150 ml,饭后半小时温服。

2014年3月28日三诊：患者诉服用上方6剂后，诸症顿失。但一周前，因摄身不慎，复受风邪侵袭。现症：身僵不适，咽痒鼻塞，涕中带血，干咳少痰，动则咳嗽汗出，舌红苔薄白欠润，脉弦细数。

辨证：阴虚痰热锢结，复受风邪引触。

方剂：泻白散加减。

药物：桑白皮 20 g　　地骨皮 20 g　　地龙 15 g　　枳壳 30 g
　　　桔梗 20 g　　　麦冬 15 g　　　黄芩 15 g　　金荞麦 30 g
　　　蝉蜕 10 g　　　辛夷 15 g　　　瓜蒌皮 15 g　知母 15 g
　　　连翘 15 g　　　前胡 20 g　　　生甘草 3 g

6剂，水煎服，每日1剂，一日三次，每次150 ml，饭后半小时温服。

按语：加味麦门冬汤是张之文教授学术传承人冯全生教授根据张之文教授临床经验整理而命名的方剂，该方功能宣肃肺气，润肺涤痰开痹，针对阴虚痰热痹肺的CVA疗效显著。患者肺阴亏虚，痰气痹肺，故咳嗽痰少，胸闷气紧，舌红少苔。晨起少阳生发，肺气痹阻，郁热化火，冲撞于肺，故晨起咳嗽为重。肺主一身之气，肺气痹阻，则一身之气不得通爽，故身僵，全身不得清爽。风邪触激，故鼻塞咽痒。故张之文教授以北沙参、麦冬甘寒润肺；前胡、枳壳、桔梗苦辛微寒，清热宣降肺气开痹；炙麻黄、苦杏仁苦辛而温，疏风开痹；法半夏燥湿化痰；桑白皮清肺平肝，地龙平肝通络。诸药合用清润肺金，理气化痰开痹，故首服6剂即获得显效。但患者身僵，鼻塞等症缓解不显，风邪未得尽去，肺气不得宣化，故原方重加辛温之辛夷、防风以疏风宣痹；款冬花辛甘而温，润肺止咳。数日之后，患者来诉，服用上方6剂，诸症悉减。张之文教授认为，这种情况下往往是肺痹始开，仍需要加减调理，使肺气宣化如常，才能真正缓解病情，否则易于反复。故又受风邪触发，故症状如初，而且因患者病发迁延日久，痰热较重，故干咳少痰，涕中带血，张之文教授以"泻去肺热而保定肺气之方"（《温热经纬·方论》）之泻白散清金保肺，酌用麦冬甘寒养阴润肺，枳壳、桔梗、前胡宣肃肺气，瓜蒌皮、黄芩、知母、连翘清肺化痰，蝉蜕、辛夷辛凉复辛温以疏风宣痹，金荞麦凉血化瘀解毒，地龙平肝肃肺止咳。

4. 从肝胆枢机论治顽固性不寐

失眠，中医称为"不寐""目不瞑""不得眠""不得卧"等。根据失眠病程长短，可分为短期失眠和慢性失眠。慢性失眠亦称顽固性失眠，是指病程3个月以上、频繁的（≥3次/周）不能获得正常睡眠为主症的一种疾病，主要表现为对睡眠时间和（或）深度的感到不足，如入寐困难、寐而不酣、时寐时醒、早醒，甚至彻夜不寐，并存在一种以上与不寐相关的日间症状，如疲乏等躯体不适、情志异常、认知障碍等。顽固性不寐病程长，变证较多，不易把握病机，治疗效果不佳。患者长期不能获得满意的睡眠，引发对睡眠质量的过度关注，而出现明显焦虑或抑郁情绪，加重失眠，形成恶性循环。本病迁延不愈，可影响正常生活和工作，甚至引起恶性意外事故，还可使免疫力低下、诱发或加重心脑血管疾病、糖尿病、精神性疾病的发生等。

1）寤寐有节的生理基础

人与天地相参，与日月相应。《灵枢·邪客》言："天有昼夜，人有卧起。"《灵枢·口问》载："阴者主夜，夜者卧……阳气尽，阴气盛，则目瞑；阴气尽，而阳气盛，则寤矣。"人体阴阳之气会随着自然界昼夜阴阳的消长变化而变化，阳入于阴则寐，阳出于阴则寤。具体而言，寤寐主要与营卫交会运行和阴阳跷脉盛衰相关。

（1）营卫交会运行

寤寐是营卫之气出入运行的结果。《灵枢·营卫生会》曰："营在脉中，卫在脉外，营周不休，五十而复大会。"又曰："卫气行于阴二十五度，行于阳二十五度，分为昼夜。故气至阳而起，至阴而止……夜半而大会，万民皆卧。"营卫之气的交会为寤寐之枢机，卫气出入正常是寤寐有节的必要条件。营卫"至时而会"，失常则引起不寐。若营卫偏盛偏衰，卫强或营弱，使营卫交会失和可发生不寐；或痰湿、瘀血等病理产物阻滞营卫运行道路，使营卫交会失和，阳不入阴也可导致不寐。

（2）阴阳跷脉盛衰

《灵枢·寒热病》曰："足太阳有通项入于脑者……入脑乃别阴跷、阳跷，阴阳相交，阳入阴，阴出阳，交于目锐眦。阳气盛则瞋目，阴气盛则瞑目。"《灵枢·大惑论》又载："卫气不得入于阴，常留于阳。留于阳则阳气满，阳气满则阳跷盛，不得入于阴则阴气虚，故目不瞑矣。"阴阳跷脉司一身左右之阴阳及目之开阖，能协调营卫运行出入，参与寤寐调节。若阴阳跷脉功能失衡，营卫运行出入失常，阳盛阴衰，阴阳失交，阳不入阴，亦可致不寐。

总之，寤寐的本质是人体阴阳盛衰出入变化顺应自然界阴阳消长的一种周期性生命节律。若违背此规律，人体阴阳失和、阳不交阴，则发生不寐。

2）顽固性不寐责之肝胆枢机不利

顽固性不寐由不寐发展而来，它往往是多种病因共同影响，其中情志不畅在顽固性不寐的发病中占据着重要地位，又存在气郁、热结、痰凝、瘀血等多种病理产物堆积，多邪共扰、虚实夹杂，使营卫运行失常、阴阳交接无序。张之文教授认为病因虽多，但其基本病机总属阴阳失交、阳不入阴，而阴阳失交主要责之肝胆枢机不利。其原因有四：一者，肝、胆属少阳，少阳为枢，故能协调人体阴阳之升降、表里之出入。二者，水火者阴阳之征兆。肝胆属木，木生于水而生火，故疏调肝胆能交通水火阴阳。三者，肝应春，为阴尽阳生之脏。胆者，中正之官，不偏不倚。肝胆能够维持人体气血阴阳的平衡。四者，夜半子时，胆经当令。子时为阴阳交通之时，故治胆能交通阴阳。

（1）少阳为枢，是协调升降出入的基础

《素问·六节藏象论》称："肝，此为阳中之少阳。"根据五脏之气的升降特性及其与五时的对应关系，则肝、胆属少阳。《素问·阴阳离合论》载"是故三阳之离合也，太阳为开，阳明为阖，少阳为枢"。枢，户枢也，制动之关键，调节着门户的开阖。正如《黄帝内经·灵枢集注·根结第五》所载："开阖如户扉，枢犹转纽，舍枢则不能开阖"。对人体而言，少阳枢机是营卫气血阴阳交接之关键。少阳斡旋全身气机，通调阴阳、表里、内外、上下，使营卫出入正常，阴阳按时交会，保证阴阳平衡协调。

（2）肝胆属木，是交通水火阴阳的关键

肝胆属木，木介于水火之中，阴阳之间，故调肝胆能交通水火阴阳。正如薛生白在《一瓢医案》中道"火以木为体，木以水为母，先天一气，由是通明。故知离中耦画生阴，心气日欲下交；坎中奇画生阳，肾气日欲上承，是即心肾一交也。"陈士铎《辨证录》中载："夫胆属少阳，其经在半表半里之间，心肾交接之会也。心之气由少阳以交于肾，肾之气亦由少阳以交于心。"

"心欲交于肾，而肝通其气，肾欲交于心，而肝导其津。"由此可知，肝胆是交通心肾水火阴阳的关键和枢纽。

（3）肝胆协助维持人体气血阴阳的平衡

肝应春，春居冬夏之间。冬为阴，夏为阳。肝体阴用阳，为阴尽阳生之脏，能帮助维持人体阴阳的平衡。《素问·灵兰秘典论》曰："胆者中正之官，决断出焉"。"中正"是指胆居半表半里之间，并保持刚柔并济、不偏不倚的状态，调节全身阴阳的升降出入，维持阴阳平衡。正如《内经知要》所述："五脏六腑,其为十一脏,何以皆取决于胆乎？胆为奇恒之府,通全体之阴阳"。肝为将军之官，胆为中正之官，两者相互配合，共同调节人的精神情志活动，确保脏腑之间的关系协调。另一方面，肝胆调节机体气血津液的代谢。如《血证论》所言："盖肝木之气主于疏泄脾土，而少阳春生之气又寄在胃中，以升清降浊，为荣卫之转枢。"肝主疏泄，可使气火宣通、脾土运化、血行通畅，且有助排泄胆汁以助消化，使不产生郁火、痰浊、瘀血、食积等，则人体气血阴阳保持平衡。

（4）子时胆经当令，为阴阳交接之时

华佗《中藏经》曰："阳始于子前，末于午后，阴始于午后，末于子前，阴阳盛衰，各有时，更始更末，无有休止。"《灵枢·营卫生会》载："日中而阳陇为重阳，夜半而阴陇为重阴……夜半为阴陇，夜半后而为阴衰。"故夜半子时，为阴极阳生、阴阳交替之时。又根据子午流注纳子学说，一日十二时辰，气血都是有规律地流注于十二经脉中，子时气血流经足少阳胆经，胆经当令，故治胆能交通阴阳。

3）交通阴阳、调畅枢机为基本治法

中医辨证论治强调理、法、方、药一线贯通，法随证立，方依法出，药随方选。张之文教授在多年的临证过程中发现顽固性不寐患者临床症状繁杂多样，涉及多个脏腑功能失衡，使营卫运行失常、阴阳交接无序。此外，少阳枢机不畅，导致气郁、热结、痰凝、瘀血等多种病理产物堆积，加之患者多伴焦虑、抑郁、胆怯、烦躁易怒等情绪异常，使病情迁延难愈。通过病因病机分析，张之文教授认为肝胆枢机不利、阴阳不交是顽固性不寐的基本病机，提出交通阴阳、和合气血、通导肝胆、调畅枢机为治疗顽固性不寐的关键。

（1）创调枢安魂汤

顽固性不寐病程长，常规中西医治疗少效或罔效。张之文教授根据本病的病机特点，立"调枢安魂汤"为治疗顽固性不寐的基本方，临证化裁应用，疗效卓著。本方取《金匮要略》"酸枣仁汤"及《医学心悟》"安神定志丸"之义，由炒酸枣仁30g、生地黄10g、黄连10g、炙远志10g、石菖蒲10g、天麻10g、僵蚕10g、煅龙齿30g、甘草3g组成。方中酸枣仁，养肝血、补肝气、安神魂，为治肝血不足不寐之要药；煅龙齿入心肝二经，镇纳浮阳、安摄魂魄。二药合用，养制互参，使阴血得养、亢阳有藏。生地黄甘苦，入心肝肾经，具有滋阴补肾、养血补血、清热凉血之功效，《本草备药》中言其能"交心肾而益肝胆"；黄连，性寒味苦，一药多用，可清心火而养神、交心肾、泻肝火、治痰热、引诸药入心等。生地黄、黄连两药配合，清滋并用，有交通心肾水火之功。远志有安神益智、祛痰、消肿之功，《本草再新》载："远志……行气散郁，并善豁痰"；石菖蒲功能开窍豁痰、醒神益智、化湿开胃。王学权《重庆堂随笔·卷下》载："石菖蒲。舒心气，畅心神，怡心情，益心志，妙药也"。远志、菖蒲合用既可开窍醒神，又交通心肾，具宁心安神、开窍化痰之功，可使痰湿去、心肾交，则不寐可除。天麻，《药品化义》言："气性和缓……用此甘和缓其坚劲，乃补肝养胆，为定风神药……若肝劲急甚，同黄连清其气……又取其体重降下，味薄通利……凡血虚病中之神药也"；僵蚕，《伤寒瘟疫条辨》载："味辛苦气薄，喜燥恶湿，得天地清化之气，轻浮而升阳中之阳，故能胜风除湿，清热解郁，从治膀胱相火，引清气上朝于口，散逆浊结滞之痰也"。天麻、僵蚕两药均入肝经，合用平肝降逆、化痰解郁，有升清降浊之功。诸药合用，养制互参、清滋并用、升降相因，使肝胆枢机调达、阴阳相交、神魂安定而夜寐得安。临床多用于长期不寐，入寐困难，伴梦多、头昏、心悸、烦躁、情绪不宁、烦躁或抑郁，舌边尖红，苔厚，脉弦的患者。

（2）辨证加减用药

若兼见胸胁少腹胀痛或虚闷、悲忧欲哭、善太息、忧郁胆怯等，证属肝气不舒、情志怫郁，可合四逆散、柴胡疏肝散，或加合欢花、郁金等药疏肝理气解郁；兼见头胀痛，面红目赤，烦躁易怒，胸胁乳房胀痛，或血随气逆而吐血、咯血等,证属肝胆火旺、热扰神魂,合用龙胆泻肝汤,或加青黛、牡丹皮、菊花、槐米等药,以清肝泻火、平逆肝阳;兼见面色无华或萎黄,视物模糊,头晕耳鸣,爪甲不荣甚肢体麻木、活动不利,女子可见经少而色淡,舌淡,脉细或无力等,证属肝血不足、血不养魂,加大炒酸枣仁的用量至50克,并加四物汤等养血补肝。兼见头晕头痛,眩晕耳鸣,潮热盗汗,口咽干燥,腰膝酸软,肢体麻木,甚手足震颤,舌红少苔等,证属肝肾阴血、阳亢扰魂,合用天麻钩藤饮或镇肝熄风汤等;兼见头重昏蒙、胸闷痞满、两胁胀痛、呕恶痰涎,苔腻,脉弦滑等,证属肝胆郁滞、痰浊内扰,合用温胆汤以理气化痰、和胆安魂,如唐宗海在《血证论·卧寐》中言"肝经有痰,扰其魂而不得卧者,温胆汤加枣仁治之"。兼见夜卧不安,两胁肋胀痛、刺痛,头痛,女性月经不调甚经闭,舌偏暗或有瘀点,脉弦涩等症,证属肝郁血瘀,或无明显瘀血症状,临床多法治疗效不佳者,亦可依据古训"顽疾多瘀血"而按瘀血辨治,合用血府逐瘀汤疏肝理气、化瘀安神;兼见心烦不寐、多梦、早醒、腰膝酸软、耳鸣、潮热盗汗,舌红少苔,脉细数等。《辨证录·不寐门》载:"人有夜不能寐,恐鬼祟来侵,睡卧反侧,辗转不安,或少睡而即惊醒,或再睡而恍如捉拿,人以为心肾不交,而孰知乃胆气之怯也"。治当肝胆同调、交通心肾,合用肝胆两益汤,或润燥交心汤、交泰丸等。

4)倡导"不寐五辨"

(1)辨疾病久暂

短期不寐多与情志失调导致的心神不宁有关,病位主要在心,病性以实证为主。心藏神,为五脏六腑之大主。七情太过或不及,机体调控不及,首先影响心神,继而伤及脏腑。正如《类经》所言:"情志之伤,虽五脏各有所属,然求其所由,则无不从心而发"。故短期不寐的治疗以宁心安神为主。顽固性不寐多与肝胆枢机不利有关,病位主要在肝胆,病性以虚证或虚实夹杂为主。肝胆属少阳,少阳为枢,能调达气机、疏通水道、通导心肾、交通阴阳。不寐日久、耗伤阴血,或痰瘀内生,治疗以通导肝胆、调枢安魂、和合阴阳为主。

(2)辨有无邪气

《景岳全书》载:"不寐证虽病有不一,然惟知邪正二字,则尽之矣……其所以不安者,一由邪气之扰,一由营气之不足耳。有邪者多实证,无邪者皆虚证。"有邪指有致病因素扰动，可分外邪和内邪。外邪如伤风、伤寒、火热之邪等，如《灵枢·邪客》云："今厥气客于五脏六腑，则卫气独卫其外，行于阳，不得入阴……故目不瞑。"治以速去其邪为主。内邪如七情过极、五志化火、饮食积滞、痰热内扰、气滞血瘀等，多实证或虚实夹杂，治疗先以祛邪为主，泻其有余、以通其道路。无邪指气血阴阳不足、营卫脏腑虚损，包括肝血不足、心胆气虚、心脾两虚、肾精不足、气阴亏虚等，治疗先以补虚为主，补其不足、以复其元真。

（3）辨疾病类型

不寐的症状主要可分为三型，入寐困难型、时寐时醒型、早寤型，对应现代医学失眠的入睡困难、睡眠维持障碍和早醒。"阳气尽，阴气盛，则目瞑"。入寐困难型主要为阳气相对偏盛，阳不能入阴所致，主要发生在子时，多属肝胆火旺、痰热内扰证。时寐时醒型，主要为阴阳交合不固，阳气时出于阴，多属肝失通导、心肾不交证。"阴气尽而阳气盛，则寤矣"，早寤型主要为阴血亏虚，不能涵阳，阴不藏阳、阳气早出所致，主要发生在寅时，多属肝肾阴虚、肝血不足证。

（4）辨虚实体用

肝体阴而用阳。肝主藏血，能贮藏血液、调节血量，为肝之体。肝主疏泄，畅达全身气机，为肝之用。肝通过藏血与疏泄功能，调节着全身气血的运行，为人体气血调控中枢，对脏腑功能亦具有协调作用。顽固性不寐与肝之体用失常具有关系。百病生于气，肝气郁滞，疏泄不及，情志怫郁，入寐困难，此为肝体实用虚；肝气久郁化火，肝胆火旺，使神魂被扰，不安于舍，此为肝体实用实；若进一步发展，火热耗伤阴血，肝血不足或肝肾阴虚，血不养魂，此为肝体虚用亦虚；肝失通导，心肾不交，或精血津液输布失常，致气郁血瘀、胆郁痰扰等，为肝体虚用实。临床应根据肝体用虚实的特点随证选方用药，"补其不足，泻其有余，调其虚实，以通其道，而去其邪"。

（5）辨标本缓急

顽固性不寐病程迁延、久治难效的原因在于，本病常与其他疾病相兼为患，如合并慢阻肺、慢性胃炎、糖尿病、高血压、冠心病、慢性肾脏病、更年期综合征、癌症疼痛，以及焦虑症等精神心理疾患。此时需要考虑疾病的标本间甚，间者并行，甚者独行。若是其他疾病继发不寐，则以治疗原发疾病为主，酌加酸枣仁、煅龙齿、灵芝等。若顽固性不寐合并其他疾病，且其他疾病病情稳定，则以调枢安魂助眠为主。总之，当根据病症的轻重缓急确定标本先后治则，随证治之。

验案举隅

张某某，女，60岁，2021年4月8日初诊。

现病史：不寐3余年。患者3余年前行脑激素分泌性垂体瘤术后出现不寐，多梦，频魇。刻下：反复头痛，善叹息，呼气则舒，疲倦，口腔溃疡，口干欲饮，纳可，大便干结难解，舌质偏黯，舌苔中厚腻偏黄满布，左脉缓，右脉结代。既往有高血压、甲状腺结节、贫血病史，目前血压控制尚可。

西医诊断：失眠。

中医诊断：不寐，证属肝郁血瘀。

方剂：调枢安魂汤合血府逐瘀汤加减。

药物：柴胡 12 g　　炒枳实 20 g　　赤芍 15 g　　当归 15 g
　　　川芎 15 g　　桃仁 12 g　　　红花 10 g　　丹参 12 g
　　　葛根 15 g　　白芷 15 g　　　川牛膝 15 g　炒酸枣仁 30 g
　　　制远志 10 g　石菖蒲 15 g　　生甘草 3 g

6剂，每日1剂，三餐饭后半小时温服及晚九点左右加服一次，并进行心理疏导，嘱畅情志。

2021年4月15日二诊：服前方后改善不明显，诸症仍有，眠差多梦，头痛，面色淡白，舌体胖大，舌尖红，苔微黄腻满布，双脉缓，关、尺部沉。上方去远志、葛根，加琥珀 15 g、郁金 15 g。6剂，煎服法同前。

2021年4月30日三诊：睡眠稍好转，易魇频率较前减少，头痛较前明显缓解，范围缩小至后枕部，面色淡白，舌质偏淡，苔薄白，双脉缓。上方易赤芍为白芍，加生黄芪 50 g。6剂，煎服法同前。

2021年5月14日四诊：睡眠好转，梦减少，时有醒后再次入睡困难，头痛不显，纳可，舌质偏黯，苔微黄，中部苔稍腻，脉缓。上方去琥珀，加茯苓 25 g。6剂，煎服法同前。

2021年5月27日五诊：面色淡，睡眠持续好转，梦少，诉头痛程度减轻，头痛间隔时间延长，疲乏，纳可，二便调，舌偏红，苔薄黄，根部稍厚，脉缓。上方去郁金、茯苓，加浙贝母 10 g、山楂 15 g。6剂，煎服法同前。

2021年6月18日六诊：精神可，偶有睡眠差，寐中醒1~2次，梦少。舌胖大，质偏红，苔微黄，中有裂纹，脉缓。上方生白芍改为赤芍，加生姜10 g、大枣10 g。6剂，煎服法同前。

按语：患者老年女性，长期失眠，性情抑郁。丹溪云："一有怫郁，诸病生焉"。肝失疏泄，气机郁滞，气机久郁则血液及津液输布失常。气郁、血瘀、痰凝、热结等相互错杂，阻滞营卫运行的通道，魂居不安，阳不入阴，加重不寐。方用调枢安魂汤通导肝胆、调畅枢机，合四逆散理气，以助肝之用，桃红四物汤、丹参养血活血化瘀调肝之体，配以葛根引气上升，牛膝导血下行，一升一降，恢复气机之正常疏泄，使阴阳可相交，视具体情况可加以琥珀镇静安神、引阳入阴等。方中柴胡、枳实、川芎、葛根辛散理气，白芍、当归、酸枣仁酸甘养血，桃仁、红花、丹参活血柔肝，远志、石菖蒲、茯苓、白芷等化痰开窍，散中有收、补中有行，滋肝之体、遂肝之用，体用调和，阴阳相交，则寐而能安。药物治疗之外，张之文教授注重服药时间和心理疏导，嘱亥时加服一次，助阳入阴，故效如桴鼓。

5. 从络病理论论治特发性肺纤维化

特发性肺纤维化（Idiopathic pulmonary fibrosis，IPF）是一种病因尚未明确的呈慢性、进行性及纤维化性的间质性肺病，属于一种特殊的特发性间质性肺炎，肺功能测试显示为限制性通气损害及换气障碍，发病率不断上升但治疗效果不佳。IPF前期表现为进行性呼吸困难（活动后加重）、干咳无痰或咳吐少量黏白痰，可有纳差、消瘦、疲乏易困等伴随症状；病情发展，可出现呼吸浅快及发绀等症状。IPF临床主要采用吡非尼酮治疗，但治疗存在局限性，而中医药多路径、多靶点综合调控的优势可与之互补，优势不断凸显。张之文教授从温病学络病理论论治特发性肺纤维化效果显著，特总结如下。

张之文教授认为本病发于肺气不足，因素体虚弱、先天不足或后天失养，长久呼吸混浊之气伤肺，或外邪犯肺、肺病失治误治等原因所致，总属本虚标实，虚实夹杂之证。IPF的病因及机制现代医学尚未明确，可能与吸烟、粉尘、病毒感染、异常反流性胃内容物吸入等因素有关。这些因素可视为邪气，邪气长时间痹阻于肺可损伤肺络、耗伤肺气，呼吸及血运皆受影响，肺络受损、血运失常则可导致瘀血留存。邪气伤肺可致肺津受损，肺失濡养、肺燥阴伤则变生白色涎沫，时时干咳。

本病发病初期即可见虚实夹杂证候，本虚与标实互存。本虚从寒热来看，可分为虚热与虚寒两类，早期多虚热证而晚期多虚寒证。病位在肺而主要涉及到脾胃、肾等脏腑。早期可见肺阴虚耗证候，虚火伤津灼液则口吐涎沫而干咳。或胃阴不足，水谷精微不能上输濡养于肺，则肺胃同病，气阴两虚，可见呼吸不利、干咳少痰、口咽干燥、纳差等症状。中期脾气虚弱，运化无力，升清失常，则土不生金，出现肺脾气虚症状。气虚继续发展则阳气亦虚，主要是脾阳及肾中真阳虚衰。病久及肾则肾气肾阳不足，肾气不足则气不化津，肾阳不足则温煦气化无力，导致浊阴弥漫，肾主纳气功能亦出现异常，后期可见肺肾阳虚证。

标实早期以络脉不通、肺络瘀阻为主，中期可表现为痰瘀阻滞证候，晚期则向瘀毒内盛发展。病初肺气不足，加之外邪犯肺，内外因素相互作用则肺气大伤，肺之细小气络及血络亦受损伤，气血运行不畅则络脉易受阻滞，最终导致肺络瘀阻的病理变化。病情继续发展则伤及中焦，"脾为生痰之源，肺为储痰之器"，脾肺脏气虚损则产生痰饮。此时瘀血留滞程度加深，除肺络瘀阻外，还可见其他血瘀征象，痰瘀并见是此时病理因素的主要方面，此时咳痰量可增多。久延则阳虚阴盛，甚则五脏皆损，诸脏腑功能失常、运化代谢异常则病理产物堆积，浊阴秽浊物质积聚体内则成"毒"，毒与瘀结则胶着缠绵，出现瘀毒互结证候。

瘀血为患贯穿本病始终。《临证指南医案·疝》："百日久恙，血络必伤。"《叶氏医案存真·卷一》："久发、频发之恙，必伤及络，络乃聚血之所，久病必瘀闭。"IPF病位在肺，日久血络必伤，必然出现瘀血阻滞相关证候。现代医学认为，肺泡炎为IPF早期主要的病理改变，随着病情演进，成纤维细胞及胶原细胞则不断增生，晚期表现为弥漫性肺纤维化。而组织细胞炎症、糜烂、坏死、增生等病理改变在现代医学认识中对应于中医"瘀血"范畴。可见，瘀血这一病理因素贯穿IPF疾病始终，临床可见唇舌、甲床紫暗等多种血瘀征象。张之文教授常讲"化瘀宜早不宜迟"，认为不论IPF处于何种阶段，均可配伍应用活血祛瘀通络药物来治疗，及早应用活血化瘀之法有利于缓解病情。

1）临床分期，明确治法

（1）早期气阴两虚：肺胃两虚兼络脉受损

症状：呼吸不利，气短乏力，干咳或咳痰量少色白而黏，胸闷胸胀，夜间可加重，口干咽燥，胃脘嘈杂，食欲不振，干呕或呃逆，可有反酸、烧心症状，舌红苔薄，脉弦细数或脉细弱。治法：补气养阴，清降肺胃，化瘀通络。方剂：千金麦门冬汤合桂枝茯苓丸加减。药用麦冬、法半夏、甘草、生地黄、紫菀、竹茹、桔梗、桑白皮、生姜、麻黄、桂枝、茯苓、桃仁、牡丹皮等。

（2）中期子盗母气：肺脾气虚兼痰瘀互结

症状：呼吸困难，气短息促，咳嗽咳痰，胸闷痛，不欲饮食，消瘦乏力，腹胀便溏，声低气怯，易困倦，面白或面色萎黄，可伴有浮肿症状，舌淡苔白腻或舌暗有瘀斑瘀点，脉细弱或缓大不任重按。治法：培土生金，健脾益气，化痰祛瘀。方剂：保元汤合鳖甲煎丸加减。药用黄芪、人参、甘草、肉桂、炙鳖甲、土鳖虫、葶苈子、射干、法半夏、厚朴、枳壳、桃仁、牡丹皮、白芍、桂枝等。

（3）晚期摄纳失常：肺肾虚衰兼瘀毒为患

症状：呼吸困难，动则益甚，呼多吸少，喘促气息不降，咳嗽咳痰，胸闷痛，面黑唇暗，疲乏困倦，畏寒肢冷，腰膝软弱无力，丧失劳动能力，可有足膝水肿，舌胖大苔白或舌紫暗润滑，脉沉细弱无力。治法：补肾纳气，金水同治，化浊祛瘀。方剂：安肾汤合三甲散加减。药用苍术、茯苓、菟丝子、补骨脂、葫芦巴、韭菜子、附子、小茴香、蛤蚧粉、紫河车、炙鳖甲、炙龟甲、土鳖虫、僵蚕、蝉蜕、红景天、白芍、当归、甘草等。

2）体悟药性，据法组方

（1）顾护中焦以生肺气

肺气虚衰是 IPF 的病理基础，而脾土为肺金之母，通过补益脾土可生肺气，张之文教授常用黄芪、党参、白术、山药、炙甘草等药，此类中药健运中焦脾胃，有助于扶正以祛邪。临证时应用甘草频率最高，开方必不可少。甘草号为国老，可调和诸药，性味甘平，有补脾益气及祛痰止咳之效，生甘草长于清热解毒而炙甘草更善于益气补脾。黄芪、党参皆甘温补益脾肺之品，白术气香苦温，侧重于燥湿以健脾。对于气津不足者多用山药甘酸补气生津。

（2）调补阴阳以固根本

肺肾两脏对于呼吸运动的正常进行起着支配作用，张之文教授特别注重辨别肺肾阴阳，常根据肺肾虚损性质及程度的不同来选药。补阴药常用麦冬、北沙参、五味子、石斛、生地等，其中麦冬、五味子加人参为生脉散，具有酸甘化阴、养阴生津的功效，对于肺肾阴虚者尤所常用。肾阳虚衰者常用补骨脂、葫芦巴、核桃仁、紫河车、淫羊藿，同时配合使用温里药如肉桂、制附片、干姜等药。补骨脂和葫芦巴为张之文教授喜用的补肾阳、纳气平喘药对，两药联用出自安肾汤，补骨脂常用至30 g。紫河车甘咸性温，可补肺气、益肾精，张之文教授常将紫河车与核桃仁联用作为药对，两者同入肺、肾经，协同发挥补肾温肺、纳气平喘的功效。

（3）调理肺气以正宣降

张之文教授认为，气机升降复常则咳嗽、气喘自归于平复。治肺善用行气理气药物，较少使用化痰止咳平喘药。行气理气药常用枳实、枳壳、厚朴、青皮、陈皮。化痰止咳平喘药物常选用善于调整肺气宣降的杏仁、桑白皮、紫苏子及葶苈子。枳实与枳壳均能开泄肺中不利之气，用治肺气郁痹证，合理配伍则不必顾虑有破气之患。厚朴长于肃降消散郁结之气，用于肺系疾病则有良好的温中下气之效。青皮可疏肝破气，但同样具有开泄肺气的作用；陈皮可理气健脾，又可宣降肺气，两者常作为药对使用。杏仁味苦辛微甘，除了肃降肺气之外，作为果仁还具有生发辛散之力，可宣散肺气。紫苏子及葶苈子俱为种子，气味辛香，具辛散开通之力，可宣发肺气，又因"诸子皆降"，还可降肺气化痰饮。桑白皮甘寒微辛，除了利肺气以治肺窍不得通畅之外，味甘寒还具有清补作用，适用于IPF气阴不足而见咳喘者。

（4）善用达药以守病机

虫类药善于攻冲走窜，通达经络，化痰散结，种类繁多而各有专长。张之文教授常将白僵蚕、蝉蜕作为药对，用来宣肺止咳，消痰散结。蝉蜕甘咸寒，长于散风热、宣肺气；僵蚕咸辛平，长于化痰散结，两药合用对肺气郁结、痰阻肺络者较为对症。常用土鳖虫、地龙等活血散瘀通络，土鳖虫"主心腹寒热洗洗，血积癥瘕，破坚，下血闭"（《神农本草经》），性味咸寒，入血分而长于疏通血络；地龙"主蛇瘕，去三虫，伏尸，鬼注，蛊毒，杀长虫"（《神农本草经》），性味咸寒无毒，可清热镇惊、平喘、通络、利尿，对于"蛇瘕"等血络不通导致的邪气积聚疾患有疏通消散作用，又可平喘治咳，故对于有瘀血阻滞兼咳喘的 IPF 患者可选用之。蛤蚧咸平，为肺肾专药，"蛤蚧属阴，能补水之上源，则肺肾皆得所养"（《神农本草经疏》），对于 IPF 晚期病及于肾、肾不纳气者，选用蛤蚧以补肺气、助肾阳、定喘咳。

红景天原为藏药，性寒味甘，口尝稍具涩味，归肺经。红景天甘寒可补气清肺；具有特殊清香气味具通散之性，可理气调肺，又因色红入血分，故可通肺络，散瘀消结。因其具补肺气化瘀通络之功，用之于 IPF 患者尤为适宜。

《本草便读》："凡藤类之属，皆可通经入络。"张之文教授常用鸡血藤，鸡血藤又名血风藤，性味苦甘温，可补血生血，又具藤类药通达之性，故具有补血、活血、通络功效。用之于 IPF 患者，既可补虚生血，又可化瘀通络，适用于出现唇舌紫暗等发绀症状患者。

验案一：患者徐某，男，74 岁，2017 年 5 月 4 日初诊。

现病史：咳嗽气短反复发作 3 年，复发加重 1 周。患者 3 年前反复咳嗽，伴胸闷气短，活动后加重，于当地医院诊断为特发性肺纤维化，多次住院治疗。此次症状加重 1 周，欲服中药，故来就诊。现症见：咳嗽频繁，干咳少量白色丝状黏痰，难以咳出，声音嘶哑，动则气喘气短，胸闷，夜间咳嗽加重影响睡眠，下肢水肿，按之不易恢复，畏寒怕冷，腿脚无力，食欲尚可，夜尿次数多，大便正常。脉浮弱不任重按，舌质紫暗，舌下络脉曲张，苔白厚。

中医诊断：肺痿。

辨证：肺肾两虚，痰瘀阻络，阳虚水泛。

治法：补肺温肾，化痰祛瘀，利水消肿。

方剂：生脉散合安肾汤加减。

药物：生晒参 12 g　　生黄芪 20 g　　麦冬 12 g　　百合 15 g
　　　石斛 20 g　　　枳实 15 g　　　葶苈子 10 g　白花蛇舌草 15 g
　　　鳖甲 10 g　　　全瓜蒌 10 g　　补骨脂 15 g　葫芦巴 10 g
　　　茯苓 15 g　　　苍术 15 g　　　赤芍 15 g　　五味子 10 g
　　　生甘草 3 g　　　蛤蚧粉 3 g（冲服）

7 剂后咳嗽气短缓解，继服 7 剂，药后咳嗽咳痰较前大为减轻，气短乏力好转，水肿见消，原方去百合、石斛继服7剂，后症状不断改善。

按语： 肺气虚则肺功能活动减弱、肺气宣降失常，故出现咳嗽，气少不足以息症状。肺中津液匮乏，则干咳，黏痰量少而不易咳出；胸中气机不利故胸闷；日久病及于肾，肾阳亏损，气化蒸腾水液失常，故水肿、夜尿频繁；肾气不足则肾主纳气功能失常，气不归元，表现为气短、气喘，活动后加重。舌紫、舌下络脉曲张为瘀血阻滞，苔白厚为痰湿内盛表现。方中人参、黄芪、麦冬、百合、石斛、五味子甘酸入肺，补肺气之虚；补骨脂、葫芦巴、蛤蚧补肾阳肾气之不足，且蛤蚧为血肉有情之品可纳气定喘。枳实、葶苈子、瓜蒌可理肺化痰；鳖甲、赤芍合用以软坚散结、活血化瘀。白花蛇舌草可"清热解毒，利尿消肿，活血止痛"（2005版《中国药典》），与茯苓、苍术同用以祛湿利小便，有助于消除水肿；与鳖甲、赤芍合用可解毒化浊祛瘀，有利于延缓纤维化进程。用甘草以调和诸药。14剂后症状好转，去阴柔滋腻之百合、石斛，以利水湿之化。

验案二： 患者吴某，男，54岁，2017年10月13日初诊。

现病史： 反复咳嗽、活动后气促呼吸不利2年，加重半月。患者经外院诊断为特发性肺纤维化，此次症状加重半月。现症见：干咳，痰少，咽干咽痒，气短，呼吸不利，疲乏困倦，畏寒甚，食欲差，大便偏稀，夜尿4~5次。舌质暗，苔薄白，脉沉弦细。

中医诊断： 肺痿。

辨证： 肺津亏虚，脾肾两虚，肾不纳气。

治法： 补肺生津，健脾温肾，纳气定喘。

方剂： 生脉饮合保元汤安肾汤加减。

药物：核桃仁3枚　　　蛤蚧粉3g（冲服）　　生晒参10g
　　　制黄芪20g　　　红景天10g　　　　麦冬15g　　　五味子10g
　　　白附片15g　　　肉桂10g　　　　　补骨脂30g　　鳖甲10g
　　　赤芍20g　　　　前胡20g　　　　　山药15g　　　干姜15g
　　　建曲10g　　　　枳实20g　　　　　紫河车3g（冲服）
　　　炙甘草5g

10剂，水煎服。

2017年10月27日复诊：咳嗽减轻，痰易咳出，语声较前有力，畏寒减，食欲差，腹胀，夜晚口干，大便较成形，舌暗苔薄白，脉沉缓。守方加减，去紫河车、人参、核桃仁、鳖甲、赤芍，加用党参15 g、厚朴10 g、陈皮15 g、炒白术15 g、砂仁10 g。7剂，水煎服。后病情大减，嘱患者守方治疗，定期复诊。

按语：肺中津液亏虚则口干咽燥、干咳少痰；脾气虚则纳差乏力、大便不成形；肾阳肾气虚衰则畏寒肢冷、夜尿频繁，兼有肾不纳气症状。初诊以人参、麦冬、五味子、黄芪、红景天补肺气生肺津；以人参、黄芪、山药、干姜、建曲健脾益气，顾护后天之本；以紫河车、核桃仁、蛤蚧、补骨脂、肉桂、白附片温肾补火，纳气平喘；以前胡、枳实宣降肺中滞气；以鳖甲、赤芍、红景天软坚散结，活血化瘀。复诊着重健运中焦，调理脾胃。张之文教授强调，坚持辨证论治，谨守病机，随证治之才能充分发挥中医药在治疗IPF方面的优势。

学术传承

川派中医药名家系列丛书·张之文

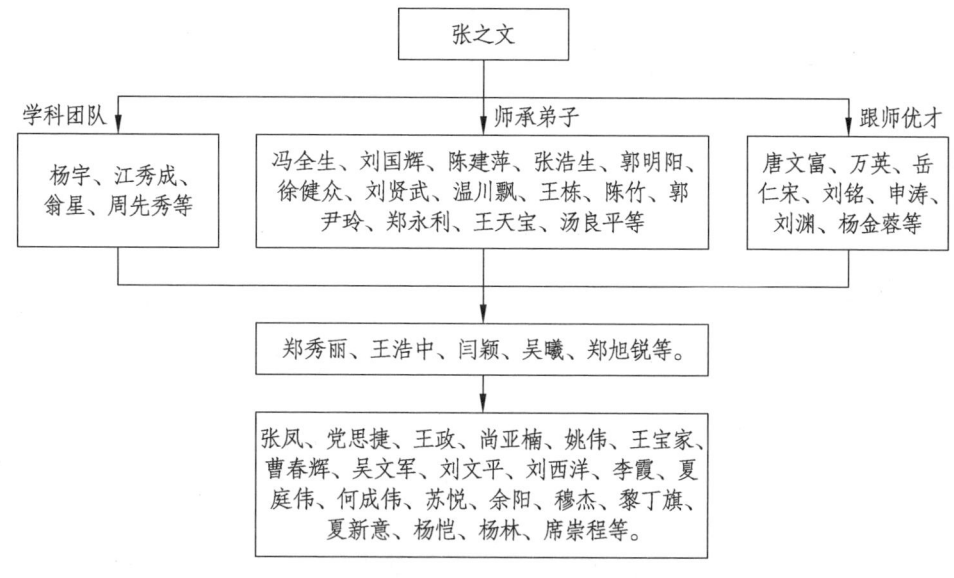

```
                        ┌─────────┐
                        │  张之文  │
                        └─────────┘
    学科团队              师承弟子              跟师优才
┌───────────┐  ┌─────────────────────────┐  ┌───────────────┐
│ 杨宇、江秀 │  │ 冯全生、刘国辉、陈建萍、 │  │ 唐文富、万英、│
│ 成、翁星、 │  │ 张浩生、郭明阳、徐健众、 │  │ 岳仁宋、刘铭、│
│ 周先秀等   │  │ 刘贤武、温川飘、王栋、   │  │ 申涛、刘渊、  │
│           │  │ 陈竹、郭尹玲、郑永利、   │  │ 杨金蓉等      │
│           │  │ 王天宝、汤良平等         │  │              │
└───────────┘  └─────────────────────────┘  └───────────────┘
                        ┌─────────────────────────┐
                        │ 郑秀丽、王浩中、闫颖、  │
                        │ 吴曦、郑旭锐等。        │
                        └─────────────────────────┘
                        ┌─────────────────────────┐
                        │ 张凤、党思捷、王政、尚亚楠、│
                        │ 姚伟、王宝家、曹春辉、吴文军、│
                        │ 刘文平、刘西洋、李霞、夏庭伟、│
                        │ 何成伟、苏悦、余阳、穆杰、  │
                        │ 黎丁旗、夏新意、杨恺、杨林、│
                        │ 席崇程等。                  │
                        └─────────────────────────┘
```

图 1　张之文教授的学术传承图

张之文教授师承李斯炽、吴棹仙、宋鹭冰等老一辈中医名家，学有渊源。从事临床近 60 年，至今 84 岁高龄仍在成都中医药大学附属医院和国医馆出诊，虽已耄耋之年，每周仍出诊 2 次，年诊近 3000 人次，医术精湛、医德高尚，深受患者及同行称赞。临床善于融通温病学派、伤寒学派、温疫学派等理论治疗重大难治性疾病，疗效显著。尤其擅长治疗肺间质纤维化、咳嗽变异性哮喘、慢性阻塞性肺病、支气管扩张、顽固性失眠、难治性发热等临床疑难病症。多次应邀赴海外、境外讲学，如赴美国、日本、德国、瑞士、中国台湾等地诊病并授课，传播中医文化、传授中医经典。在国内率先开展疫病临床。20 世纪 60 年代作为临床分队队长，跟随李斯炽、宋鹭冰等，赴一线疫区防治钩端螺旋体病，为中医药防治瘟疫积累了经验。有鉴于瘟疫不断暴发流行，20 世纪 70 年代开始系统研究瘟疫理论，被同行誉为国内瘟疫研究第一人。其任组长、首席专家多次指导四川省新发突发传染病防治，包括新冠肺炎、SARS、人感染猪链球菌、禽流感、地震灾后防疫等，取得重大成效，作出了重要贡献。

张之文教授一生为师，桃李满天下；一生为医，同道敬服，百姓称赞。

培养了大批海内外优秀人才,包括"全国优才"40余人、学科带头人100余人。举办张之文国家和省级学术传承班10余次,学员上万人。至今年过八旬,仍对中医药事业充满了赤诚和热爱,"老骥伏枥,志在千里",身体力行践行着一个精诚大医的担当与使命!

主要传承人介绍如下:

冯全生

冯全生(1971—),男,重庆人,医学博士,成都中医药大学二级教授、博士生导师,成都中医药大学副校长,四川省学术和技术带头人,四川省名中医,四川省和中华中医药学会抗疫先进个人,从事温病与感染病临床、教学及科研工作近30年。任教育部中医学类教学指导委员会温病学课程联盟理事长,中国中医药研究促进会温病分会会长,世界中医药学会联合会温病分会副会长,中华中医药学会学术流派传承分会主任委员,中华中医药学会防治艾滋病分会副主任委员,国家传染病科技重大专项和国家自然科学基金会评专家。

担任全国中医药行业规划教材《温病学》及创新教材《瘟疫学》主编。主持承担国家传染病科技重大专项、国家重点研发计划、国家自然科学基金等国家级课题及省重点研发计划等省部级课题。近5年公开发表SCI、中文核心等论文100余篇,出版专著16部。指导培养博士后、硕博士100余名。

杨 宇

杨宇(1953—),男,成都人,成都中医药大学博士生导师、二级教授、教学名师,全国老中医药专家学术经验继承工作指导老师,四川省名中医、四川省学术和技术带头人、四川省中医药学术和技术带头人、国家中医药管理局重点学科温病学学科带头人、中华中医药学会感染病分会顾问、四川省中医药学会温病学专业委员会主任委员。长期从事中医温病学的教学工作，担任全国"十二五"（本科）、"十三五"（研究生）规划教材，以及世界中医学专业核心课程教材、高等中医药院校西部精编教材等4部《温病学》教材的主编，主编出版大型类书《中华大典·医学分典·温病学总部》和《现代中医感染性疾病学》。主持国家973计划项目子课题及国家自然科学基金面上项目等国家级课题4项，主持或参与省部级、厅局级科研课题共11项，获四川省科技进步三等奖1项。在国内外学术期刊及会议论文集发表论文120篇，出版译著3种。

郭尹玲

郭尹玲（1981—），女，四川安岳人，博士，成都中医药大学副教授，张之文名老中医药专家传承工作室负责人，第五批全国中医临床优秀人才，第七批全国老中医药专家学术经验继承人，四川省学术和技术带头人后备人选。作为课题负责人先后承担了国家自然科学基金、教育部博士点青年教师基金、省中医药管理局课题、省教育厅科研项目等。作为骨干参加国家"十一五""十二五"科技重大专项、国家自然科学基金面上项目、国家973计划等科研项目多项。公开出版著作13部，其中主编2部、副主编3部，公开发表学术论文43篇。先后荣获四川省教学成果一等奖、成都市级科学技术进步三等奖、四川省中医药学会科学技术进步奖等。

郑秀丽

郑秀丽（1981—），女，重庆江津人，博士，成都中医药大学教授，硕士研究生导师，中国中医科学院博士后，北京大学医学部访问学者，主要从事温病学与瘟疫学的教学、临床与科研工作。中国中医药研究促进会温病分会副秘书长、常务理事,中华中医药学会感染病分会委员,世界中医药学会联合会温病专委会理事,四川省学术和技术带头人后备人选。主研国家科技部重大专项、国家自然科学基金等课题20余项,发表学术论文60余篇,参与编写《瘟疫学》《温病名家张之文》等教材、专著10余部。

王浩中

王浩中(1978—),男,四川苍溪人,副教授,毕业于成都中医药大学,中医学博士。九三学社社员,全国第六批老中医药专家学术经验继承人,美国加州大学洛杉矶分校(UCLA)访问学者,任中华中医药学会感染病分会委员,世界中医药学会联合会温病学专委会常务理事,中国中医药研究促进会温病分会常务理事,四川省中医药学会温病与感染病专委会委员兼秘书。先后承担及参研国家级、省部级、厅局级等科研项目11项,其中主持课题5项,发表学术论文30余篇,SCI收录2篇,副主编编撰《中医经典等级测试指南》,编委完成出版国家规划教材《温病学》《瘟疫学》《中医学基础》,编委编撰专著《温病名家张之文》《中医抗"疫"大众调护指南》等10余部。擅长治疗慢性胃肠炎、消化性溃疡、功能性消化不良、胃肠神经官能症、消化道肿瘤、溃疡性结肠炎等消化系统疾病。对脘痞、腹胀、胃痛、食欲不振、胁痛、泄泻、便秘、口臭,包括精神心理因素、情绪障碍导致的胃肠疾病以及胸痹、抑郁、失眠等有丰富的中医辨治经验。

王宝家

王宝家(1986—),男,湖北人,中医学博士、中西医结合博士后。博士毕业于成都中医药大学,师从四川省名中医杨宇教授,现为成都中医药大学基础医学院讲师,成都中医药大学学术传承中心张之文教授学术传承工作室成员。主要从事《温病学》教学工作和感染性疾病的中医药防治研究。主持国家自然科学基金青年基金项目1项、中国博士后科学基金面上项目1项、成都中医药大学"杏林学者"项目1项,参研国家级课题、省部级课题5项,公开发表学术论文30余篇,曾获中华中医药学会颁发的全国中医药博士生优秀论文二等奖。

吴文军

吴文军(1989—),男,陕西宝鸡人,医学博士,成都中医药大学副教授,教育部中医学教学指导委员会温病学课程联盟副秘书长,中华中医药学会感染病分会青年委员,首届全国名中医张之文教授传承团队成员。担任"十四五"中医药行业规划教材《温病学》数字编委,主编专著2部,副主编专著4部,发表论文20余篇。

刘西洋

刘西洋(1989—),女,四川彭州人,医学博士,成都中医药大学讲师,温病名家张之文教授学术传承人,致力于温病理论内涵及当代实践研究,并结合中国传统文化探索中医气一元论思想,承担参与国家级、省级课题10余项,发表学术论文10余篇,多次在全国性论文评选中获奖,参编教材1部、专著2部,获省级高等教育教学成果奖二等奖。

刘文平

刘文平（1991—），男，山西吕梁人，医学博士，成都中医药大学副教授，温病名家张之文教授学术传承人。主要从事《黄帝内经》的理论、科研及教学研究工作。在古代哲学与中医药文化、秦汉医学史、巴蜀中医学术流派等方面有深入的研究。公开发表中文核心期刊论文 20 余篇，主编专著 2 部、副主编专著 3 部、参编专著 2 部。

李 霞

李霞（1995—），女，四川富顺人，中医学博士、中西医结合博士后，师从首届全国名中医张之文教授、四川省名中医冯全生教授，为全国张之文名老中医传承工作室核心成员。从事温病理论证治规律研究，参与多项国家级重点课题及省部级重点项目，主持四川省自然科学青年基金 1 项，参编中医专著 1 部（副主编），发表中文北大核心、SCI 论文 20 余篇，获批四川省博士后创新人才支持项目，荣获第十二届"岐黄杯"全国中医药博士生论文大赛三等奖等。

论著提要

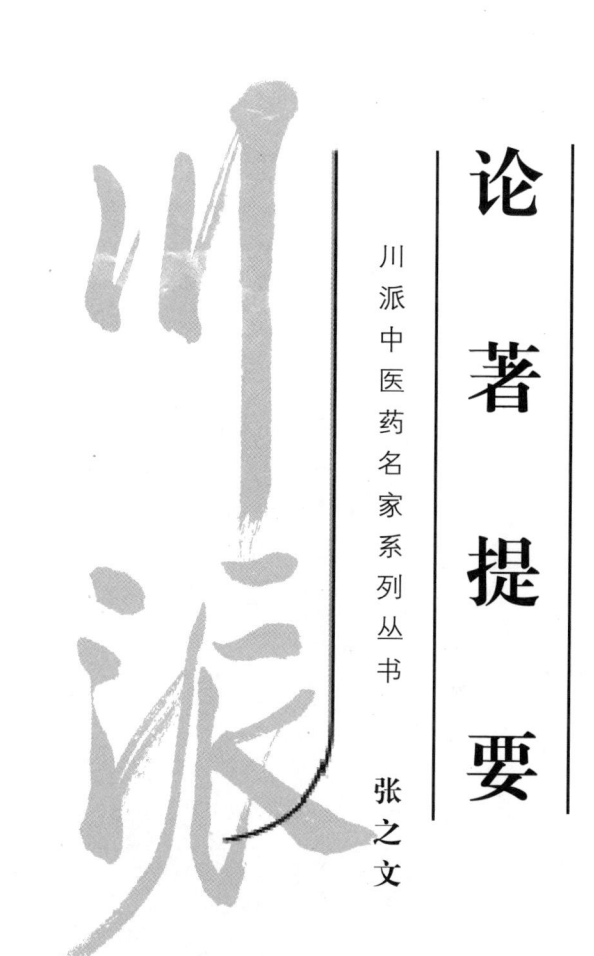

川派中医药名家系列丛书

张之文

一、论　著

1.《王孟英温病证治精萃》

本书由张之文教授主编，1989年由科技文献出版社重庆分社出版。张之文教授在该书的内容提要中说："本书从王孟英生平及专著、温病证治特点、温病学专题评述、温病医论选和药方选几个方面，系统而全面地介绍了王孟英有温病学理论和临床经验，对于深入研究王孟英的温病学术经验是十分有益的，亦是研究和防治温病的重要读物。"本书的特点在于，其一，通过对王孟英独特的温病学经验的总结，以点带面，完善了清代温病学派内部的学术争鸣研究；其二，将王孟英的温病相关理论与临床经验，进行系统归纳，编著、校点大量医著、医案，文笔深入浅出，通俗易懂，除供临床参考外，还可为教学研究提供专业的参考资料。

2.《现代中医感染性疾病学》

本书由张之文教授主编，2004年由人民卫生出版社出版，张之文教授在该书的内容提要中说："上篇为现代中医感染性疾病的基本理论，以中医理论为基础，系统探讨和阐述感染性疾病的病因病机、发展演变、防治、常见症状等。下篇以疾病谱为研究对象，从现代医学角度按系统分为感染性疾病、发病上与感染相关的疾病，以及易发病感染的疾病三大类；另将恶性组织细胞病和皮肤黏膜淋巴结综合征两种与感染无关的疾病，但从中医学认识又符合温病特点的疾病列入专篇"。本书的特色在于，着重临床常见感染性疾病的概念、特点、诊断与鉴别诊断、中医病因病机、治疗、预防等进行系统阐述，中西医汇通，成为现代感染性疾病中医研究的有益尝试。

3.《瘟疫学新编》

本书由张之文教授主编，2006年由中国中医药出版社出版，张之文教授在该书的内容提要中说："本书首先对瘟疫理论进行概括、归纳，阐述其基本特点，便于学习者了解和把握其内涵、实质。而后介绍传统瘟疫理论，分湿热疫、暑热疫、温热疫、寒疫以及杂疫，内容涉及众多与瘟疫有关的中医名著，如《温疫论》《温热经纬·余师愚疫病篇》《伤寒瘟疫条辨》《松峰说疫》《增订通俗伤寒论》《温病条辨》《时病论》《疫喉浅论》《疫痧草》以及《伤寒例》《伤寒总病论》《三因极一病证方论》《景岳全书》等。之后介绍现代常见瘟疫的辨治，涉及当前流行的急性传染病，如流行性感冒、SARS、人禽流感等。书后附瘟疫医案和防治方剂"。本书的特色在于，其一，对历代著名瘟疫学家的学术思想和防治经验进行梳理、总结；其二，针对当前危害人类健康特别严重的具有代表性的现代急性传染病，运用瘟疫学理论进行辨治，使学习者能更好地消化吸收瘟疫学说理论，将现代急性传染病的辨治与经典名著理论相结合，相互印证，体现继承和发展的疫病研究思路。另外，本书附录的防治瘟疫的方剂，按医家防治疫病的原文，列出了主治和用法，便于使用，书后还附录了部分瘟疫医案，供学习者参考。

4.《温病舌诊图谱》

本书由张之文教授主编，1998年由人民卫生出版社出版，2008年再版。2006年本书被翻译成英文出版，享誉海内外。张之文教授在该书的内容提要中说："本书是一本以图文并茂的形式介绍中医温病舌诊知识的专书，图片150余幅，文字精练地概括了各种温病舌象的特征、辨证意义及论治纲要。本书编排以全国规划教材《温病学》为准，最适于教学参考。"

舌诊是温病诊法中一项重要内容，为历代医家所重视。熟练而正确地掌握舌诊方法是当前临床医生基本技能的要求。望舌诊治外感热病早在《内经》《伤寒论》中就有所记载，至13世纪已有舌诊专著，如元代就有《敖氏伤寒金镜录》，而清代张诞先《伤寒舌鉴》中收入120余种舌象。至温病学派兴起，舌诊在外感热病的辨证中得到了迅速的发展，尤其是叶天士《温热论》对温病舌诊有独到发挥。近代曹炳章《辨舌指南》，附有描制的彩舌图120余张，其中主要是温病舌象。至今舌诊已成为温病学理论指导下的一种特殊的诊断方法，为了临床及教学需要，张之文教授主编了《温病舌诊图谱》，本书特色在于，各种舌象均摄制于温病（包括急性传染病、急性感染性疾病及烧伤等）患者，部分舌图扩展至唇齿及面部，如有面色油垢、面色潮红、齿龈溢血、口角出血、唇干、唇疮等，在于反映这些部位的变化与舌象的关系。舌象分类及编排基本按照国家规划教材《温病学》，内容比较系统全面，特别有助于温病学的教学参考。同时，本书摄制的舌图源于临床实际，并收录了少数特殊舌象，补充了教材内容，如舌疮、舌面出血丝、舌下脉络曲张等，亦包括舌象的特征、辨证意义及治疗等，故本书也可供临床医师参考应用。

5.《张之文温病学讲稿》

本书由张之文教授主编，2009年由人民卫生出版社出版，张之文教授在该书的内容提要中说："本书在内容上，尽可能地汇通古今，明晰源流，体现其经典性，同时又理论联系实际，突出其临床性。在具体证型的辨证论治上，理法方药一线贯穿，对于具体分析过程，尽量反映出珍贵的个人理解、认识，结合名家临床，拓展教材内容"。该书的特色为，将基础理论、基本知识、基本技能三方面明确突出，兼顾温病学经典性与临床性的学科特点，执简驭繁，并结合相关图解、表格，系统归纳，增强了教学的直观性，丰富了课程的实用性。

二、论　文

张之文教授公开发表46篇学术论文，每一篇均体现了其深厚的理论功底及丰富的临床实践经验。论文内容广泛，既有对温病学理论的探讨，也有对临床病症的深入剖析，还涉及对中医典籍的深刻解读和临床应用示范。这些研究成果丰富了中医学特别是温病学的内容，推动了中医在现代医疗诊治中的发展和应用，为中医药的传承与创新作出了不可磨灭的贡献。特此精选6篇论文，以飨读者。

1.《中医对钩端螺旋体病的认识（223例临床分析）》（《新医药学杂志》即现《中医杂志》，1974）

本文介绍了张之文教授对中医药治疗钩端螺旋体病的临床研究，具体阐释了该病的中医病名、病因、临床表现、分类和治法方药等。文章依据患者发病季节、感染可能性、临床症状等，将该疾病归入中医的暑温、湿温或温疫的范畴。在钩体病的治疗上，张教授指出："钩体是本，卫气营血诸证是标。寻找有效抑杀钩体的中草药，是治疗本病的需要。"对于处理钩体病的严重并发症，张教授提倡采用中西医结合的策略，显著提升了治疗效果。文章内容翔实，观点中肯，为中西医结合防治感染性疾病提供了宝贵的研究视角。

2.《温热病应用活血化瘀法则的探讨》(《新医药学杂志》即现《中医杂志》，1979)

1978年，张之文教授在广州军区主办的"全军活血化瘀培训班"上进行了专题演讲。演讲内容经整理于翌年刊登在《中医杂志》上，即本篇论文。张教授指出，活血化瘀法在治疗温热病的营血分病变方面具有广泛应用，并常与其他治疗方法如凉血、解毒、开窍和益阴等结合使用。该论文不仅进行了深入的理论探讨，还通过分析临床案例来阐述疾病的病因、发病机制以及治疗方法。文章汇通中西医，为读者提供了宝贵的实践指导。

3.《温疫学说探讨——兼评温病治疗之"截断"论》(《中医杂志》，1980)

张之文教授通过该文在全国率先提倡研究温疫学说，其梳理命名为温疫学派，并系统地总结了该学派的基本学术内容和治疗特点。文章强调了挖掘和整理温疫学说的重要性，以实现其在当代的实用价值。对于吴又可的《温疫论》，张之文教授在1993年发表的《<温疫论>对温病学说形成和发展的影响》中进一步详细阐述了该书对温疫学说、卫气营血学说、湿热学说、伏邪学说和错简学派俞根初学术思想的影响，认为该书对温病学说的形成和发展具有重要的推动作用，是温病学的奠基著作之一。对于温疫的治疗，张之文教授提倡将温疫学派的攻邪方法与卫气营血辨证、三焦辨证等传统温病治疗方法相结合，以期达到融会贯通的效果。这一结合不仅丰富了温疫学的内容，也促进了其在现代传染病治疗中的应用与发展。

4.《试谈肺化源欲绝及其救治》(《中医杂志》,1983)

1968年夏季开始至1974年,张之文教授作为国家重点课题710(战备课题)主研人员,专注于钩端螺旋体病的研究。在六年的临床研究与实践期间,张教授观察了大量肺出血型钩端螺旋体病例,较深入探讨了肺大出血的机理,强调"肺化源速绝"是导致该病死亡的主要因素。他以中医理论为指导,对救治方案进行了深入研究,如化瘀解毒,疏通肺络,益气固脱以救化源。这些研究成果不仅显著丰富了中医在急重症治疗上的理论体系,也为临床医生提供了具有高度实用价值的诊疗指导,有着极高的学术水平和实践操作的价值。

5.《湿热病的治疗》(《中医临床》,日本,1995)

1993年,张之文教授出席了第八次中日传统医学学术交流会,并应邀作了温病专题讲座,内容为湿热证的辨治,在日本汉方界引起了良好的反响。随后,他应邀将这一发言内容撰写成论文,并在1995年6月号及9月号的日本《中医临床》杂志上连载发表。该论文重点阐述了辨识湿热偏盛的依据。此外,张之文教授负责编写第五版全国统编教材《温病学》中的湿温一章,详细规范了湿温病证中湿与热偏盛的辨证依据,该章节内容正是源自此篇《湿热病的治疗》。该文章发表之前,有关辨识湿、热偏盛程度的讨论在古代文献或近现代资料中零碎而不系统。该文新颖之处就在于张之文教授对湿热偏盛提出了明确的标准和规范。这些内容在当时不仅具有创新性,而且对临床实践具有实际的指导意义。

6.《温病学面临的挑战及其对策》(《成都中医药大学学报》,2001)

本文曾荣获2001年四川省中医药学会颁发的优秀论文奖项。文章深入讨论了温病学领域所面临的重大挑战,即如何有效利用其理论和方法来预防和治疗传染病及非传染性的感染性疾病。文章强调,为了更好地应对挑战,应当加强临床实践的研究、重视实验研究、加强理论问题研究,以及加强学科建设。2005年,资阳地区人感染猪链球菌病暴发,张之文教授任四川省人感染猪链球菌病中医防治专家组组长,主持制定中医药防治方案,并为中华医学会防治人猪链球菌病指南撰写中医防治方案。通过对该事件的分析与处理充分印证了文中提出的观点。

  此外,依据温疫的核心学术思想,张之文教授主编了瘟疫学特色教材《瘟疫学新编》,使瘟疫学说的学术思想体系更趋完善。至今,有关温疫的论述已被纳入温病学各版本教材中。张之文教授对温疫论方面的研究贡献,在全国温病学界产生了深远影响,为应对突发公共卫生事件作出了突出贡献。

川派

学 术 年 谱

川派中医药名家系列丛书

张之文

- 1937 年：生于四川省大竹县。
- 1951—1954 年：就读于四川省大竹中学（初中）。
- 1955—1957 年：就读于四川省大竹中学（高中）。
- 1957—1963 年：就读于成都中医学院医疗系本科。
- 1963 年：参加四川省中医药学会，后历任四川省中医药学会第三、四、五届理事、常务理事，温病专业委员会主任委员。
- 1963—1978 年：成都中医学院助教。
- 1978—1987 年：成都中医学院讲师、主治医师。
- 1983—1988 年：成都中医学院温病学教研室主任。
- 1987 至今：成都中医药大学（原成都中医学院）教授。
- 1993 年：国务院特殊津贴专家。
- 1996 年：第二批全国老中医药专家学术经验继承导师。
- 1998 年：在广州召开的全国中医基础学科建设会议上，提出建立中医感染病学，并任中华中医学学会感染病分会副主任委员。
- 2002 年：第三批全国老中医药专家学术经验继承导师。
- 2002 年：全国中医优秀临床人才培养工程专家组专家。
- 2003 年：四川省名中医。
- 2005 年：第五批四川省学术及技术带头人。
- 2006 年：首批四川省委直接掌握联系的高层次人才。
- 2007 年：全国老中医药专家学术经验继承工作优秀指导老师。
- 2008 年：四川省抗震救灾先进个人。
- 2011 年：第一届四川省干部保健专家。

- 2014年：获中华中医药学会中医药学术发展成就奖。
- 2017年：首届全国名中医。
- 2018年：获四川省医疗卫生终身成就奖。
- 2018年：世界中医药学会联合会温病专业委员会顾问。

参考文献

[1] 谷晓红,冯全生. 温病学[M]. 北京:人民卫生出版社,2016.

[2] 冯全生. 瘟疫学[M]. 北京:中国中医药出版社,2019.

[3] 孟澍江. 温病学[M]. 上海:上海科学技术出版社,1985.

[4] 张之文. 张之文温病学讲稿[M]. 北京:人民卫生出版社,2009.

[5] 彭胜权. 中医药学高级丛书·温病学[M]. 北京:人民卫生出版社,2011.

[6] 王孟英. 温热经纬[M]. 北京:人民卫生出版社,2005.

[7] 吴瑭. 温病条辨[M]. 北京:人民卫生出版社,2012.

[8] 吴有性. 温疫论[M]. 北京:人民卫生出版社,2007.

[9] 叶天士. 临证指南医案[M]. 北京:中国中医药出版社,2008.